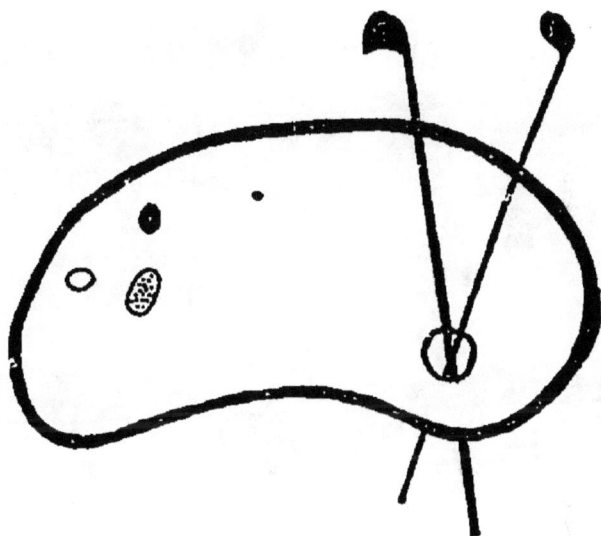

FIN D'UNE SERIE DE DOCUMENTS
EN COULEUR

*E. 346.
B - 2.

2034

3862

L'ORDRE

NATUREL ET ESSENTIEL

DES SOCIÉTÉS

POLITIQUES.

TOME SE ND.

L'ORDRE

NATUREL ET ESSENTIEL

DES SOCIÉTÉS

POLITIQUES.

*L'Ordre eſt la Loi inviolable des Eſprits ; & rien
n'eſt réglé , s'il n'y eſt conforme.*

MALEB. Tr. de Mor. Ch. II. Part xi.

TOME SECOND.

A LONDRES,

Chez JEAN NOURSE, Libraire ;

& ſe trouve à PARIS ,

Chez DESAINT , Libraire , rue du Foin.
Saint Jacques.

M D C C L X V I I.

L'ORDRE NATUREL.

ET ESSENTIEL

DES SOCIÉTÉS POLITIQUES.

TROISIEME PARTIE.

Suite du développement de la seconde Partie.

DANS un gouvernement organiſé en tout point ſuivant l'ordre naturel & eſſentiel des ſociétés, le deſpotiſme perſonnel d'un Souverain unique eſt ſans aucun inconvénient à tous égards, parce

Tome .II.   A

que ce defpotifme perfonnel eft toujours & néceffairement légal.

Distribution des différentes parties de l'adminiftration en trois claffes ; favoir, les rapports des fujets entre eux ; les rapports entre le Souverain & fes fujets ; les rapports entre une nation & les autres nations. Chacune de ces trois claffes eft, dans l'ordre naturel des fociétés, foumife à des loix immuables, dont on ne peut s'écarter qu'au préjudice commun du Souverain & de la nation, & dont l'évidence établit par-conféquent un defpotifme légal que rien ne peut ébranler, tant que cette évidence conferve fa publicité.

Exposition fommaire des rapports que les fujets ont entre eux. Comment les Magiftrats ne peuvent, à cet égard, abufer de l'autorité qui leur eft confiée. Du recours au Souverain contre ces abus. Ce recours eft fans aucun incon-

vénient, parce qu'il n'eſt point ſuſceptible d'arbitraire.

EXPOSITION ſommaire des rapports
entre le Souverain & ſes ſujets. Ces rapports ſont excluſifs de l'arbitraire. De
l'impôt. L'ordre naturel des ſociétés établit des principes évidents qui déterminent *néceſſairement* la meſure proportionnelle des revenus du Souverain & la
forme de leur perception. Le Souverain
eſt co-propriétaire du produit *net* des
terres de ſa domination : ſes revenus
ſont le réſultat du partage qu'il doit faire
dans ce produit *net*, avec les autres co-
propriétaires. Impoſſible que ces droits
reſpectifs de co-propriété ſoient arbitraires.

LA FORME de l'impôt doit être directe : ce que c'eſt que cette forme directe;
elle aſſure au Souverain le plus grand
revenu poſſible, ſans que perſonne paye
l'impôt. Ce que c'eſt qu'une forme indi-

recte : fes inconvéniens. Doubles emplois qu'elle occafionne; ils retombent tous fur les propriétaires fonciers ; ils font deftructifs de la richeffe & de la puiffance du Souverain.

Exposition fommaire des rapports entre une nation & une autre nation : ils font les mêmes qu'entre un homme & un autre homme dans l'ordre de la nature; ils font la bafe effentielle de la politique, qui, féparée de ces principes, ne peut être que contradictoire avec les vues qu'elle fe propofe.

Comme l'établiffement de l'ordre dans une nation lui affure, parmi les autres nations, la plus grande confiftence politique qu'elle puiffe fe procurer.

Du commerce. Rapports du commerce extérieur avec les intéréts communs du Souverain & de la nation. Ces rapports établiffent évidemment la néceffité de la plus grande liberté poffible

dans le commerce. Contradictions des
fyſtêmes oppoſés à cette vérité.

RÉCAPITULATION de cet ouvrage &
conclufion.

CHAPITRE XXV.

Le despotisme légal est le même dans toutes les branches du gouvernement. Division des différentes parties de l'administration en trois classes. Examen de la premiere classe, composée des rapports des sujets entre eux. Du recours au Souverain contre les abus de l'autorité confiée aux Magistrats. Ce recours n'est pas susceptible d'arbitraire. Le despotisme légal en cette partie est avantageux au Souverain autant qu'à la Nation.

IL N'EST pas une branche du gouvernement social que le despotisme légal ne doive embrasser, parce qu'il n'en est pas une qui soit étrangere à l'ordre ; pas une qui pour l'intérêt commun du Souve-

rain & des fujets, ne doive effentiellement être foumife à des loix naturelles &
immuables, dont la juftice & la néceffité
foient de la plus grande évidence.

Tous les différents objets d'un gouvernement peuvent être compris dans trois
claffes : les rapports des fujets entr'eux ; les
rapports entre la nation & le Souverain ;
les rapports politiques de l'État avec les
autres peuples. Examinons féparément
chacune de ces trois claffes ; nous trouverons qu'elles appartiennent également
au defpotifme légal.

Les rapports des fujets entre eux font
tous leurs devoirs & droits réciproques
réfultants de leur droit de propriété, &
de la liberté de jouïr qui en eft inféparable. Lorfque les loix pofitives, relatives à ces devoirs & à ces droits, font
établies, comme elles doivent l'être, d'a-
près l'évidence de leur juftice & de leur
néceffité, le foin de faire obferver ces
loix avec une exactitude fcrupuleufe, eft
néceffairement confié à des Magiftrats,
qui ne peuvent abfolument s'en écarter.
Je dis qu'ils ne le peuvent abfolument,
parce qu'ils ne pourroient commettre
des injuftices, qu'elles ne devinffent *pu-*

A iv

bliquement évidentes ; dans ce cas, la force dominante de leur *évidence,* cette force qui devient propre aux loix, qui conſtitue l'autorité protectrice des loix, armeroit le Souverain contre de tels abus ; & par ſon ſecours l'ordre ſeroit auſſi-tôt rétabli.

Je touche ici un point d'adminiſtration bien délicat & bien important : il ſemble nous conduire à l'arbitraire, par les contradictions apparentes qu'il préſente, lorſqu'il n'eſt pas ſuffiſamment approfondi : d'un côté, le Légiſlateur ne peut être Magiſtrat, parce que, comme je l'ai démontré, les loix ne ſeroient plus des loix, leur exécution devenant alors *néceſſairement* dépendante de ſes volontés arbitraires : d'un autre côté, l'autorité du Légiſlateur eſt la même autorité qui doit aſſûrer l'obſervation conſtante des loix ; il faut donc *néceſſairement* qu'il puiſſe connoître des jugements rendus par les juges ordinaires, qu'il ſoit l'Arbitre ſuprême auquel on puiſſe recourir dans tous les cas où ils contreviendroient aux loix. De-là s'enſuit qu'il paroît ſe trouver tout à la fois dans l'impoſſibilité d'être juge, & dans l'impoſſibilité de ne pas l'être ; voyons donc comment l'ordre fait disparoître cette contradiction.

Il est évident que si le recours au Souverain n'étoit pas une voie ouverte aux sujets, pour obtenir justice contre les abus que les Magistrats pourroient faire de leur autorité, le même despotisme arbitraire qu'on redoute dans la main du Souverain, se trouveroit dans celle des Magistrats, puisque leurs jugements, quelque évidemment injustes qu'ils pussent être, seroient irréformables. Un tel désordre opéreroit l'anéantissement de la puissance législatrice ; car son droit exclusif d'instituer des loix se trouveroit séparé du pouvoir de les faire observer.

Pour effacer sans retour toute apparence de contradiction dans cette branche d'administration légale, il est deux choses à considérer : la premiere, que dans un gouvernement conforme à l'ordre, les loix positives doivent être d'une justice & d'une nécessité *publiquement évidentes* ; la seconde, que pour parvenir à faire l'application des loix, il faut que le Juge réunisse deux sortes de connoissances ; premiérement, celle de la loi d'après laquelle il doit juger ; & cette connoiſſance doit être explicite & évidente : ſecondement , celle des faits particuliers qui établiſſent l'eſpece qui ſe préſente à juger d'après la loi ; & cette ſeconde connoiſſance peut reſter conjecturale , parce qu'elle a ſouvent pour objet une multitude de faits ténébreux , au travers deſquels la lumiere de la vérité ne peut pénétrer que très-difficilement. Il eſt évident qu'en pareil cas , le jugement à rendre par les Magiſtrats ne peut être réguliérement rendu`, qu'autant qu'ils ont pris toutes les meſures poſſibles pour éclairer leur religion.

DES Magiſtrats qui me condamneroient ſans m'entendre ; des Magiſtrats qui refuſeroient de m'admettre à faire preuve des faits propres à détruire *néceſſairement* & ſans retour, ce qu'on m'impute ; des Magiſtrats de qui je ne pourrois obtenir le temps *évidemment* néceſſaire à ma défenſe ; des Magiſtrats enfin dont les procédés préparatoires au jugement tiendroient *ma cauſe*, & par conſéquent ma perſonne , dans un état d'oppreſſion , ne pourroient être regardés comme Miniſtres des loix , comme jugeant d'après les loix, puisqu'ils ne pourroient être censés avoir acquis la seconde connoissance qui leur est nécessaire pour faire l'application des loix. Leur jugement alors n'auroit aucun caractere d'un jugement rendu par des Magistrats ; & il est évident qu'il seroit dans l'ordre de la justice que je pusse recourir au Souverain, lui exposer l'irrégularité des procédés de mes juges, lui demander de me protéger contre leur violence, & de me donner d'autres Magistrats, devant lesquels il me fût possible de défendre mes droits.

On voit ici la nécessité de distinguer dans les jugements la forme & le fonds. La forme est ce que je viens de nommer les procédés préparatoires au jugement, les voies par lesquelles le Juge est obligé de marcher à la connoissance de la vérité des faits, d'après lesquels il doit donner une décision. Le fonds est l'espece à juger, telle qu'elle est établie par ces mêmes faits, & la valeur des droits qui en résultent entre les parties qui se trouvent avoir des prétentions contraires. Les faits bien éclaircis, bien constatés, la loi *juge*, & le Magistrat *prononce*:

ainſi le jugement ſur le fonds eſt l'ouvrage de la loi ; & les procédés qui
conduiſent au jugement, ſont l'ouvrage
du Magiſtrat.

D'APRE'S cette diſtinction il eſt aiſé
de voir dans quels cas le recours au Souverain doit avoir lieu, & quel doit en
être l'objet : les juges auxquels on ne
peut reprocher d'avoir négligé quelques moyens d'inſtruire leur religion,
ne peuvent être accuſés ni de prévention, ni de ſéduction, ni de partialité,
ni d'aucune autre diſpoſition ſemblable:
alors leur jugement ne peut être attaqué
devant le Souverain, quand même il ne
ſeroit pas rendu d'une voix unanime ;
car étant obligés de juger d'après des
conjectures, il n'eſt point étonnant que
leurs opinions ſe partagent ; & voilà
pourquoi il eſt néceſſaire qu'il y ait pluſieurs Juges pour rendre un même jugement.

MAIS toutes fois que les procédés
préparatoires au jugement annoncent
évidemment dans les juges une diſpoſition qui ne peut ſe concilier avec leur
miniſtere, une diſpoſition qui ne permet pas de ſuppoſer en eux l'impartia-

lité qui leur eft effentielle, le recours au Souverain eft de droit; il eft conforme à l'ordre, parce qu'il n'y a dans la nation que l'autorité fouveraine qui puiffe arrêter le cours de tels procédés qui font un défordre.

Il faut obferver que l'objet de ce recours n'eft point de faire réformer par le Souverain, le jugement des Magiftrats fur le fonds; mais de lui faire annuller ce jugement; de lui faire déclarer que ce jugement doit être regardé comme n'ayant point été rendu; car en effet il n'a pu l'être, les Juges n'étant point fuffifamment inftruits des faits fur lefquels ils avoient à délibérer pour en connoître les rapports avec la loi; en conféquence, l'ordre demande abfolument que le Souverain renvoie les parties pardevant d'autres Magiftrats, qui, pour faire parler la loi, conftatent les faits par tous les éclairciffements que les premiers ont négligé de fe procurer.

Il eft fenfible qu'une telle opération ne met point le Souverain dans le cas d'être à la fois Légiflateur & Magiftrat: il ne connoît point du jugement *rendu par la loi*, & il ne le pourroit;

car *le Souverain & la loi ne font qu'une même autorité*, puifque la loi n'eft que l'expreffion de la volonté d'1 Souverain. Recourir au Souverain contre un jugement rendu par la loi, ce feroit appeller *du Souverain au Souverain*, attendu que ce jugement doit être regardé comme fon propre ouvrage, parce qu'il eft *celui de la loi :* une telle pratique eft donc inadmiffible, par la feule raifon qu'elle ne tendroit qu'à mettre le Souverain en contradiction avec lui-même : une fois qu'un Juge a jugé, il ne peut plus juger une feconde fois ; ce feroit cependant ce qui arriveroit, fi après que la loi a jugé, le Souverain qui a jugé par elle, vouloit rendre un nouveau jugement.

L'ORDRE veut donc *néceffairement* que dans le cas fuppofé, le Souverain, comme je viens de le dire, fe borne à déclarer que la loi n'a pas jugé, parce qu'elle n'a pu juger ; & qu'il renvoie enfuite devant des Magiftrats qui la mettent en état de le faire : par ce moyen, le Souverain ne juge lui-même que les procédés des Magiftrats ; & il peut le faire fans aucun inconvénient, fans tomber dans aucune contradiction ; parce

que leurs procédés ne font point fon ouvrage (a).

JE ne crains pas qu'on m'objecte que
fi le Souverain ne peut connoître que
de la forme des jugements, fans entrer
dans l'examen du fonds, il fera facile aux
Juges de préparer des injuftices par une
marche réguliere. Ceux qui me feroient
cette objection, entendroient fans doute
par le terme d'injuftice une injuftice *évidente* ; car fi elle ne l'étoit pas, on n'auroit nul droit de la caractérifer d'injuftice. Mais une injuftice *évidente* com-
mife par des Magiftrats, eft une chofe
qu'on ne peut jamais fuppofer dans une
nation parvenue à *une connoiffance évi-*

(a) S'il eft des cas où l'on pourroit croire
que pour des raifons d'État, on feroit obligé
de déroger à ces regles, nous ne penfons pas
qu'il nous convienne de les prévoir :

1°. Parce que comme nous ne nous occu-
pons ici que de ce qui fe doit faire en regle,
ou dans l'ordre, ce qui en fort par des con-
fidérations fupérieures, n'eft plus de notre
fujet.

2°. Parce que la raifon d'État étant alors
difficile à apprécier, on pourroit aifément s'y
méprendre.

dente & publique de l'ordre, & dont les
loix positives font toutes marquées au
coin de cette *évidence*. Une injustice *évidente* feroit la violation d'un droit *évident :* or fi ce droit étoit *évident*, fon
évidence feroit publique ; dans ce cas, il
ne s'éleveroit point de contestation à
fon fujet, pour fournir aux Juges l'occafion de commettre une injustice *évidente :* & s'il étoit possible que ce droit
fût contesté, fon *évidence* triompheroit,
par la feule *force* qu'elle trouveroit dans
fa *publicité.*

IL ne faut pas affimiler une nation
éclairée à une nation qui vit dans l'ignorance : dans la premiere l'évidence est
despotique, & perfonne ne peut fe fou-
straire ouvertement à fon *despotisme ;*
car l'action de choquer ouvertement
l'évidence blefferoit *évidemment* l'intérêt général, l'intérêt commun du Sou-
vérain & de la nation, & les armeroit
fur-le-champ contre ce défordre *évident.*
Dans la feconde, tout devient ou paroît
arbitraire ; & l'évidence peut être con-
tredite, parce qu'elle n'est jamais affez
répandüe pour que les regards foient généralement

néralement attachés fur elle. Les hommes alors féparés les uns des autres par la diverfité de leurs opinions & de leurs intérêts particuliers, ne font quelque attention aux objets, qu'autant qu'ils font liés avec ces mêmes intérêts particuliers; & c'eft toujours par cette liaifon qu'ils en jugent. Dans cette pofition une injuftice *évidente* ne peut faire une fenfation publique; tandis qu'elle eft totalement inconnue du plus grand nombre, il arrive que parmi ceux qu'elle intéreffe, les uns la blâment, & les autres lui applaudiffent: ainfi fon évidence eft fans force, parce qu'elle n'acquiert aucune *publicité*.

Si je pouffois plus loin cette differtation, elle me conduiroit à répéter ce que j'ai dit dans les Chapitres précédents fur l'autorité defpotique de l'évidence dans une nation inftruite, ainfi que fur la maniere dont cette autorité fe communique aux loix, & affure à perpétuité l'obfervation la plus fcrupuleufe des devoirs du Magiftrat. Je termine donc ce Chapitre, en difant qu'il eft évident que la forme effentielle de la fociété établit le defpotifme légal dans la partie du gouvernement qui a pour objet de maintenir l'ordre des rapports que les fujets ont entre eux ; & que ce defpotifme légal eft avantageux au Souverain autant qu'à la nation ; car ces rapports n'étant que les droits & les devoirs réfultants du droit de propriété, leur ordre ne peut être troublé qu'au préjudice de ce même droit de propriété; par-conféquent au détriment des produits qui ne peuvent renaître fans lui, & dans lefquels le Souverain partage avec la nation.

IL eft vrai que ce defpotifme légal étant un effet néceffaire de l'évidence, il écarte abfolument l'arbitraire, & rend impraticables dans les Souverains, comme dans les Magiftrats, les abus de l'autorité, qui troubleroient l'adminiftration de la juftice ; mais fi les Rois pouvoient commettre arbitrairement toute forte d'injuftices, ils ne feroient plus les images vivantes d'un Etre fouverainement & effentiellement jufte ; ils cefferoient d'être Rois, dès qu'ils cefferoient d'agir en Rois. Et de quoi leur ferviroitil d'avoir cette liberté funeste, cette liberté qui n'est pas même dans celui qui les a faits ce qu'ils sont ? Ils ne pourroient en faire usage, sans dégrader leur dignité, & sans trahir, à tous égards, leurs véritables intérêts.

CHAPITRE XXVI.

Des Rapports qui se trouvent entre la nation & le Souverain: réciprocité du besoin qu'ils ont l'un de l'autre; rapport & conformité de leurs intérêts. Notions générales dont le développement démontrera que cette branche de gouvernement n'est point susceptible d'arbitraire.

Les rapports qui subsistent entre le Souverain & ses sujets, sont les mêmes que ceux qui se trouvent naturellement & nécessairement entre la nation & la souveraineté: ce sont des rapports d'une utilité, ou plutôt d'une nécessité réciproque; car sans la nation, il n'y auroit ni force publique ni souveraineté; & sans la souveraineté, il n'y auroit ni ordre social, ni nation proprement dite.

La souveraineté vue en elle-même n'est autre chose que la force publique formée par le concours & la réunion de de toutes les forces particulieres. Observez que par le mot de *forces*, il faut entendre non-seulement les forces physiques de nos corps, mais encore les richesses qui servent à multiplier ces mêmes forces, & à fournir aux dépenses nécessaires à l'emploi des forces physiques. La souveraineté, qui n'acquiert ces richesses que par le ministere de ses sujets, tient donc toute sa force de la nation; & en cela, la nation est utile & nécessaire à la souveraineté. D'un autre côté, c'est à l'aide de la force qui constitue la souveraineté, que l'ordre se maintient, & que la sûreté civile & politique de la société s'établit. La nation, considérée comme corps social, n'a donc d'autre consistence que celle que lui donne la puissance politique de la souveraineté; & en cela, la souveraineté est utile & nécessaire à la nation.

De ces premieres notions résultent évidemment deux grandes vérités : la premiere qu'il est de l'intérêt de la souveraineté que la nation, dont elle tire toute fa richeffe, toute fa force, foit dans le meilleur état poffible de richeffe & de population ; la feconde, qu'il eft de l'intérêt de la nation que la fouverai-neté, dont elle attend toute fa sûreté, foit dans fon dernier degré poffible de puiffance.

Ainsi l'ordre des rapports qui fe trouvent entre la nation & la fouverai-neté, eft tel que les véritables intérêts de l'une font inféparables des véritables intérêts de l'autre ; par-conféquent que l'évidence de cet ordre devient l'éviden-ce de l'intérêt commun du Souverain & des fujets. De-là nous devons conclure qu'il eft moralement impoffible que l'é-vidence de cet ordre, de fa néceffité, de l'intérêt commun qui en réfulte, puiffe être publiquement reconnue, fans deve-nir defpotique ; & comment fon defpo-tifme légal pourroit-il ne pas s'établir en cette partie, quand tous les intérêts réunis par leur évidence, demandent qu'il s'établiffe ?

En-vain on voudroit chercher dans le Souverain, un intérêt perfonnel con-traire à celui de la nation & de la fouve-raineté: cet intérêt ne pourroit avoir pour objet que d'augmenter *arbitrairement* le revenu public. Je conviens que ce defir peut naître dans les Souverains ; mais j'ajoute en même-temps que ce n'eft qu'autant qu'il ne fera pas *évident* que cette partie ne comporte rien d'arbitraire ; qu'elle eft foumife à des loix effentielles & immuables établies par l'ordre phyfique même ; que l'obfervation conftante de ces loix eft la feule voie par laquelle un Souverain puiffe parvenir au dernier degré poffible de richeffe ; que de toute autre maniere, ce qu'il pourroit faire pour l'augmenter, ne ferviroit qu'à la détruire ; que la richeffe des fujets enfin eft toujours & *néceffairement* la mefure proportionnelle de celle du Souverain ; qu'ainfi fa plus grande richeffe poffible ne peut réfulter que de la plus grande richeffe poffible de la nation.

Il eft certain que fi ces vérités font *publiquement évidentes*, il n'eft plus d'abus à craindre dans la formation du revenu public ; & comme les abus dans ce genre font la fource de tous les autres, je vas tâcher de démontrer qu'il n'en eft aucun dont l'ordre focial, toujours fondé fur l'ordre phyfique, foit fusceptible ; & qu'une administration telle que ce même ordre l'établit *nécef-fairement*, est *néceffairement* auffi la plus conforme aux intérêts perfonnels du Souverain & à ceux de la Nation.

CHAPITRE

CHAPITRE XXVII.

*Formation du revenu public ; ses
causes, son origine, son essence. Deux sortes d'intérêts communs au Souverain & à la Nation, qui paroissent opposés
entre eux ; comment ils se concilient dans l'ordre essentiel
des sociétés ; comment ils con-
trastent dans un état d'ignorance. Impossible que le revenu
public soit arbitraire ; il ne
doit être que le résultat de la
co-propriété des produits nets
acquise incommutablement au
Souverain. Entre cette co-propriété & les propriétés particulieres il y a des bornes communes & immuables. Intérêts personnels du Souverain inséparables de ceux de la Nation.*

J'AI déja représenté plusieurs fois les

Souverains comme *co-propriétaires* du produit *net* des terres de leur domination : je ne crois pas qu'on puiſſe trouver parmi les inſtitutions ſociales , rien de plus heureux pour eux & pour leurs ſujets tout à la fois : d'un côté , le revenu d'un Souverain ſe trouve être le produit d'un droit ſemblable à tous les autres droits de propriété , & qui tient , comme eux , à l'eſſence même de la ſociété ; d'un autre côté , les ſujets ne voient rien dan ſce droit qui puiſſe leur paroître onéreux : le Souverain conſidéré dans ſon droit de co-propriété , n'eſt plus à leurs yeux qu'un grand propriétaire , qui ne jouït point aux dépens des autres ; qui tout au-contraire , leur eſt uni par l'intérêt commun qu'ils ont tous à donner la plus grande conſiſtence & la plus grande valeur poſſibles à leurs propriétés communes.

TEL eſt le revenu public , & telle eſt la force publique dans une nation. Telle eſt cette force publique , & telle eſt la ſûreté civile & politique du corps ſocial; conſéquemment la ſûreté de la propriété , & de tous les droits qui en réſultent. Sous ce premier point de vue il importe donc beaucoup à une nation, que le revenu public parvienne à son plus haut degré de richeſſe *phyſiquement* poſſible ; ainſi ſon intérêt & celui du Souverain ſont le même à cet égard.

IL importe encore à la nation, que les revenus particuliers dont elle jouït perſonnellement, ſoient les plus grands revenus phyſiquement poſſibles ; qu'ils forment pour elle perſonnellement, une grande maſſe de richeſſes *diſponibles :* mais cette grande maſſe de richeſſes *diſponibles* ne peut exiſter chez elle qu'elles ne lui procurent une nombreuſe population, & qu'en cela, la puiſſance du Souverain, par-conſéquent la force & la ſûreté politique de la ſociété, n'augmentent à proportion : l'intérêt de la nation devient donc encore, en cette partie, l'intérêt perſonnel du Souverain.

AU premier coup d'œil cependant ces intéréts paroiſſent ſe contredire dans le Souverain comme dans la nation : en effet toujours ils ſe ſont contredits, & toujours ils ſe contrediront, tant qu'on n'aura pas une connoiſſance évidente des rapports eſſentiels qu'ils ont entre eux, & qui indiquent naturellement les

C ij

moyens de les concilier.

Sɪ le Souverain augmente fon revenu, aux dépens de ceux de la nation, ou fi la nation augmente les fiens, aux dépens de celui du Souverain , un des deux intérêts eft facrifié ; le Souverain ou la nation ceffe alors de jouïr de fa plus grande richeffe poffible. Ce n'eft donc par aucune de ces deux voies , que ces mêmes intérêts peuvent s'accorder : impoffible même que le facrifice de l'un n'entraîne pas la ruine de l'autre : fi le revenu du Souverain s'affoiblit , la force politique & la confiftence du corps focial s'alterent en proportion ; alors la propriété fe trouve effentiellement compromife : fi ce font les revenus particuliers de la nation qui diminuent , la propriété eft attaquée dans fon effence ; le germe de l'abondance des productions eft étouffé ; la richeffe de la nation , la population & la puiffance du Souverain s'évanouiffent ; le corps focial ne fait plus que languir jufqu'à ce qu'il foit détruit.

Aɪɴsɪ ces deux intérêts qui paroiffent oppofés entre eux , font faits , pour être exactement compenfés , pour être liés enfemble de maniere qu'ils foient dans une dépendance mutuelle, & qu'ils s'entrefoutiennent réciproquement ; aucun d'eux ne peut éprouver un échec que l'autre n'en reçoive le contre-coup. La néceffité abfolue de cet accord parfait entre eux, eft un fil qui doit nous guider perpétuellement dans la recherche de l'ordre effentiel & invariable que nous devons fuivre à cet égard.

Les moyens de fatisfaire à cette néceffité abfolue n'ont rien de myftérieux : fi-tôt qu'on reconnoîtra le Souverain pour co-propriétaire du produit des terres de fa domination, nous trouverons dans les rapports de l'ordre focial avec l'ordre phyfique, toutes les loix effentielles, qui concernent cette co-propriété, & qui rendent fon intérêt inféparable de ceux de la nation. Alors nous ferons convaincus par l'évidence de ces loix effentielles, non-feulement que la formation du revenu public n'a rien d'arbitraire, mais encore qu'elle eft affujettie à un ordre tellement néceffaire, qu'on ne peut s'en écarter, qu'au préjudice commun du Souverain même & de la nation.

Pour peu que nous faffions attention

au terme de *co-propriété*, cet ordre nécessaire va de lui-même se manifester à
nos yeux : d'abord il nous avertit qu'il
faut *nécessairement instituer le revenu pu-*
blic d'une maniere qu'il ne puisse jamais
être préjudiciable aux droits sacrés de la
propriété dont les sujets doivent jouir ; il
nous fait connoître ensuite, qu'en conséquence de ce premier principe, ce revenu ne doit être autre chose que *le produit*
de la co-propriété qui est jointe à la souve-
raineté : alors examinant quel peut être
le produit de cette co-propriété , nous
voyons qu'il suppose *nécessairement* un
partage à faire du *revenu* des terres entre le Souverain & les autres co-propriétaires de ce *revenu ;* partage dont le droit
immuable de chaque co - propriétaire
doit régler pour toujours les proportions, quelque révolution en bien ou
en mal que ce même revenu puisse éprouver.

La formation du revenu public ainsi
simplifiée , il est évident que tout ce
que vous y ajouteriez de plus , blefferoit les proportions suivant lesquelles
le partage doit être fait , & feroit pris
nécessairement sur les revenus particu-

liers de la nation. De-là réfulteroit 1°. que les intérêts du Souverain & ceux de la nation , au-lieu d'être des intérêts communs , deviendroient oppofés les uns aux autres , puifque pour augmenter le revenu du Souverain on détruiroit la richeffe de la nation ; 2°. qu'on établiroit dans le Souverain , un pouvoir arbitraire , qui feul & par lui-même , anéantiroit tout droit de propriété dans les fujets , par-conféquent la premiere des conditions effentielles à la culture , & le principe conftitutif de toute fociété.

Puisqu'il eft ainfi focialement impoffible d'étendre le revenu du Souverain au-delà du produit de fa co-propriété , il en réfulte évidemment que cette co-propriété doit avoir elle-même une mefure fixe & déterminée ; car fi l'on pouvoit lui donner une extenfion arbitraire , il eft évident que le Souverain , au-lieu d'être co-propriétaire feulement , fe trouveroit propriétaire unique , & qu'il n'exifteroit *réellement* aucun autre droit de propriété que le fien: alors l'état commun & refpectif de la nation & du Souverain feroit dénaturé :

la nation ne formeroit plus un corps
politique dont le Souverain eſt le chef;
& la ſouveraineté ne ſeroit plus qu'une
propriété fonciere démeſurée, qui reſ-
teroit inculte, & *néceſſairement* ſeroit
incapable de fournir les moyens de ré-
ſiſter aux forces étrangeres, qui certainement viendroient bientôt s'emparer
de ces déſerts.

Nous tenons donc déja deux regles
fondamentales concernant la formation
du revenu public : la premiere, que pour
ne point détruire les droits de propriété
dans les ſujets, *il ne doit avoir rien d'arbitraire;* la ſeconde, que pour n'avoir
rien d'arbitraire, *il ne doit être que le
produit d'une co-propriété acquiſe incommutablement au Souverain, & renfermée
dans des bornes qui ſoient poſées tout à la
fois & pour elle & pour toutes les propriétés particulieres.* Dans cet objet naturel
& immuable, il eſt évident que le revenu
public & le revenu particulier de chaque propriétaire n'étant que le réſultat
d'un partage dans une maſſe commune,
ils ſe trouvent naturellement en ſociété,
ſans jamais pouvoir ſe confondre; qu'ils
ne peuvent croître l'un ſans l'autre;

qu'ainſi les intéréts du Souverain & ceux
de la nation, quoiqu'aux yeux de l'ignorance ils paroiſſent oppoſés entre eux,
ſont cependant des intérêts communs,
qui, bien loin de ſe choquer mutuellement, adoptent les mêmes principes, tendent au même but, & pour le
remplir, ne peuvent employer que les
mêmes moyens. O bonté ſuprême, ordre divin, qui voulez que le meilleur
état poſſible des Rois, ſoit établi ſur le
meilleur état poſſible des peuples, ſi les
hommes à cet égard ne ſont pas auſſi
heureux qu'ils pourroient & devroient
l'être ; ſi le gage naturel de leur proſpérité commune ſe change en un fléau de-
ſtructeur ; ce n'eſt pas vous, ce ſont eux-
mêmes qu'ils en doivent accuſer ; leurs
préjugés les aveuglent, & les empêchent
de voir que leur bonheur eſt placé dans
leurs mains ; qu'il eſt le fruit néceſſaire
de l'obſervation de vos loix ; de ces loix
qu'on ne peut violer, ſans éprouver les
peines attachées invariablement à ce déréglement.

Pour mettre dans la plus grande évidence les deux regles fondamentales que
je viens d'établir d'après l'ordre phyſi-

que même, remontons à l'origine des fociétés particulieres : lorfqu'elles ont pris
une forme & une confiftence ; lorfqu'elles font devenues de véritables corps
politiques , elles fe font trouvées dans
le cas d'avoir des befoins politiques qui
exigeoient d'elles des dépenfes ; pour y
fatisfaire il a fallu inftituer des fonds publics ; & pour inftituer ces fonds publics,
on a dû *néceffairement* fixer la proportion dans laquelle chaque revenu particulier y contribueroit. Nous n'avons
point à examiner quelle a dû être cette
proportion ; la feule vérité que nous
ayons à faifir ici , c'eft que *cette inftitu-*
tion d'un revenu public étant faite en fa-
veur de la propriété , elle n'a pu ni dû être
deftructive de la propriété.

De cette premiere vérité réfulte évidemment que la contribution au revenu
public n'a pu ni dû refter arbitraire, ni
dans les contribuables , ni dans l'autorité qui avoit l'adminiftration de ce revenu : arbitraire dans les contribuables,
les befoins du corps politique auroient
pu n'être pas fatisfaits ; elle eût donc été
hors d'état de remplir l'objet de fon inftitution , de procurer aux propriétés

particulieres la sûreté, la stabilité qui leur étoient essentielles : arbitraire dans l'administrateur, la propriété fonciere seroit devenue nulle, en ce qu'elle se seroit trouvée séparée de la propriété des produits. Une telle désunion est physiquement impossible par deux raisons : premiérement, le droit de propriété n'est autre chose que le droit de jouïr ; or on ne peut jouïr d'une propriété fonciere que par le moyen de ses produits : en second lieu, personne ne voudroit travailler & dépenser pour faire renaître des produits, dès qu'un pouvoir arbitraire pourroit en disposer à son gré.

Il est sensible que si les hommes avoient en cette partie établi un tel pouvoir, ils auroient perdu sur-le-champ & le droit & la liberté de jouïr ; ainsi, pour conserver leurs propriétés, ils auroient commencé par s'en dépouiller ; pour fonder un revenu public, ils auroient commencé par éteindre le germe de la réproduction ; pour se donner une consistence sociale, ils auroient commencé par détruire le premier principe de toute société.

La proportion de la contribution au

revenu public a donc été dès l'origine
des fociétés, affujettie, par une néceffité
phyfique, à une mefure certaine & conftante, du-moins pour les temps qui n'exigeoient point de dépenfes extraordinaires , telles que celles qu'une nation feroit dans le cas de faire, pour réfifter
aux entreprifes d'une puiffance étrangere qui voudroit lui donner des fers.

CETTE proportion ayant été réglée , & fe trouvant invariable, il eft
évident que l'obligation de s'y conformer dans la contribution au revenu public , eft devenue une charge *réelle* , inféparable des biens-fonds , dans quelques mains qu'ils paffaffent ; il eft évident encore que les terres cultivées n'ont
pu être échangées, vendues, tranfmifes
en un mot à un nouveau propriétaire ,
qu'à la charge, par lui, de fatisfaire à
cette obligation.

AINSI s'eft faite *néceffairement* une forte de partage du produit des terres entre les propriétaires fonciers & l'admi-
niftrateur du revenu public ; partage
qui a rendu le corps politique, par-conféquent le Souverain qui le repréfente,
co-propriétaire de ce produit ; partage,

qui bien loin d'avoir été onéreux aux premiers propriétaires fonciers , s'eſt trouvé néceſſaire & avantageux pour eux , puiſqu'il leur procuroit la ſûreté de leurs propriétés , & la liberté d'en jouïr : auſſi n'a-t-il eu lieu qu'à raiſon de ſon utilité.

AVANT ce partage le corps politique n'ayant aucune conſiſtence, le droit de propriété n'étoit point , *dans le fait*, un droit ſolide & conſtant , & la poſſeſſion des terres , ſi tant eſt qu'elles fuſſent cultivées , ne pouvant être garanties par aucune force capable de la mettre à l'abri des violences , elles ne pouvoient avoir aucune vénalité , aucune valeur courante dans le commerce. Mais au moyen de ce partage, la propriété fonciere devenant un droit certain, auſſi ſolidement établi qu'il pouvoit l'être , les terres ont pu être défrichées ſans aucun riſque pour la dépenſe que le défrichement exigeoit ; alors elles ont acquis une valeur vénale , non en raiſon de la totalité de leur produit *net* , mais en raiſon ſeulement de la portion de ce produit *net* , que ce même partage laiſſoit à la diſpoſition du propriétaire foncier. Cette

portion feule eft devenue aliénable ;
l'autre portion ne pouvant l'être, puifqu'elle étoit défignée pour devoir appartenir *incommutablement* au Souverain, & former dans fa main une forte
de richeffe commune, deftinée à l'utilité
commune de toute la nation ; ainfi dès-
lors tous les acquéreurs n'ont payé les
terres qu'à un prix relatif à la portion,
que leur acquifition leur donnoit droit
de prendre dans le produit de ces mêmes
terres.

Si le revenu public s'eft, en quelque
forte, formé aux dépens des revenus
particuliers dont jouiffoient les premiers
poffeffeurs des terres, il eft fenfible qu'ils
n'ont fait ce prétendu facrifice, que parce qu'il leur étoit avantageux de le faire,
& que fans cela, ils ne pouvoient s'affurer aucune propriété fonciere, aucuns
produits. Mais après eux quiconque a
acquis la propriété d'une terre cultivée,
ne peut pas dire qu'il contribue de fon
bien à ce même revenu, *à moins que la
proportion* du partage à faire avec le Souverain n'ait changé, & *n'ait augmenté
l'impôt depuis l'acquifition :* il eft vrai que
la terre que poffede cet acquéreur, l'af-

fujettit à payer un impôt ; mais auffi c'eft elle-même qui lui fournit les valeurs néceffaires pour fatisfaire à ce payement; par ce moyen cette charge fe trouve ac- quittée fans qu'il foit rien pris fur le pro- duit *net*, que le nouveau propriétaire a compté fe procurer en acquérant la ter- re. Ne me dites pas que fans l'impôt, ce produit *net* feroit plus confidérable pour ce même propriétaire ; il eft vrai que ce produit *net* feroit plus confidéra- ble pour les poffeffeurs de cette terre ; mais alors ou le même homme ne feroit pas propriétaire de ce produit *net* en fon entier, ou il l'auroit payé plus cher à proportion.

SUPPOSONS que le prix courant des terres foit le denier 20 : un particulier, avec 40 mille francs, achete une terre de 2 mille liv. de revenu, & qui donne 1000 liv. à l'impôt ; mais elle en vau- droit 60 mille, fi l'impôt ne prenoit pas ces 1000 livres dans le produit *net* de cette terre ; ainfi fon acquéreur ou rendroit annuellement ces 1000 livres à quelque co-propriétaire de ce produit *net*, ou il auroit déboursé 20 mille francs de plus pour cette acquifition.

Les 1000 livres payées par la terre à l'impôt font donc totalement étrangeres à fon acquéreur : que cette fomme fixe & déterminée foit remife annuellement au Souverain, ou à d'autres copropriétaires du produit *net* de cette terre, tant qu'elle donnera le même revenu total, rien de plus indifférent à l'intérêt direct & immédiat de cet acquéreur : comme propriétaire il ne paye rien à l'impôt, quoiqu'il participe, en cette qualité, à tous les avantages qui réfultent de l'inftitution de l'impôt.

J'observe en paffant que c'eft à regret que je donne au revenu public le nom d'impôt : ce terme eft toujours pris en mauvaife part ; il annonce une charge dure à porter, & dont chacun voudroit être exempt : le revenu public au contraire, tel qu'il fe préfente ici, n'a rien d'affligeant : en remontant à fon inftitution, on voit qu'elle eft le fruit de fon utilité ; depuis ces premiers temps ce revenu n'eft pour le Souverain, que le produit d'une propriété fonciere diftincte de toutes les autres propriétés qui appartiennent à fes fujets : encore ce produit eft-il employé pour l'utilité commune

commune de la fociété, de forte qu'à raifon de cette utilité commune, il devient un patrimoine commun, dont on jouït en commun, tout auffi réellement que chacun jouït de fon patrimoine particulier.

IL me femble que nos idées acquierent une grande clarté, en diftinguant ainfi deux époques, celle d'une fociété naiffante & celle d'une fociété formée : dans la premiere, nous trouvons que les propriétaires fonciers payoient l'impôt ; que ce font eux, qui par les dépenfes primitives qu'ils ont faites pour préparer les terres à recevoir la culture, les ont mifes en état de donner les produits deftinés à l'impôt ; qu'ils n'ont point été rembourfés de ces dépenfes ; qu'ainfi l'impôt a été pris conftamment fur des produits dont ils étoient en poffeffion, mais dont ils ont préféré de diftraire une portion pour convertir leur poffeffion incèrtaine en pleine propriété, & s'affûrer ainfi la jouïffance conftante & paifible de l'autre portion.

IL n'en eft pas de même des propriétaires fonciers dans une fociété formée : dans une fociété où les terres ont tellement changé de main, qu'il ne reste plus aucune trace de leurs premiers possesseurs, ni de leurs intérêts personnels : en la supposant organisée suivant son ordre essentiel ; suivant cet ordre qui ne comporte rien d'arbitraire, l'impôt y conserve bien sa même destination ; mais il n'est le fruit d'aucun sacrifice fait par ces propriétaires fonciers : nous voyons au-contraire que dans une telle société, le produit *net* des terres est destiné à se partager entre le Souverain & eux, que la proportion suivant laquelle ce partage doit être fait, est établie d'une manière invariable ; qu'en vertu de cette proportion constante & connue, le sort des propriétaires fonciers est assûré ; que par ce moyen, les terres ont acquis dans le commerce, une valeur vénale relative au partage à faire de leur produit *net* entre l'acquéreur & l'impôt ; que cette valeur vénale est telle que l'acquéreur ne paye que le prix de la portion du produit *net* dont il doit jouïr ; que l'autre portion n'est point aliénable ; qu'elle n'entre dans aucune considération lors de l'estimation des terres à vendre ; qu'ainsi les nouveaux propriétaires ne contribuent nullement à l'impôt, qui ne prend rien fur leurs capitaux quand ils achetent, ni fur les revenus que ces mêmes capitaux doivent leur donner après l'acquifition.

IL eft donc évident que dans une fociété formée, la loi la plus effentielle, la loi fondamentale concernant l'impôt, *eft qu'il n'ait rien d'arbitraire :* voilà le point fixe dans lequel l'ordre à cet égard confifte effentiellement. Cette regle eft d'une néceffité phyfique, parce qu'un impôt arbitraire, en annullant la propriété mobiliaire des produits, annulleroit auffi la propriété fonciere dont l'ordre phyfique ne peut abfolument fe paffer : il deviendroit ainfi deftructif de la reproduction annuelle, par-conféquent de fa propre fubftance : l'anéantiffement des richeffes de la nation entraîneroit *néceffairement* celui des revenus du Souverain, & celui de la fouveraineté.

Quand l'impôt n'eft point arbitraire, la propriété fonciere fe trouve inféparablement unie à la propriété mobiliaire d'une portion fixe dans les produits ; ces deux propriétés concourent enfemble à former la valeur vénale des biens-fonds :

alors l'action d'acquérir une terre *est un contrat passé*, *au nom de toute la nation*, *entre l'acquéreur & l'autorité tutélaire* ; contrat synallagmatique par lequel cette autorité lui garantit la propriété de la portion du produit dont il paye la valeur & acquiert la jouïssance, tandis que de son côté, il s'engage aussi de laisser cette même autorité jouïr constamment de l'autre portion qu'il n'a point acquise. Dès ce moment, cet acquéreur forme librement & volontairement *une société* avec le Souverain même : si ce particulier parvient à augmenter le produit *net* de sa terre, cette augmentation se partagera entre le Souverain & lui, dans une proportion établie par une loi constante, uniforme, générale, & reconnue tacitement par lui-même dans son contrat d'acquisition.

Le terme de société doit être pris à la lettre ; car le Souverain, en sa qualité de co-propriétaire du produit, doit participer à toutes les variations en bien ou en mal, que ce même produit peut éprouver. Il ne faut donc pas confondre la part proportionnelle que le Souverain doit prendre dans les produits en

vertu de son droit de co-propriété, avec
un impôt fixe & invariable établi sur
telle ou telle portion de terre. Le seul
avantage qu'on puisse trouver dans ce
dernier impôt, c'est qu'après son établissement, il ne prête point à l'arbitraire : mais il a des inconvéniens majeurs
auxquels il est physiquement impossible
de remédier.

Les terres ne produisent qu'en proportion des avances qu'elles reçoivent ;
or celles-ci n'ont rien d'uniforme, sur-
tout dans un État où la culture n'est
point encore dans sa perfection : les impôts fixes sont donc *nécessairement* préjudiciables ou au Souverain, ou aux
propriétaires fonciers, lorsque leur évaluation n'a pour base que la mesure & la
qualité des terres, & non leurs produits
connus. Dans les mains d'un cultivateur
mal-aisé une terre ne donnera qu'un revenu médiocre : confiez la culture à un
riche cultivateur, la même terre donnera le double du revenu. Dans le premier cas, l'impôt peut se trouver être
une surcharge, tandis que dans le second, le Souverain perd une partie de
ce qu'il doit prendre dans le produit.

IL eſt encore d'autres inconvénients propres & particuliers à ce genre d'impôt : mais ſans les préſenter en détail, je me contente d'obſerver qu'il eſt eſſentiellement vicieux en ce qu'il *ſuppoſe* le produit, & qu'il en eſt indépendant ; aulieu que l'impôt proportionnel perçu par forme de partage, ne ſe meſure point ſur un produit *ſuppoſé*, mais bien ſur un produit *réel*, & avec lequel il eſt toujours parfaitement d'accord. Cette balance a deux grands avantages : le premier, que le revenu public eſt toujours le plus grand qu'il ſoit poſſible, ſans que perſonne ſoit grévé, & puiſſe ſe plaindre d'y contribuer : le ſecond, eſt que le Souverain n'eſt jamais étranger aux progrès de la culture : il s'établit naturellement & *néceſſairement* entre ſes ſujets & lui, une communauté d'intérêts dont l'accroiſſement de la richeſſe nationale eſt l'objet, & qui forme ainſi le lien le plus puiſſant du corps politique.

CETTE communauté d'intérêts réſultante de l'impôt proportionnel eſt un article bien important aux progrès dont la culture eſt ſuſceptible dans un Royaume agricole : chaque propriétaire foncier

qui fait des dépenses en améliorations,
ne s'y détermine que parce qu'il est assûré que la valeur vénale de sa terre
augmentera d'autant ; & cette assûrance
lui vient de la certitude qu'il a que la
portion qu'il doit prendre dans ces améliorations, ne lui sera point enlevée par
l'impôt. Remarquez encore en cela combien l'impôt proportionnel est préférable à un impôt fixe & indépendant des
produits : dans ce dernier cas, un propriétaire foncier n'est point à l'abri de
la crainte d'une nouvelle évaluation, qui
lui fasse perdre le fruit & la propriété
de toutes les sommes dépensées en améliorations.

Je ne fais qu'indiquer ici les avantages qui résultent de la vénalité des terres ; j'entends de la certitude morale de
pouvoir les vendre à un prix relatif aux
dépenses que l'on fait pour les améliorer. Les apperçus que je présente, suf-
fifent pour montrer combien il est intéressant pour un Souverain & pour une
nation, que la proportion établie entre
les revenus des propriétaires fonciers &
l'impôt ne soit sujette à aucune variation ; car c'est l'immutabilité de cette

proportion qui décide de cette vénalité.

DÉNATURONS maintenant cet ordre essentiel, & rendons l'impôt arbitraire : que vendra-t-on, quand on voudra vendre une terre? Et qui est-ce qui se présentera pour l'acheter ? Une terre n'est vénale qu'autant qu'elle a une valeur certaine : & elle n'a une valeur certaine, qu'autant qu'elle donne un revenu certain : celles même dont le produit est absolument casuel, sont considérées comme ayant un revenu certain; on parvient à le fixer, malgré ses variations, en formant de plusieurs années une année commune. Un tel casuel peut être évalué tant que le cours des révolutions qu'il éprouve, est dans l'ordre de la nature & des mouvements d'une société ; mais son évaluation n'est plus possible, sitôt qu'il dépend absolument d'un pouvoir arbitraire : dans le premier cas, on vend du moins une propriété ; dans celui-ci, on n'en vend point une véritable : car on n'est point véritablement propriétaire d'une chose, dont une autorité quelconque peut arbitrairement nous dépouiller.

IL est évident que dans une telle position, le propriétaire foncier, ne l'étant
pas

pas d'une portion fixe & aſſûrée dans le produit de ſes terres, *il ne peut vendre une propriété qu'il n'a pas.* Mais dès qu'il n'eſt aucune portion du produit qui ſoit vénale, les terres ne le ſont plus auſſi : il n'eſt plus poſſible ni de les vendre, ni de les faire entrer dans les engagements que les membres d'une même ſociété ont ſi ſouvent beſoin de contracter entre eux. Ainſi plus de reſſources pour les propriétaires fonciers ; il faut abſolument qu'ils périſſent, ſi quelque évenement les met hors d'état de ſoutenir les charges de la propriété : un mur de ſéparation ſe trouve élevé entre les richeſſes pécuniaires & les biens-fonds ; ces deux ſortes de richeſſes ne peuvent plus s'unir pour ſe féconder mutuellement ; celles-là, pour trouver de l'emploi, paſſent chez l'étranger, & laiſſent les terres incultes, faute des bâtiments néceſſaires à leurs exploitations, ou d'autres dépenſes ſemblables, dont les propriétaires fonciers ſont tenus, mais qu'ils ne peuvent plus faire, parce qu'ils n'en ont plus les moyens.

LES terres ne ſe fertiliſent que par des dépenſes ; & une partie de ces dépenfes eft à la charge du propriétaire foncier : il eft donc d'une néceffité phyfique que les richeffes pécuniaires, *ftériles* par elles-mêmes, puiffent *fe marier* avec les richeffes foncieres, pour que de leur union réfulte une abondance de productions, qui fans cela ne peut avoir lieu ; il eft donc d'une néceffité phyfique que les terres acquierent dans le commerce, une valeur certaine & courante, qui permette ou de les vendre, ou de les engager ; qui les mette, en un mot, dans le cas d'attirer à elles les richeffes pécuniaires dont elles ont befoin ; il eft donc d'une néceffité phyfique que les terres donnent à leurs propriétaires, un revenu certain, dont la propriété certaine affure aux terres une valeur qui les rende commerçables ; il eft donc d'une néceffité phyfique que l'impôt ne foit point arbitraire ; que la proportion qui regle le partage à faire du produit *net* entre le Souverain & les propriétaires fonciers, foit fixe & invariable ; fans cela plus de propriété fonciere, plus de culture, plus de produits, plus d'impôt, plus de nation, plus de fouveraineté.

Si au-contraire , cette loi fondamentale de l'ordre effentiel eft fuivie , l'état
du propriétaire foncier eft dans la fociété , l'état le plus avantageux poffible , à
raifon de fa folidité ; la préférence lui
étant acquife fur tous les autres états ,
chacun à l'envi s'empreffe de convertir
fes richeffes mobiliaires en richeffes foncieres ; on ne connoît plus de meilleure
façon d'employer fon argent , que celle,
pour ainfi dire , de le femer pour le multiplier ; on voit naître ainfi la plus grande abondance poffible dans tous les genres de productions ; l'induftrie , la population , les revenus du Souverain , fa
puiffance politique , tout enfin croît *néceffairement* en raifon de cette même
abondance ; pour comble de bonheur ,
perfonne alors ne paye l'impôt ; & cependant tout le monde jouït des avantages qu'il affure à la fociété.

CHAPITRE XXVIII.

Suite du Chapitre précédent. Ce qui est à faire avant que la co-propriété du Souverain puisse partager dans les produits des terres. Ce que c'est qu'un proauit brut ; ce que c'est qu'un produit net. Ce dernier est le seul qui soit à partager entre le Souverain & les propriétaires fonciers. Reprises privilégiées du cultivateur sur le produit brut. Dans une société conforme à l'ordre, ces reprises sont toujours & naturellement fixées à leur taux le plus bas possible par la seule autorité de la concurrence : dans cet état, le produit net est toujours aussi la plus grande richesse possible pour le Souverain & pour les propriétaires fonciers, en raifon de leur territoire.

Nous avons vu dans le Chapitre précédent, que le revenu public ne devoit avoir rien d'arbitraire, & qu'il ne pouvoit être autre chofe que le réfultat d'un partage à faire du produit des terres entre le Souverain & les propriétaires fonciers, en vertu de la co-propriété de ce même produit dévolue à la fouveraineté. J'ai fait obferver que cette co-propriété devoit être bornée comme toutes les propriétés particulieres ; que fans cela, elle les envahiroit & les annulleroit toutes ; qu'ainfi au-lieu de confolider la fociété, elle la détruiroit dans fon principe effentiel.

CETTE derniere vérité eft par elle-même d'une évidence fi frappante que je pourrois me difpenfer d'y revenir ; mais elle eft auffi d'une telle importance, & elle a tant de préjugés à vaincre avant de s'établir folidement parmi les hommes, que je crois à propos de la faire enviſager dans tous les rapports qu'elle ſe trouve avoir avec la reproduction. En conſéquence, je vas tâcher de développer comment l'ordre phyſique de la reproduction veut que les produits des terres ſoient partagés ; comment cet ordre établit les loix fondamentales de ce partage ; comment ces loix reglent tout à la fois les droits des propriétaires fonciers, & ceux qui appartiennent au Souverain en vertu de ſa co-propriété.

LE produit des terres ſe diviſe en produit *brut* & en produit *net*. Comme en général un produit ne s'obtient que par le moyen de dépenſes préalables, il commence d'abord par être un produit *brut*, c'eſt-à-dire, *une maſſe plus ou moins forte de productions, chargée de reſtituer la valeur de toutes les dépenſes qui l'ont fait naître.* Quand ſur cette maſſe ces mêmes dépenſes ont été repriſes, le ſurplus qui reſte, eſt un produit *net ;* il eſt *tout gain* pour la ſociété , parce qu'il eſt par lui-même , & à tous égards , un accroiſſement de richeſſes pour la ſociété.

PERSONNE n'ignore que ſans les avances du cultivateur, la terre ne nous donneroit preſque aucunes productions. Il

faut donc qu'il y ait toujours dans la société, une portion de ses richesses mobiliaires qui soit consacrée à faire ces
avances, & qui ne puisse être détournée
de son emploi. De-là résulte qu'avant
que la société puisse disposer *arbitrairement* du produit des terres, il est d'une
nécessité physique que sur ces mêmes
produits, on prélève le montant des reprises à faire pour raison des avances du
cultivateur : sans cela, ces avances, &
par-conséquent les produits ne pourroient plus se renouveller.

Ainsi avant que le Souverain & les
propriétaires fonciers puissent, en leur
qualité, exercer aucun droit sur le produit des terres, il est de toute nécessité
que le produit *net* soit dégagé du produit *brut* ; ainsi ce produit *net*, ce produit quitte & libéré des indemnités dues
au cultivateur, est le seul qui puisse &
doive être partagé entre les propriétaires fonciers & le Souverain ; ainsi à cet
égard la nature a elle-même posé des
bornes au-delà desquelles le Souverain
ne peut étendre sa co-propriété ; s'il en-
treprend de les passer, de violer les
droits sacrés du cultivateur, ce ne peut

E iv

être qu'au préjudice des avances de la culture, & conséquemment de la reproduction ; car les terres ne se fécondent qu'en raison des avances qu'elles reçoivent.

Observez que cette premiere regle est toujours la même, quel que soit le cultivateur : que cet homme soit lui-même propriétaire des terres qu'il exploite, ou qu'il soit un étranger entrepreneur de la culture de ces terres, il n'en a pas moins les mêmes avances à faire pour cette culture, & les mêmes reprises à exercer pour l'entretien de ces avances. Ainsi dans le cas où ce cultivateur se trouveroit être le propriétaire foncier, le Souverain ne pourroit toujours partager que dans le produit *net*, & suivant la proportion établie, afin de ne point porter atteinte au droit de propriété.

Avant de songer à partager le produit *net* entre le Souverain & les propriétaires fonciers, il faut donc commencer par nous occuper du partage à faire du produit *brut* entre eux & le cultivateur : à cet égard, nous devons le regarder comme un homme tout-à-fait distinct des propriétaires fonciers, parce que

les dépenſes de la culture ſont tout-à-
fait diſtinctes de celles qu'il faut faire
pour acquérir des propriétés foncieres,
ou pour les entretenir dans un état convenable à leur culture. Par cette raiſon,
il eſt à propos d'examiner ſi ce premier
partage eſt aſſujetti par l'ordre phyſique,
à des loix propres à régler les différents
intérêts qui ſe trouvent ici en oppoſition, & à les concilier entre eux de maniere que la claſſe cultivatrice & la claſſe
propriétaire jouïſſent également & conſtamment de la plus grande portion que
chacune d'elles puiſſe prétendre dans les
produits *bruts.*

LE cultivateur, comme cultivateur,
a deux ſortes d'avances à faire ; les avances primitives, qui ſont l'achat de toutes les choſes néceſſaires à ſon établiſſement, & les avances annuelles, qui ſont
toutes les dépenſes que ſa perſonne & ſes
travaux occaſionnent pendant l'année,
& juſqu'à ce que la récolte ſoit faite.

JE NE calculerai point ici les repriſes
que ces doubles avances l'obligent de
faire ſur les produits *bruts,* pour pouvoir
continuer ſes dépenſes & ſes travaux ;
je dirai ſeulement que, toute proportion

gardée , fes falaires & les intérêts de fes
avances doivent lui être payés par le
produit de la culture , *au-moins* auffi
cher qu'ils le feroient dans une autre
profeffion ; fi vous rendez fa condition ,
à cet égard , pire que celle des autres
hommes , la culture fera bien-tôt abandonnée , parce qu'il préférera l'emploi
le plus lucratif de fes richeffes mobiliaires , fans qu'il foit poffible de l'en empêcher. Les richeffes en argent qui
fervent à faire les achats des chofes
néceffaires aux avances de l'exploitation , font des richeffes occultes & fu-
gitives , qui trouvent toujours le fecret
de fe dérober à la contrainte , & d'aller
où l'intérêt des poffeffeurs les appelle :
impoffible de forcer un homme à fe faire
cultivateur ; impoffible de l'obliger à
confacrer à la culture , une richeffe clan-
deftine , & dont , par cette raifon , l'emploi ne dépend que de fa volonté ; il ne
dépenfera qu'autant qu'il trouvera fon
intérêt à cultiver & à dépenfer ; c'eft une
condition *fine quâ non.*

De cette premiere vérité , je paffe à
une feconde ; c'eft que les reprifes du
cultivateur ne font jamais que ce qu'elles

doivent être *néceffairement* , quand le gouvernement se trouve conforme à l'ordre ; c'eft à-dire , quand la liberté fociale eft telle que l'ordre veut qu'elle foit : alors fans le fecours d'aucune autorité civile , l'autorité naturelle de la concurrence qui fe trouve entre les cultivateurs , déterminent la mefure effentielle de leurs reprifes , & les maintient dans la proportion *néceffaire* qu'elles doivent avoir avec les bénéfices de toutes les autres profeffions.

TANT que l'état de cultivateur ne fera point incertain & dangereux ; tant qu'il ne fera point expofé directement ou indirectement à des vexations arbitraires , & toujours imprévues ; tant qu'il fera *immune*, qu'il ne dépendra que des engagements qu'il aura librement contractés pour exercer fa profeffion; tant que cette même profeffion enfin , bien loin d'être dégradée dans l'opinion déréglée des hommes , fera parmi eux honorée comme elle doit l'être, & jouïra de toute la liberté dont elle a befoin , on la verra , parée de toutes fes beautés naturelles , fe placer fur une ligne pa-

rallele , & à côté de toutes les autres
profeſſions lucratives , pour appeller à
elle les richeſſes mobiliaires ; alors les
poſſeſſeurs de ces richeſſes s'empreſſeront
à l'envi de les lui conſacrer ; & cette concurrence permettant aux propriétaires
fonciers de ne conſulter que leurs propres intérêts dans le choix des cultivateurs, il en réſultera que la préférence
ne ſera donnée qu'à ceux dont les offres
& les facultés ſeront plus à l'avantage du
produit *net*.

Il faut convenir qu'en cette partie
l'adminiſtration n'eſt point embarraſſan-
te ; elle n'a rien à faire ; il lui ſuffit *de ne*
rien empêcher ; de ne priver la culture
ni de la liberté ni des franchiſes qui lui
ſont eſſentielles ; d'abandonner aux propriétaires fonciers le ſoin de débattre
vis-à-vis des entrepreneurs de culture ,
les intérêts du produit *net* ; car ces débats, qui ſeront toujours rigoureux, ne
peuvent être au profit des premiers ,
qu'ils ne ſoient au profit du Souverain ;
de laiſſer ainſi la concurrence en poſſeſſion d'être l'arbitre naturel & ſouverain
de ces mêmes débats ; la balance à la

main, celle ci ne manquera jamais d'apprécier & de réduire à sa juste valeur, ce qui doit appartenir aux cultivateurs dans les produits *bruts*, soit comme salaires de leurs travaux, soit comme indemnités & intérêts de leurs avances; ils seront donc constamment assujettis par elle à ne prendre dans ces produits *bruts*, que la portion qu'on ne peut absolument leur refuser; & cette portion étant ainsi la plus modique qu'il soit possible, celle qui formera le produit *net*, pour se partager entre les propriétaires & le Souverain, sera par-conséquent toujours aussi forte qu'elle peut & doit l'être.

FAITES attention à notre derniere conséquence : la portion des produits *bruts*, qui formera le produit *net*, sera toujours aussi forte qu'elle peut & doit l'être : cette proposition est d'une vérité rigoureuse dans tous les sens qu'elle présente ; car la sagesse d'un tel gouvernement assurant pour toujours à la culture, les plus grosses avances possibles, l'État peut toujours aussi compter sur les plus gros produits *bruts* possibles en proportion de son territoire ; & au moyen de

ce que la concurrence ne permet aux cultivateurs de retenir fur ces produits, que
la portion qui leur eft néceffaire pour
les mettre en état de perpétuer ces mêmes avances, il fe trouve que le produit
net prend tout ce qu'il peut prendre dans
les plus gros produits *bruts* poffibles ;
qu'il eft ainfi pour ceux qui doivent le
partager, la plus grande richeffe poffible.

Maintenant que nous voyons comment fe forment les plus grands produits
nets poffibles, pour que le plus grand
revenu poffible foit acquis au Souverain,
il ne refte plus qu'une condition à remplir ; c'eft de lui affigner la plus grande
part poffible dans ces produits *nets*. Mais
pour déterminer cette plus grande part
poffible, c'eft encore l'ordre phyfique
qu'il nous faut confulter : nous n'avons
point d'autre bouffole que l'évidence de
fes loix, ni d'autres moyens pour montrer ce que les Souverains ne peuvent
fe permettre, fans préjudicier à leurs
propres intéréts.

Cependant, avant de nous livrer à
cet examen, je crois à propos de préve-

nir une objection. Le tableau, me dira-t-on, que vous venez de préfenter, fuppofe toutes les terres affermées, & les produits *nets* connus par des baux faits de bonne foi ; or cette fuppofition eſt en cela doublement vicieufe.

JE fais qu'il arrive fouvent que des terres ne font point affermées ; mais il en eſt peu qui ne l'ayent été, ou du-moins qui ne reffemblent à d'autres ter-res de leur voifinage qui font affermées: je conviens qu'au défaut des baux, il ne refte que la voie de la comparaifon & de l'évaluation, pour déterminer la portion que le Souverain doit prendre dans le produit *net* d'une terre. Mais auffi ces évaluations n'auront rien de dangereux, dès que les points de comparaifon qui leur ferviront de bafe, n'auront rien d'arbitraire. D'ailleurs ce qui n'eſt pas affermé aujourd'hui le fera demain ; tôt ou tard fon produit *net* fera donc con-ftaté par des actes authentiques, & en attendant, les terres voifines affermées, & reconnues de même qualité, ferviront de bouffole. A l'égard des fraudes qu'on peut pratiquer à l'occafion de la paffation des baux à ferme, elles ne peuvent guere être que momentanées ; ajoutez à cela qu'il eſt bien des moyens pour les découvrir, & même pour les prévenir, du-moins en grande partie.

Ces fraudes ne peuvent être pratiquées que de deux manieres : 1°. par des contre-lettres ; mais elles n'auront pas lieu quand elles feront déclarées par la loi ne pouvoir jamais être obligatoires, &c. 2°. par une indemnité en argent, donnée par les Fermiers lors de la paſſation des baux. Mais calculez bien ces indemnités, ces *pots-de-vins*, car c'eſt le nom que nous leur donnons, & vous trouverez qu'il n'eſt pas à craindre qu'on employe de tels expédients pour éluder le payement d'une modique portion de l'impôt. En effet, ces expédients ne pourroient avoir lieu qu'autant qu'un Fermier auroit des fonds inutiles aux avances dont il eſt chargé ; car s'il prend le pot-de-vin ſur ces mêmes avances à faire, il faudra qu'on lui tienne compte du vuide que le détournement de cette ſomme occaſionnera dans la reproduction. Alors un tel arrangement devient
impoſſible

impoſſible, par la raiſon que la ſomme
qu'il donneroit pour pot-de-vin , eſt
deſtinée à rendre annuellement 200 p.$\frac{\cdot\cdot}{\cdot}$.
en l'employant à la culture. Mais en ſup-
poſant qu'un Fermier ſoit aſſez riche
pour diſtraire de ſes avances , le pot de-
vin qu'on lui demande , toujours faudra-t-il qu'on lui tienne compte des in-
térêts ſur le pied de 10 p.$\frac{\cdot\cdot}{\cdot}$. au-moins ,
& qu'il profite de quelque choſe encore
dans la fraude à laquelle il veut bien
ſe prêter : au moyen de cela , le bénéfice ſe réduit preſque à rien pour le propriétaire foncier , qui d'ailleurs par cette
pratique , préjudicie à la valeur vénale
de ſa terre.

IL NE faut pas juger de cet objet par
l'idée qu'on pourroit s'en former dans
un État en déſordre ; chez les nations
où la culture étant languiſſante , le produit net ſe trouveroit dans un cours de
dégradation progreſſive , par une ſuite
naturelle de la mauvaiſe forme des im-
poſitions : dans l'État oppoſé , chez une
nation où l'on ne connoîtroit d'impôt
qu'un impôt *ſur le revenu* des terres , où
par-conſéquent cet impôt n'auroit rien

d'arbitraire, les revenus ne feroient ; pour ainfi dire, fujets à aucunes variations fenfibles ; tous s'achemineroient du même pas vers leur plus haut degré d'accroiffement, & acquerroient ainfi une forte de publicité qui rendroit moralement impoffible la mauvaife foi fur l'article des baux, fur-tout fi les loix empêchoient qu'on pût fans danger la mettre en pratique : il faudroit que la fraude fût bien modique, pour qu'elle ne devînt pas notoire.

CES obfervations raffemblées, & que j'élague confidérablement, vous prouvent bien que les petits inconvéniens dont il s'agit ici ne peuvent être d'aucune confidération dans la maffe générale des avantages que le Souverain & la nation trouvent *néceffairement* à fe conformer, fur ce point, à l'ordre de la nature, à cet ordre qui favorife en toute maniere l'accroiffement des produits dans lefquels le Souverain doit toujours prendre une part proportionnelle. Il ne faut pas s'occuper de fi foibles objets quand il s'agit d'un grand nombre de millions pour le revenu public & pour

les revenus particuliers des propriétaires, ainsi que de la force politique d'un
État & de tout ce qui doit concourir à sa
plus grande prospérité.

CHAPITRE XXIX.

Seconde suite du Chapitre XXVII. Comment le produit net doit se partager entre le Souverain & les propriétaires fonciers. L'état du propriétaire foncier doit être le meilleur état possible. Sans cela les produits doivent s'anéantir. Une partie du produit net n'est point disponible ; elle est affectée nécessairement aux charges de la propriété fonciere. Le despotisme personnel & légal est le seul qui puisse empêcher l'impôt de devenir préjudiciable aux produits. Loix physiques concernant l'emploi du produit net : d'après ces loix le partage est toujours fait naturellement entre le Souverain & les propriétaires fonciers ; & la portion du Sou-

verain est toujours la plus grande portion physiquement possible. L'impôt est assujetti par la nature même, à une forme essentielle.

L'ORDRE physique est un ordre absolu, un ordre immuable dont nous ne pouvons nous écarter qu'à notre préjudice. Les Souverains ne peuvent donc rien prendre dans le produit net des terres au-delà de la plus grande portion *physiquement possible*. Mais quelle est-elle, cette portion? Voilà ce qu'il est essentiel de rendre évident : en conséquence, il faut distinguer, comme nous l'avons déja fait, deux temps différents, celui des sociétés naissantes, & celui des sociétés formées.

DANS les sociétés naissantes le revenu public institué librement, quoique *nécessairement*, en faveur de la propriété, n'a pu tellement la gréver, que l'état du propriétaire foncier cessât d'être préférable à tous les autres : sans cela, cet état eût été *nécessairement* abandonné,

ou plutôt personne ne l'auroit embrassé.
Il est dans notre constitution de tendre
toujours vers notre meilleur état possible ; nous y sommes entrainés par la
pente naturelle du desir de jouïr qui naît
& meurt avec nous : ainsi dans les sociétés naissantes la propriété fonciere a
dû nécessairement être l'état le plus avantageux : ce n'a été qu'à cette condition
qu'il a pu se former un revenu public ;
car ce n'a été qu'à cette condition qu'il a
pu s'établir des propriétaires fonciers,
pour faire les dépenses primordiales de
la propriété fonciere , & celles de son
entretien.

Si cette prérogative de la propriété
fonciere a été d'une nécessité absolue
dans les sociétés naissantes, elle se trouve
être encore de la même nécessité dans les
sociétés formées : dans celles-ci comme
dans celles-là , la propriété fonciere n'est
point un don gratuit ; elle ne s'acquiert
& ne se conserve que par des dépenses ,
qui ne peuvent être faites qu'à raison de
leur utilité. Puisque les mobiles qui agis-
sent en nous , n'ont point changé de nature ; puisque les impulsions de l'appétit
des plaisirs sont les mêmes qu'elles ont

toujours été, il est sensible que lorsqu'il
s'agira d'employer nos richesses, nous
préférerons toujours l'emploi qui nous
promet le plus de jouïssances ; & qu'ainsi
nous ne nous porterons à convertir nos
richesses mobiliaires en richesses foncieres, qu'autant que nous croirons cette
conversion avantageuse pour nous.

DANS les sociétés naissantes, la nécessité de rendre l'état des propriétaires fonciers *le meilleur état possible*, résultoit de
la nécessité de les engager à défricher, à
construire les bâtiments nécessaires à l'exploitation des terres, à creuser des canaux
pour les arroser ou les dessécher, à plan-
ter, à faire, en un mot, les divers travaux sans lesquels en général la culture
ne pouvoit avoir lieu. Ne croyez pas
que toutes ces dépenses premieres une
fois faites, la propriété fonciere se trouve exempte de toutes charges : la situa-
tion des propriétaires fonciers n'a nullement changé à cet égard, & c'est une
vérité fondamentale qu'on ne peut mettre dans un trop grand jour.

NOUS ne connoissons point de nation
qui n'ait plus ou moins de terres à défricher : en cela, chaque société formée

eſt comme une ſociété naiſſante ; ces terres ne ſeront défrichées , qu'autant que
l'état du propriétaire foncier ſera le meilleur état poſſible , ſans néanmoins que ce
ſoit au préjudice & en diminution du
meilleur état poſſible du Souverain ; car
ces deux intérêts ne doivent jamais ſe diviſer.

MAIS quand même les terres ſeroient
toutes en valeur, on ne pourroit rien
changer encore à la condition de la propriété fonciere : il eſt conſtant que beaucoup de domaines ſe dégradent de différentes manieres ; & que pour être réta-
blis , ils exigent de fréquentes dépenſes
qui ne peuvent être faites que par des
propriétaires fonciers. D'ailleurs indépendamment du cas forcé de la dégradation , nous avons celui de l'améliora-
tion : il eſt très-peu de terres , qu'on ne
puiſſe améliorer par des dépenſes qui ne
peuvent convenir qu'aux propriétaires
fonciers : or il eſt certain que ſi , en cette qualité , leur état n'eſt pas le meilleur
état poſſible , aucune de ces deux ſortes
de dépenſes n'aura lieu : certainement
elles ne ſeront pas faites, dès que chacun
en particulier

en particulier trouvera fon intérêt à ne pas les faire.

NE comptons pour rien cependant ces trois premieres obfervations ; en voici une quatrieme qui fera plus fenfible, parce qu'elle embraffe des objets plus étendus & plus connus. L'exploitation de la majeure partie des terres ne peut fe paffer de divers batiments ; plufieurs même font dans le cas de ne pouvoir être cultivées, qu'autant que les eaux qui les avoifinent & les arrofent, font contenues & dirigées par des ouvrages pratiqués à cet effet : or, il eft évident que l'entretien de toutes ces différentes parties eft une charge de la propriété fonciere, & que fi l'état du propriétaire foncier n'eft pas *le meilleur état poffible*, j'entends, fi le produit dont il jouït n'eft pas de nature, que fon plus grand intérêt foit de l'entretenir par les dépenfes néceffaires à cet effet, il ne fe portera point à faire ces mêmes dépenfes.

CETTE quatrieme obfervation, quoiqu'elle foit d'une grande importance par elle-même, acquiert encore une nouvelle force, quand on la rapproche de la maniere dont les hommes parviennent à l'état de propriétaires fonciers dans une société formée. Les acquéreurs des terres, il est vrai, achetant ordinairement des terres toutes défrichées, des terres en rapport n'ont point à faire les mêmes travaux & les mêmes dépenses, que les premiers possesseurs ont faites lors des sociétés naissantes ; mais aussi ces acquéreurs remboursent-ils ces mêmes dépenses par le prix dont ils payent leurs acquisitions : or, en vertu de ce remboursement, chaque acquéreur entre *nécessairement* en possession de tous les droits que son vendeur avoit sur le produit net des terres vendues ; & la filiation des vendeurs forme ainsi une chaîne, au moyen de laquelle le dernier acquéreur représente le premier possesseur, & doit en avoir tous les droits en propriété.

IL est évident que si dans l'origine de la société, l'état du propriétaire foncier n'avoit pas été *le meilleur état possible*, les terres n'auroient pas été cultivées ; il est évident que pour constituer *ce meilleur état possible*, il a fallu que le revenu des terres, déduction faite de l'impôt, se trouvât être le plus fort produit qu'on pouvoit se promettre de ses dépenses, &

que la propriété de ce revenu fût assûrée
pour toujours aux propriétaires des richesses mobiliaires employées à la former.

TELS sont les deux avantages dont les
premiers possesseurs des terres ont dû
jouïr *nécessairement*, & sans le concours
desquels les terres n'auroient jamais acquis, dans le commerce, une valeur vénale représentative des premieres dépenses faites pour les mettre en état de recevoir la culture. Mais dès que nous connoissons l'état *nécessaire* des premiers
possesseurs dans une société naissante,
nous connoissons aussi l'état *nécessaire* de
ceux qui les remplacent & les représentent dans une société formée, puisque
ceux-ci doivent jouïr de tous les droits
de ceux-là ; ainsi l'état des propriétaires
fonciers doit être aujourd'hui, comme
il a dû toujours l'être, *le meilleur état
possible.*

QUAND je dis que dans une société
formée l'état du propriétaire foncier
doit être *le meilleur état possible*, je ne
veux point faire entendre qu'on doive
lui accorder des privileges particuliers,
des prérogatives sur les autres états : il

n'a befoin que de celles qui lui font at-
tribuées par la nature , & dont il doit
jouir *néceſſairement* pour l'avantage commun de toute la fociété. La reproduction n'eſt elle pas le premier principe
de toutes les richeſſes, de toutes les jouiſ-
fances que nous pouvons nous procurer ? Cela poſé , le premier agent dont
la reproduction a befoin, eſt donc l'homme le plus eſſentiel à la fociété : or ce
premier agent , c'eſt le propriétaire foncier : ainſi le titre de ſes prérogatives fe
trouve dans la néceſſité phyſique de la
reproduction.

Un homme a des richeſſes mobiliaires à employer ; il commence par examiner quel fera l'emploi le plus utile
pour lui : la fociété ne lui en préfente
que trois fortes : un emploi en achat de
propriétés foncieres ; un emploi en entreprifes de culture ; un emploi en quelqu'une des diverfes opérations auxquelles les reproductions donnent occaſion.
Mais obfervez que les richeſſes mobiliaires ne peuvent fe procurer ces deux derniers emplois , qu'autant qu'elles ont
commencé par fe confacrer au premier ;
car il n'y a lieu aux travaux de produ-

ftrie, qu'après qu'il s'eft établi des cultivateurs ; & l'établiffement des cultivateurs doit toujours être précédé de celui
des propriétaire fonciers.

Si donc une fociété étoit organifée
de maniere qu'on préférât à l'état de propriétaire foncier, les différents emplois
que l'induftrie peut offrir aux richeffes
mobiliaires, il en réfulteroit que la reproduction s'éteindroit ; & que ces mêmes emplois ne feroient plus poffibles :
alors les richeffes mobiliaires ou pécuniaires s'éclipferoient ; elles paffcroient
chez l'étranger, tandis que la nation
s'appauvriroit & fe dépeupleroit de jour
en jour.

Les privileges du propriétaire foncier ne lui font donc point particuliers ;
ce font au contraire des privileges dont
l'u   réfléchit fur tous les autres hommes, & qu'il importe au Souverain même de conferver. Nous pouvons dire
plus encore : c'eft qu'ils ne font point
d'une nature différente de celle des droits
dont tous les hommes doivent jouïr également : ces privileges confiftent dans la
fûreté & la liberté qui font effentielles à
la propriété fonciere, parce qu'elles font

essentielles à toute autre propriété. Ainsi toute la faveur que les propriétaires fonciers exigent du gouvernement, c'est qu'ils ne puissent être troublés dans la jouïssance paisible de leurs droits naturels : à ce prix, leur état devient naturellement & *nécessairement le meilleur état possible*, parce qu'alors il est physiquement impossible qu'il ne le soit pas.

Il est constant qu'une multitude d'événements périodiques, & de différente espece, occasionne une telle révolution dans la fortune des propriétaires fonciers, qu'on peut dire qu'elle les met tour à tour dans l'impuissance de soutenir les charges de la propriété fonciere. Alors il faut que des acquéreurs se présentent pour les remplacer, avec des richesses mobiliaires capables de satisfaire à ces mêmes charges. Mais on sent bien que ce remplacement ne peut avoir lieu, qu'autant que la propriété fonciere est maintenue religieusement dans tous ses droits essentiels, & que l'état du propriétaire foncier continue d'être ainsi *le meilleur état possible*.

Ce que je dis ici des charges de la propriété fonciere, nous montre que le

revenu des terres n'eft point dans tout
fon entier véritablement *difponible ;*
qu'il en eft une partie fpécialement affectée aux dépenfes que ces charges exigent; qu'on ne peut la détourner de fon
emploi naturel & *néceffaire* , fans préjudicier à la culture , par-conféquent au
revenu du Souverain & à la richeffe de
la nation ; qu'ainfi cette partie ne doit
point entrer dans la maffe à partager entre les propriétaires fonciers & l'impôt.
En cela nous voyons diftinctement une
feconde borne pofée par l'ordre phyfique , & que le Souverain ne peut fran-
chir fans bleffer fes intéréts perfonnels ,
& ceux de la fouveraineté.

DANS le code phyfique nous trouvons
trois loix immuables concernant la reproduction : la premiere porte que *les*
avances de la culture , fans lefquelles il
n'eft point de reproductions , ne pourront
être faites par les cultivateurs , qu'après
les dépenfes à faire par les propriétaires
fonciers ; la feconde ordonne expreffé-
ment *que ces doubles avances ne cefferont*
jamais de fe renouveller dans leur ordre
effentiel , fuivant que le cours naturel de
la deftruction l'exige , & ce fous peine de

l'anéantissement des produits & de la société : en conséquence, dit la troisieme loi,
il eft fait défenfe , fous les peines ci-deffus
énoncées , aux propriétaires fonciers, & à
toute puiffance humaine , de rien détourner
de la portion qui doit être prélevée fur les
produits, pour perpétuer ces mêmes avances.

D'APRE's cette légiflation naturelle
& divine, il eft évident, 1°. que fur les
produits bruts, c'eft-à-dire , fur la maffe
totale des reproductions, on doit d'a-
bord prélever les reprifes à faire par le
cultivateur : 2°. que dans le furplus, qui
eft un produit net, un accroiffement de
richeffes, il ne faut pas regarder comme
difponible, la portion néceffaire à l'acquittement des charges de la propriété
fonciere ; que le furplus eft dans le vrai,
la feule partie qui puiffe fe partager entre le Souverain & les propriétaires fonciers, par la raifon qu'elle eft la feule
dont la fociété puiffe arbitrairement difpofer.

UNE fois que fur un produit brut on
a prélevé les reprifes du cultivateur,
pour ne laiffer que le produit net, le partage de la portion qui dans ce produit
net eft réellement difponible, fe trouve

naturellement tout fait entre le Souverain & le propriétaire foncier, *si l'impôt
n'a rien d'arbitraire*; car c'est-là le point
essentiel.

JE dis que ce partage se trouve *tout
fait*, parce qu'alors chacun de ces deux
co propriétaires du produit *net disponible* a des droits certains, des droits essentiellement nécessaires, d'après lesquels la part proportionnelle qu'ils doivent prendre l'un & l'autre dans ce produit *net disponible*, a été tout d'abord
nécessairement & régulièrement déterminée. Dans ce point seulement une société naissante diffère d'une société formée : dans celle-là, il a fallu examiner
& fixer quelle seroit la part proportionnelle que l'impôt prendroit dans le produit *net disponible*; au-lieu que dans celle-ci, il ne s'agit point de régler la proportion à suivre dans le partage, mais
seulement de partager d'après la proportion qui se trouve établie. Il n'y a plus
de loi à faire à cet égard; il faut se conformer à la loi faite; la société naissante
l'a instituée; & depuis ce moment tous
les contrats d'acquêts ont été autant d'a-
ctes confirmatifs de cette loi, autant

d'actes où elle a parlé pour manifester
& assurer de nouveau les droits proportionnels du Souverain & ceux de l'acquéreur, relativement à l'accroissement
ou au décroissement du produit disponible. Le partage entre eux ne peut donc
éprouver aucune difficulté dans une société formée, à moins que la loi qui en
ordonne, ne perdît l'autorité despotique dont elle doit jouïr, & que l'impôt
ne devînt arbitraire ; révolution qui,
comme je l'ai deja dit, ne peut être que
le fruit de l'ignorance, parce qu'elle ne
peut arriver sans entraîner après elle la
destruction de la propriété fonciere, &
même de tous droits de propriété, par-
conséquent de la Nation & de la Souveraineté.

Les loix essentielles & invariables
de l'ordre physique ont donc de tous
côtés circonscrit la co-propriété du Souverain ; de tous côtés on trouve en évidence les limites qui lui sont assignées
comme *nécessaires* à la conservation de
son plus grand revenu possible : ici, c'est
le privilege du cultivateur : si ses droits
ne lui sont conservés dans leur entier,
plus de culture, plus de productions, plus

de revenu, ni pour le Souverain ni pour la Nation : là, ce sont les dépenses inséparables de la propriété fonciere : si on lui enleve les moyens d'y pourvoir, on met les terres dans la nécessité de se dégrader au point de rendre la culture impraticable, autre cause de l'anéantissement des produits ; de toutes parts enfin ce sont les attributs essentiels de cette même propriété fonciere, propriété dont le Souverain est obligé, pour son intérêt personnel, de protéger les droits, puisque c'est sur eux que les siens sont établis ; propriété sans laquelle la culture devenant presque nulle, faute d'avances, les productions ne pourroient plus renaître ; propriété qui décide de la vénalité des terres & des dépenses qu'on fait pour les améliorer ; propriété qu'on ne peut par-conséquent détruire dans les sujets, sans détruire aussi le domaine même de la Souveraineté, & dont les produits ne peuvent croître à leur profit particulier, qu'ils ne croissent en mêmetemps au profit commun du revenu public.

DE quels abus l'établissement de l'impôt pourroit-il donc être susceptible dans

le gouvernement d'un feul ? Il eſt phyfiquement impoſſible que le Souverain,
fans fe préjudicier à lui-même, veuille
augmenter fon revenu aux dépens de
ceux de la nation ; ainfi ce projet ne peut
être formé de fa part, qu'autant qu'il feroit féduit & aveuglé fur fes véritables
intéréts par l'ignorance de l'ordre qu'il
lui eſt avantageux de garder dans toute
fa pureté. Plus vous le fuppoferez avide
de richeſſes, & plus il fera fortement attaché à la confervation de ce même ordre, *ſi ſon évidence eſt tellement publique,
qu'on ne puiſſe lui en impoſer ſur cet article.* Dans cette partie comme dans toutes les autres branches du gouvernement, fi vous écartez l'ignorance, dont
le defpotifme eſt *néceſſairement* deſtructif, parce qu'il eſt arbitraire, le defpotifme perfonnel ne fera que le defpotifme légal de l'évidence d'un ordre eſſentiel, dans lequel il eſt de toute néceſſité
que l'état des propriétaires fonciers foit
le meilleur état poſſible, afin que toutes
les terres foient mifes en valeur ; qu'elles reçoivent toutes les améliorations
dont elles font fufceptibles ; que tous
les genres de culture parviennent à leur

dernier degré de vigueur & de perfection ; que le Souverain & la nation se
maintiennent constamment dans la plus
grande richesse possible ; que l'ordre social enfin puisse remplir l'objet de l'institution des sociétés particulieres, & par
la plus grande abondance possible des
productions, assurer le plus grand bonheur possible à la plus grande population
possible.

Si par une suite de quelques désordres qui auroient considérablement altéré les revenus des terres, l'impôt se
trouvoit être démesuré, tellement exagéré que la part des propriétaires fonciers n'eût plus aucune proportion avec
les charges inséparables de leur propriété, un tel malheur ne seroit pas l'effet
du gouvernement d'un seul, mais celui
des abus qui auroient ou accompagné
ou suivi son institution. En pareil cas
même on ne pourroit pas dire pourquoi
le gouvernement d'un seul ne seroit pas
plus propre que tout autre gouvernement à remédier à cet inconvénient :
certainement il n'auroit besoin pour cela, que d'une connoissance évidente de
l'ordre à rétablir : cette connoissance

évidente une fois acquife, les intérêts,
& conféquemment la volonté du Souverain, feroient que toutes les forces de
la nation fe porteroient de concert vers
le rétabliffement de cet ordre ; il s'opéreroit donc alors ce rétabliffement heureux ; car il feroit moralement & même
phyfiquement impoffible qu'il ne s'opé-
rât pas. D'ailleurs il n'auroit rien d'em-
barraffant ; il confifteroit uniquement à
faire ceffer les défordres qui alterent les
produits des terres : à mefure que ceux-
ci reviendroient dans leur état naturel,
on verroit tout à la fois l'impôt s'allé-
ger , & cependant former un plus grand
revenu public.

Nous ne pourrions raifonner ainfi en
parlant d'un gouvernement où l'autorité feroit partagée dans les mains de plufieurs : le malheur commun de la nation
feroit alors la fource d'une multitude d'a-
vantages particuliers , d'intérêts exclufifs , qui , quoique divifés entre eux ,
feroient cependant toujours unis, quand
il s'agiroit de faire force pour éloigner
toute réforme. D'ailleurs on a déja vu
que l'ordre réprouve cette forme de
gouvernement ; qu'ainfi on ne peut y

suppofer une connoiffance évidente de l'ordre : fans cette connoiffance cepen- dant le retour à l'ordre eft impoffible ; on ne peut l'attendre que du defpotifme légal de fon évidence , tel qu'il doit être dans le gouvernement d'un feul.

AVANT de clore cette differtation , je reviens fur une propofition que j'ai ci-deffus avancée : j'ai dit que dans le cas fuppofé d'un impôt démefuré , fans ce- pendant être arbitraire , on n'auroit be- foin pour y remédier, que d'une connoif- fance évidente de l'ordre. Cette propo- fition eft d'autant plus vraie , que ce défordre ne peut exifter fans caufer des maux évidents ; il ne manque donc alors pour les faire ceffer que la connoiffance évidente de leurs caufes , & de la nécef- fité du retour à l'ordre. Quand je dis que ces maux font évidents , c'eft qu'il fuffit des yeux du corps pour voir évi- demment quand la culture eft languiffan- te ; quand il refte beaucoup de terres en friche ; quand il fe fait une dégradation progreffive dans cette partie ; quand la population diminue ; quand les revenus naturels & réels s'éteignent fucceffive- ment; quand les revenus factices & fimulés les remplacent pour les furcharger de plus en plus : tels font en général les effets deftructeurs d'un impôt démefuré, ou plutôt défordonné, de tout gouvernement enfin où le fort du propriétaire foncier n'eft pas ce qu'il devroit être, où fon état n'eft pas *le meilleur état poffible*. Quelles que foient les caufes de ce défordre, il eft certain qu'on ne peut les faire ceffer qu'après les avoir approfondies, qu'après avoir acquis une connoiffance évidente de l'ordre dont on s'eft écarté fans le favoir : il eft certain encore que dans un État monarchique, cette connoiffance évidente fuffit pour rétablir cet ordre, parce qu'alors les intérêts communs du Souverain, des propriétaires fonciers, de tous ceux qui tiennent *néceffairement* au corps politique de l'État, veulent abfolument ce rétabliffement ; en un mot, parce que toutes les volontés, & par-conféquent toutes les forces de l'État fe réuniffent à cet effet dans le Souverain.

C'est donc une vérité bien conftante que par-tout où regne une connoiffance évidente & publique de l'ordre naturel & effentiel à chaque fociété, par-tout où

le

le defpotifme perfonnel eft légal, l'autorité, bien loin de pouvoir devenir abu-
five par rapport à l'inftitution du revenu public, fe trouve être néceffairement
le plus ferme appui de cet ordre, & cela
par la feule raifon qu'il eft l'unique
moyen par lequel le Souverain puiffe
s'affurer le plus grand revenu poffible.

CET ordre, ai-je dit, fe trouve tout
entier renfermé dans deux regles fondamentales : la premiere, que l'impôt n'ait
rien d'arbitraire ; la feconde, qu'il ne
foit que le réfultat de la co-propriété acquife au Souverain dans les produits nets
des terres de fa domination. En déve-
loppant ces deux regles effentielles j'ai
fait voir comment elles tenoient l'une
à l'autre ; comment l'ordre phyfique
avoit pofé les bornes évidentes des droits
réfultants de cette co-propriété ; combien il importe au Souverain même de
refpecter, de maintenir l'inftitution naturelle de ces bornes falutaires. Mais en
fuppofant cet ordre néceffaire gardé
comme il doit l'être, il s'enfuit que la
perception de l'impôt eft affujettie à une
forme effentielle, à une forme qui le met
néceffairement à l'abri de tous les incon-

vénients que le Souverain a tant d'intérêt d'écarter. Cette forme est facile à découvrir d'après les principes que je viens
d'établir ; cependant elle a été jufqu'à
préfent fi peu connue , & les pratiques qui lui font oppofées, font fi univerfellement adoptées , que je crois
devoir en parler de maniere que les préjugés les plus accrédités ne puiffent
échapper à la force de l'évidence avec
laquelle je me propofe de les combattre.

CHAPITRE XXX.

De la forme essentielle de l'impôt. Dans quel cas il est direct *, & dans quel cas il est* indirect. *Il est deux sortes d'impôts indirects, celui sur les personnes, & celui sur les choses commerçables : tous deux sont nécessairement arbitraires. Pourquoi on leur donne le nom d'impôt* indirect.

L'IMPÔT est *une portion prise dans les revenus annuels d'une nation, à l'effet d'en former le revenu particulier du Souverain, pour le mettre en état de soutenir les charges annuelles de sa souveraineté.* De cette définition résulte évidemment que l'impôt, qui n'est qu'une portion d'un produit net annuel, ne peut être établi que sur les produits nets annuels ; car produit net & revenu ne sont qu'une

H ij

seule & même chose : qui ... un revenu,
dit une richesse disponible, une richesse
qu'on peut consommer au gré de ses de-
sirs , sans préjudicier à la reproduction
annuelle ; or on a déja vu qu'il n'y a que
les produits nets qui soient ainsi disponibles.

Ces premieres notions nous indiquent quelle est la forme essentielle de
l'impôt : *ce qui n'est qu'une portion d'un*
produit net , ne peut être pris que sur un
produit net ; on ne peut donc demander
l'impôt qu'à ceux qui se trouvent possesseurs de la totalité des produits nets dont
l'impôt fait une partie.

Ainsi la forme essentielle de l'impôt
consiste à prendre *directement* l'impôt où
il est , & à ne pas vouloir le prendre où
il n'est pas. D'après ce que j'ai dit dans
les chapitres précédents , il est évident
que les fonds qui appartiennent à l'impôt ne peuvent se trouver que dans les
mains des propriétaires fonciers , ou
plutôt des cultivateurs ou fermiers qui
à cet égard les représentent : ceux-ci
reçoivent ces fonds de la terre même ;
& lorsqu'ils les rendent au Souverain ,
ils ne donnent rien de ce qui leur appar-

tient ; c'eſt donc à eux qu'il faut deman‑
der l'impôt , pour qu'il ne ſoit à la char‑
ge de perſonne. Changer cette forme
directe de l'établiſſement de l'impôt ,
pour lui donner une forme *indirecte* ,
c'eſt renverſer un ordre naturel dont on
ne peut s'écarter , ſans les plus grands
inconvéniens.

LA forme de l'impôt eſt *indirecte* lorſ‑
qu'il eſt établi ou ſur les perſonnes mê‑
mes ou ſur les choſes commerçables :
dans l'un & l'autre cas les préjudices
qu'il cauſe au Souverain & à la nation
ſont énormes & inévitables ; & ils ſont
à-peu-près les mêmes , quoiqu'ils ayent
une marche & une gradation différen‑
tes.

L'IMPÔT ſur les perſonnes eſt *néceſſai‑
rement* un impôt *arbitraire* , deſtructif
par-conſéquent du droit de propriété ;
car quelle meſure évidente peut-on ſui‑
vre pour fixer la quotité d'un tel impôt ?
Il eſt impoſſible d'en indiquer une : par
lui-même notre individu ne fait que des
conſommations ; par lui-même il ne pro‑
duit rien , & ne peut rien payer ; il n'y a
donc aucun rapport connu , diſons plus ,
aucun rapport poſſible entre nos indivi‑

dus & un impôt établi fur eux : un tel impôt ne peut avoir d'autre mefure que l'eftimation *arbitraire* de celui qui en ordonne ; car tout ce qui n'a rien *d'évident* eft *arbitraire*.

L'IMPÔT fur les chofes commerçables a le même défaut : fous quelque afpect qu'on l'envifage, il eft impoffible de partir d'un point évident pour en déterminer la proportion : le prix auquel la chofe impofée fera vendue, eft adventice & très-inconftant ; les facultés de celui qui la vendra, & ce qu'elle lui coûte à lui-même, font des particularités totalement ignorées ; les richeffes de celui qui l'achetera ou qui voudra l'acheter pour la confommer, ne peuvent même fe préfumer ; la quantité de chofes femblables qui pourront être confommées, loin d'être uniforme, eft fujette à mille variations ; cet impôt, foit dans fon produit total, foit dans fes proportions avec les objets qui ont rapport à lui, n'ayant ainfi rien que d'incertain & d'inconnu, il eft impoffible qu'il ne foit pas *arbitraire*.

L'IMPÔT fur les perfonnes ou fur les chofes commerçables étant donc abfolument & *néceſſairement* un impôt *arbi-traire*, c'en eſt aſſez pour le rendre in-compatible avec l'ordre eſſentiel des ſo-ciétés, & cela, en ſuppoſant même que cet impôt ne forme point un double em-ploi ; je veux dire, que le Souverain n'ait pas déja pris *directement* la por-tion qui lui revient dans les produits nets des terres.

QUAND je dis qu'un tel impôt, en cela ſeul qu'il eſt arbitraire, devient in-compatible avec l'ordre eſſentiel des ſo-ciétés, il faut prendre à la lettre cette fa-çon de parler. En effet qu'eſt-ce que c'eſt que la propriété fonciere ? C'eſt une propriété repréſentative de la pro-priété mobiliaire, par la raiſon qu'un bien-fonds repréſente les richeſſes mo-biliaires qu'on a dépenſées pour l'acqué-rir. Qu'eſt-ce que c'eſt qu'une propriété mobiliaire ? C'eſt la propriété perſon-nelle même, conſidérée dans les effets qu'elle doit produire néceſſairement : on ne peut être propriétaire de ſon indivi-du, qu'on ne le ſoit auſſi de ſes travaux & par-conſéquent des fruits qui en ré-ſultent. Ainſi à proprement parler, il n'y a qu'un ſeul droit de propriété, qui eſt la propriété perfonnelle ; ainfi c'eft cette propriété perfonnelle que vous anéan-tiffez , lorfque vous faites violence à la propriété mobiliaire ; ainfi cette vio-lence éteint le germe de la propriété fon-ciere qui n'eft qu'une autre branche de la propriété perfonnelle ; ainfi par l'im-pôt arbitraire dont il s'agit, tous droits de propriété , & par-conféquent toute fociété fe trouvent détruits.

IMPOSSIBLE d'ailleurs que la réparti-tion de l'impôt foit *arbitraire* , fans que chacun cherche à payer le moins qu'il peut , & à fe décharger de fa cottifation fur les autres : ce point de vue prête à tous les écarts de l'opinion ; impoffible qu'à cet égard elle ne foit fouvent bleffée, & qu'elle le foit fans caufer des inimitiés cruelles : la haine , la jaloufie, la ven-geance , les affections particulieres, les les intérêts perfonnels , le déréglement des mœurs, voilà donc ce qui préfide à cette répartition ; impoffible qu'elle ne devienne pas un moyen d'oppreffion ; une pratique deftructive , & par-confé-quent toujours redoutable. De la crainte qu'elle imprime , naît naturellement & *néceffairement* dans la plupart des contri-buables.

buables, la ferme réſolution de ne point
s'expoſer à ſes fureurs; ils ne voient point
de plus grand intérêt pour eux, que de
dérober à la ſociété la connoiſſance du
peu de richeſſes qu'ils poſſedent ; bien-
loin d'en faire des emplois utiles pour
eux & pour les autres, ils en ſont dé-
tournés par cette même crainte, chaque
fois que ces emplois ſont de nature à
acquérir une certaine publicité.

CE ſyſtême léthargique s'étend juſqu'à
ceux qui n'ont pour tout bien que leurs
ſalaires journaliers : ils voient que la répartition arbitraire de l'impôt ne leur
permet pas d'accumuler ces mêmes ſalaires ; ils voient que leur droit de propriété mobiliaire n'acquiert une réalité
que par les conſommations qu'ils peuvent faire clandeſtinement, & que ce
droit n'a pour eux d'autre durée que
celle du moment même où ils conſomment : pleins de cette idée qu'une expérience journaliere nourrit & fortifie,
ils ſe gardent bien de mettre un inter-
valle entre le gain de leurs ſalaires &
leur conſommation : ſi-tôt que ces ſalaires ſont acquis, ils ſe hâtent de les
dépenſer, & ils ne retournent au travail

que lorſqu'ils y ſont rappellés par la néceſſité.

CETTE politique *naturelle* eſt tellement adoptée par tous les malheureux
qui gémiſſent ſous le poids d'une impoſi-
tion *arbitraire*, que bien des gens ſe ſont
perſuadé qu'il importoit au bien public
que ces hommes fuſſent toujours tenus
dans un état d'indigence. O vous, qui
croyez que le malheur des uns eſt néceſſaire au bonheur des autres, quelle
idée vous êtes-vous donc formée de la
juſtice & de la bonté de Dieu? Quelle
notion avez-vous du *bien public*, lorſque vous condamnez à une miſere habituelle, la majeure partie des hommes
dont *le public* eſt compoſé? Briſez les
chaînes qui empêchent ces infortunés
de ſe mouvoir ; changez leur état d'*oppreſſion*, en un état de *propriété* & de *liberté* ; alors vous ne verrez plus en eux
que des hommes comme vous ; des
hommes avides de jouïſſances, cher-
chant à les multiplier par des travaux,
*& pour leur utilité perſonnelle devenant
utiles à tous.*

QUAND même il ſeroit poſſible qu'un
impôt *arbitraire* n'occaſionnât aucun des

abus dont il eſt ſuſceptible ; comme arbitraire, la forme d'un tel impôt, qui contraſte avec l'ordre phyſique, ne renfermeroit pas moins en elle-même des inconvéniens *néceſſaires*, qui deviennent, malgré nous, tellement deſtructifs des richeſſes de l'État, qu'il nous eſt phyſiquement impoſſible d'arrêter le cours de cette deſtruction.

Les inconvéniens dont je veux parler ſont dans la nature même de l'impôt *indirect*. Le nom qu'on lui donne ici annonce qu'il n'eſt point ſupporté par ceux ſur leſquels il ſemble être *directement* établi, & cela eſt vrai, comme on le verra dans les Chapitres ſuivants : lors même qu'il paroît totalement étranger aux propriétaires fonciers, il retombe ſur eux, & à grands frais ; car il leur coûte toujours beaucoup plus qu'il ne rend au Souverain ; il leur occaſionne même en certains cas, des pertes ſeches dont perſonne ne profite ; des diminutions progreſſives de la maſſe commune des richeſſes diſponibles, dans leſquelles le Souverain doit partager, & qui ſont la meſure de ſa puiſſance politique.

Si ces inconvénients avoient été connus, s'ils avoient été mis en évidence,
certainement ils auroient fait proscrire
pour jamais tout impôt *indirect* ; aucun
Souverain n'auroit cherché à augmenter
son revenu par des procédés qui le dé-
truisent, & qui, par cette raison même, ne peuvent être mis en pratique,
qu'ils ne le constituent dans la cruelle
nécessité d'augmenter d'année en année de tels impôts , par-conséquent
d'aggraver d'année en année les maux
qu'ils occasionnent. C'est donc dans
cette évidence que nous devons puiser
nos arguments pour achever de démontrer qu'il est pour l'impôt une forme
essentielle, une forme dont le Souverain
ne peut s'écarter qu'à son préjudice ;
qu'ainsi ses intérêts en cette partie sont
tellement liés à ceux de la nation , que
pour rendre impossible tous les abus
qu'elle auroit à redouter , il suffit d'u-
nir à l'autorité personnelle du Souverain , l'autorité despotique de cette même évidence; de rendre , en un mot,
publiquement évident combien il perdroit
en voulant s'écarter d'un ordre qui lui

affure conſtamment ſon plus grand revenu poſſible , & le plus haut degré de
puiſſance auquel il puiſſe eſpérer de parvenir.

CHAPITRE XXXI.

De la forme directe de l'impôt. Combien elle est avantageuse au Souverain. Combien une forme indirecte lui seroit préjudiciable. Une forme indirecte occasionne nécessairement des doubles emplois dans l'établissement de l'impôt. Inconvénients de l'arbitraire, qui forme le premier caractere de ces doubles emplois.

LA forme directe de l'impôt est une forme essentielle, sous quelque rapport qu'elle soit considérée : soit que vous consultiez les intérêts du Souverain, soit que vous consultiez ceux de ses sujets, vous la trouverez d'une égale nécessité.

QU'EST CE que l'impôt dans l'ordre essentiel des sociétés ? C'est le *produit*

d'un partage dans le revenu des terres ;
partage qui se fait en vertu d'un droit de
co-propriété qui appartient au Souverain. Un tel impôt est donc aussi certain
que la renaissance annuelle des revenus
de la nation ; il est établi sur l'ordre physique de la reproduction ; il l'est encore
sur notre constitution même ; sur les mobiles qui nous portent naturellement à
nous assurer de la reproduction , à l'accélérer & à l'accroître autant qu'il est en
notre pouvoir.

Ainsi dans l'ordre essentiel des sociétés , l'impôt est totalement indépendant ; le produit qu'il donne annuellement, est le fruit nécessaire d'un enchaînement de diverses causes , qui seront
toujours les mêmes , & qui produiront
toujours les mêmes effets. Mais il ne
peut conserver cet avantage précieux ,
qu'autant qu'on ne change point sa forme essentielle ; que le Souverain prend
directement la part proportionnelle que
sa co-propriété lui donne droit de prendre dans les produits nets des terres de
sa domination.

Si le Souverain cessoit d'user ainsi
de son droit , de partager directement

I iv

dans les produits nets, par quelle voie
pourroit-il s'en dédommager ? Dans
quelles mains iroit-il chercher l'impôt
qu'il auroit laiſſé dans celles des propriétaires fonciers ? Quelles que fuſſent les
perſonnes auxquelles il voulût s'adreſſer
à cet effet, elles ne pourroient lui *remet-*
tre l'impôt, qu'autant qu'elles-mêmes
l'auroient reçu de ceux qui en font renaître les fonds annuellement : mais s'il
dépend arbitrairement de ceux-ci de ſe
deſſaiſir de ces fonds ou de les garder, le
recouvrement de l'impôt devient dépendant de tous les caprices de l'opinion
dans les ſujets, & le revenu public n'eſt
plus un revenu *certain*, tel qu'il doit
l'être pour l'intérêt commun du Souverain & de la nation.

INDÉPENDAMMENT de cette incertitude, dont les ſuites ne peuvent être que
funeſtes, la lenteur du recouvrement ſeroit encore un inconvénient majeur : les
fonds de l'impôt reſtés dans les mains
des propriétaires fonciers, ne pourroient
en ſortir que peu-à-peu, & ſouvent par
une ſuite d'opérations très-tardives : en
attendant qu'ils parvinſſent au Souverain, par quels moyens pourroit-il ſub;

venir aux charges journalieres dont le revenu public eſt grévé ? Les reſſources qu'il trouveroit peut-être en pareil cas, lui ſeroient *néceſſairement* vendues fort cher ; & leur cherté aggraveroit encore de plus en plus le mal auquel il ſeroit toujours preſſé de remédier.

JE ſuis propriétaire d'une terre qui me donne un revenu annuel de quatre mille livres, & qui paye au Souverain deux mille livres d'impôt. Le revenu du Souverain naît & ſe perçoit en même-temps que le mien : ſur le retour périodique & conſtant de cette richeſſe, nous pouvons également régler notre dépenſe pour chaque jour : en cela nous jouïſſons d'un avantage *néceſſaire*, parce que chaque jour eſt marqué par des dépenſes qui ne peuvent ſe différer. Voilà comment le revenu public ſe forme dans l'ordre naturel : mais ſi au préjudice de ce même ordre, on me laiſſe poſſeſſeur des deux mille livres qui doivent appartenir au Souverain ; ſi elles ne peuvent arriver juſqu'à lui, qu'autant que mes dépenſes les font paſſer par des mains étrangeres, il peut très-bien ſe faire qu'il ne reçoive jamais une partie de ces deux

mille livres, & que le peu qu'il en tou-
chera, ne lui parvienne que long-temps
après le moment du befoin.

Nous voyons donc évidemment qu'il
eft phyfiquement & focialement impoffible de dénaturer ainfi le revenu public;
qu'il eft phyfiquement & focialement impoffible qu'on puiffe fubvenir à des dépenfes certaines & journalieres, par le
moyen d'une richeffe accidentelle & in-
certaine dans fa quotité comme dans la
marche de fon recouvrement; par-conféquent qu'il eft d'une néceffité phyfique
& fociale que le Souverain prenne directement & immédiatement dans les produits nets, la part proportionnelle qui
lui appartient en vertu de fon droit de
co-propriété.

Si vous doutez encore de cette vérité, jettez un coup d'œil fur la fociété ;
voyez comme elle fe divife fommaire-
ment en deux claffes d'hommes : les uns
qui font toujours premiers propriétaires
des productions renaiffantes ; les autres
qui ne participent à ces productions,
qu'autant qu'ils les reçoivent en paiement des travaux de leur induftrie. Examinez enfuite quelle eft celle de ces

deux claffes qui eft annuellement créatrice des produits dans lefquels le Souverain doit partager; & comment ces
produits paffent de cette premiere claffe
à la feconde : bientôt vous reconnoîtrez
que tous les revenus de la feconde claffe
ne font que des efpeces de falaires qui
lui font payés par les premiers propriétaires des productions; par-conféquent
que cette feconde claffe, qui jamais n'eft
créatrice des valeurs qu'elle confomme
ou qu'elle dépenfe, ne peut donner qu'en
raifon de ce qu'elle reçoit de ces premiers propriétaires ; qu'elle ne reçoit
d'eux qu'à mefure qu'ils jugent à propos
d'acheter fes fervices ; qu'ainfi l'impôt
qui ne feroit établi que fur les falaires ou
les prix payés pour ces fervices, fe trouveroit toujours acquitté par les productions, mais ne pourroit jamais avoir
rien de certain.

C'EST donc une vérité de la plus
grande évidence, que l'impôt doit être
pris fur les produits nets des terres, &
demandé par-conféquent à ceux qui font
poffeffeurs de ces produits : ceux-là ne
font, pour ainfi dire, que dépofitaires
des fonds deftinés à l'impôt; c'eft à eux

qu'il faut directement s'adreſſer pour faiſ-
re paſſer ce dépôt de leurs mains dans
celles du Souverain immédiatement.

Je m'attends bien qu'on m'accordera
ſans peine que le Souverain doit partager dans le produit net des terres , avec
les propriétaires fonciers , & qu'il ſaut
éviter tout circuit pour le faire jouïr de
la portion qu'il doit prendre dans ce
produit. Mais ce qu'on me conteſtera
ſans doute, c'eſt que le Souverain ne
puiſſe augmenter *conſtamment* ſon revenu par d'autres voies , par d'autres impôts établis ſur d'autres richeſſes que ſur
les produits nets des terres.

Si pour décider cette queſtion nous
remontons aux premieres notions de
l'impôt & de l'ordre immuable , ſuivant
lequel les richeſſes ſe conſomment & ſe
reproduiſent, nous ne concevrons plus
qu'elle puiſſe être propoſée ſérieuſe-
ment ; nous chercherons envain ces autres richeſſes ſur leſquelles on pourroit
établir un impôt à perpétuité, & ſans les
anéantir ; nous n'en trouverons point
qui puiſſent ſe prêter à nos vues , parce
que nous n'en trouverons point qui ,
lorſqu'elles ont été dépenſées,puiſſent ſe

renouveller par un autre moyen que par
un partage dans le produit des terres ;
en un mot, nous reconnoîtrons ce produit pour être la feule & unique richeffe
annuellement renaiffante dans la fociété, pour fournir à toutes les dépenfes
de la fociété : une fois convaincus qu'il
ne peut circuler dans la fociété d'autre
richeffe qu'un produit fur lequel on a dû
commencer par prélever l'impôt, nous
nous bornerons à demander fi la même
richeffe peut, fans inconvénient, payer
plufieurs fois la même dette ; car c'eft-là
que cette queftion alors fe réduira.

L'IMPÔT, confidéré par rapport à celui qui le paye, eft une dépenfe annuelle
qui certainement ne peut être fupportée
que par une reproduction annuelle. Pour
que je puiffe tous les ans payer cent piftoles à l'impôt, & cela fans interruption,
il eft d'une néceffité abfolue qu'il y ait
une caufe productive qui tous les ans
auffi renouvelle dans mes mains ces mêmes cent piftoles : il eft fenfible qu'une
fois que je les ai données, je ne les ai
plus, & qu'il faut qu'elles me foient ren-
dues, pour que je puiffe les donner une
feconde fois. Quel que foit celui qui me

les rende, il en eſt de lui comme de moi ;
il ne peut me les rendre *toujours*, qu'autant qu'on les lui rend à lui-même : il
faut donc que cette chaîne aboutiſſe à
un homme pour qui cette ſomme ſe renouvelle *toujours* par la voie de la reproduction, & qui, de main en main, me
la faſſe paſſer pour la donner à l'impôt.
Mais dans ce cas je demande, qui eſt-ce
qui paye l'impôt ? Eſt-ce moi qui ne fais
que recevoir ces cent piſtoles pour les
porter à l'impôt ? Ou bien eſt-ce celui
par qui ces cent piſtoles me ſont fournies ? Je crois qu'on ne doit point être
embarraſſé pour me répondre ; & qu'il
eſt évident que le premier qui fournit les
cent piſtoles, eſt celui qui paye véritablement l'impôt : à cet égard, je ne ſuis,
en quelque ſorte, qu'un agent intermédiaire entre lui & l'impôt.

L'ARGENT, qui eſt le gage & le ſigne
de toutes les valeurs, & dont, par cette
raiſon, on ſe ſert pour payer l'impôt, ne
pleut point dans nos mains : perſonne
n'a d'argent qu'autant qu'il l'*achete*, qu'autant qu'il échange une valeur quelconque pour de l'argent. Si donc je paye
l'impôt avec de l'argent *que je n'ai point*

acheté, avec de l'argent en échange duquel je n'ai fourni aucune valeur, il eſt certain que ce n'eſt pas ſur moi que frappe l'impôt, mais bien ſur celui qui m'a donné l'argent néceſſaire pour ſatisfaire à ce paiement : c'eſt le cas de ces hommes publics, qui tous les jours font des paiements conſidérables ſans s'appauvrir, parce qu'ils les font pour le compte d'autrui, & avec l'argent d'autrui.

CES premieres notions, toutes ſimples qu'elles ſont, nous conduiſent cependant à voir très-clairement par qui ſe trouve acquitté un impôt qui ſemble n'être pas établi ſur les premiers propriétaires du produit des terres. Dans la main de ces premiers propriétaires on ne voit que des valeurs en productions; que des productions en nature, ou des ſommes d'argent qui les repréſentent : dans la main des autres hommes on ne voit que de l'argent reçu en échange de travaux, & l'on ſe perſuade que ce ſont ces travaux qui ont produit cet argent ; on ne prend pas garde que dans cette derniere main, il n'eſt point une valeur nouvellement reproduite; qu'il n'eſt au-contraire qu'une portion de ces mêmes valeurs qui déja appartenoient aux premiers propriétaires des productions, & avoient été partagées entre eux & le Souverain. L'argent qui sert à payer l'impôt, peut bien successivement passer dans plusieurs mains ; mais il faut examiner si le dernier qui le porte à l'impôt, a fourni la valeur de cet argent : s'il ne l'a pas fournie, il nous faut remonter à celui qui lui a remis l'argent, & poursuivre ainsi notre recherche jusqu'à ce que nous ayons trouvé le véritable propriétaire de cet argent, celui qui réellement l'*a acheté*, mais qui ensuite, au-lieu de le *revendre*, l'*a donné* pour le faire passer de main en main à l'impôt.

J'AI à mes gages un homme à qui je donne 100 francs, parce que 100 francs sont le prix nécessaire de sa main-d'œuvre, le prix fixé par une concurrence établie sur une grande liberté : ces 100 francs sont à lui ; il les reçoit de moi en échange d'une valeur de 100 francs en travaux : établissez sur lui un impôt de la même somme ; il ne pourra plus vivre, à moins que je ne lui donne 200 francs. Cependant pour ces 200 francs, je ne recevrai de lui que les mêmes travaux,

vaux, que la même valeur qu'il me donnoit auparavant ; il y aura donc la moitié de cette somme que je lui donnerai sans qu'il l'*achete*, & dont il se servira pour payer l'impôt : d'après cela n'est-il pas sensible que c'est sur moi que l'impôt retombe, & non sur lui ?

Tout impôt acquitté par un salarié dont les salaires augmentent en proportion, n'est certainement point supporté par le salarié ; cet impôt est à la charge de ceux qui, par l'augmentation de ses salaires, lui fournissent gratuitement les moyens de payer. On me dira peut-être qu'un tel impôt n'occasionne pas toujours une pareille augmentation de salaires ; c'est un article que j'examinerai dans un autre moment : quant à présent n'abandonnons point notre objet, & démontrons rigoureusement que *toute richesse sur laquelle on voudroit établir un impôt, n'est qu'une portion du produit des terres, produit qui déja se trouve avoir payé l'impôt.*

Il est certain que cette proposition ne peut souffrir aucune difficulté par rapport aux propriétaires fonciers : un impôt établi sur eux personnellement,

& en confidération des revenus que leur donnent leurs propriétés foncieres, forme bien évidemment un double emploi: ils ne peuvent payer cet impôt qu'avec un produit qui ne paffe dans leurs mains qu'après qu'on en a féparé la portion deftinée pour l'impôt, & qui eft totalement diftincte de celle qui doit leur refter en propriété. Si le double emploi peut paroître douteux, ce n'eft donc que relativement aux impôts fur les autres hommes: ainfi c'eft-là l'objet particulier qui doit fixer notre attention.

Les richeffes ne nous parviennent que de deux manieres; par la voie de la reproduction qui les multiplie, ou par quelque opération en vertu de laquelle nous fommes admis à partager dans le bénéfice de cette multiplication. En deux mots, il faut tenir fes richeffes ou de la terre immédiatement, ou de ceux au profit de qui la terre les a reproduites. Un homme falarié peut bien en falarier d'autres à fon tour; mais cet homme ne fait que partager ce qu'il a reçu, & ne peut continuer de donner qu'autant qu'il continue de recevoir : il faut donc que nous remontions à une fource primitive

de tous les salaires qui se distribuent : à
une source qui d'elle-même les renouvelle perpétuellement ; car ils sont tous
destinés à être absorbés par la consommation.

Tous les cas où il se fait des paiements en argent, reviennent à celui que
j'ai ci-dessus supposé : il faut que je tienne de quelqu'un les 100 francs que je
donne à mon salarié ; mais pour avoir
ces 100 francs, il a fallu que je les ache-
tasse, que je donnasse en échange une autre valeur égale : ainsi au fonds mon
opération est pour moi la même que si
j'avois donné tout simplement à mon salarié cette autre valeur en nature, au-lieu
de la convertir en argent : impossible
donc que je puisse *toujours* salarier en argent ce même homme , si tous les ans
cette autre valeur ne se renouvelle pour
moi. Je sai que je peux *la gagner* par
mon industrie, au-lieu de me la procurer
par la voie de la reproduction annuelle ;
mais pour que je *la gagne*, il faut qu'elle
existe ; par-conséquent qu'il y ait une
classe d'hommes pour qui elle renaisse
annuellement. Cette classe d'hommes est
évidemment la classe propriétaire des

productions, cela n'a pas befoin de commentaire ; ainfi c'eft de cette claffe, c'eft des richeffes qu'elle fait renaître, que proviennent toutes les richeffes qui fe diftribuent parmi les autres hommes.

Cette vérité eft une vérité fondamentale qu'il eft néceffaire de mettre dans le plus grand jour. Pour la rendre plus fenfible, profcrivons pour un moment l'ufage de l'argent, banniffons-le du commerce, & n'y faifons plus entrer que des productions & des marchandifes en nature. Dans cette hypothèfe vous ne voyez plus que les premiers propriétaires des productions qui puiffent communiquer des richeffes aux autres hommes : c'eft cette claffe propriétaire qui fournit les matieres premieres des marchandifes ; c'eft cette claffe propriétaire qui donne des productions en échange des travaux de main-d'œuvre ; une partie de ces productions peuvent paffer de main en main jufqu'à ce qu'elles foient entiérement confommées ; mais dans quelque main que vous les trouviez, vous ne voyez toujours en elles qu'une richeffe qui provient de cette claffe propriétaire.

EN-VAIN direz-vous que les agents de l'induftrie, en façonnant les matieres premieres, en ont augmenté les valeurs; je le veux bien ; mais qui eft-ce qui leur a payé cette augmentation ? la claffe pro-priétaire, qui, pour falaires de leurs tra-vaux, leur a donné des productions ; ainfi la valeur de leurs travaux ne fe réa-life pour eux, qu'autant qu'elle eft con-vertie en productions; ainfi les richeffes que leurs travaux leur procurent, ne font point de nouvelles richeffes dont ils foient créateurs ; ce ne font que des valeurs qui exiftoient déja, & qui tout fimplement n'ont fait que paffer des mains de la claffe propriétaire dans les leurs.

NE nous arrêtons pas plus long-temps à la fauffe idée qu'on a de cette préten-due augmentation que l'induftrie paroît procurer à la premiere valeur des ma-tieres qu'elle emploie : pourfuivons no-tre hypothèfe; & fans rétablir l'ufage de l'argent, formons le revenu public. N'eft-il pas évident qu'il ne peut plus être com-pofé que de productions en nature ? N'eft-il pas évident qu'une fois que le Souverain aura pris dans cette maffe de

productions, toute la portion qu'il doit
y prendre, ces mêmes productions ne
doivent plus rien à l'impôt, & que s'il
veut partager de nouveau dans ces valeurs, ce nouveau partage est un double emploi ? Pourquoi, dira-t-on, ne
pourroit-il pas aussi exiger en nature des
valeurs en travaux de l'industrie ? J'y
consens ; mais tandis que les agents de
l'industrie travailleront pour le Souverain, qui est ce qui les nourrira ? Qui
est ce qui leur donnera les moyens de
subvenir aux diverses dépenses auxquelles ils sont chaque jour assujettis par leur
existence ? Ne voyez-vous pas qu'une
valeur en travaux n'est qu'une valeur en
consommations déja faites ou du-moins
à faire *nécessairement* par l'ouvrier personnellement ? qu'ainsi il est impossible
que les travaux soient faits, si quelqu'un
ne fournit les choses qui entrent dans
ces consommations ? Si ce quelqu'un est
le Souverain, c'est donc lui qui paye les
travaux : si c'est un autre homme, les
travaux exigés par le Souverain deviennent donc un impôt indirect sur les production que cet autre homme possede ;
& cet impôt pris sur une richesse qui ne

lui doit plus rien, forme donc évidemment un double emploi.

CETTE façon de préfenter les falaires de l'induſtrie payés par les productions en nature, n'a rien d'imaginaire : fi l'argent fert à faire ces paiements, c'eſt parce qu'avec de l'argent on fe procure les chofes ufuelles qui entrent dans nos confommations : l'argent n'eſt ainfi qu'un intermédiaire ; & lorfque nous l'écartons pour ne plus voir que les chofes qu'il repréfente, nous ne faifons que fimplifier les opérations qu'il complique. On fent bien, comme je viens de le dire, qu'on ne peut avoir de l'argent qu'autant qu'on l'achete, en donnant d'autres valeurs en échange : pour avoir *toujours* de l'argent, il faut donc avoir *toujours* des valeurs avec lefquelles on puiſſe l'acheter. Mais ces valeurs font des chofes que nous anéantiffons par nos confommations ; nous n'avons par-conféquent que la reproduction qui puiſſe nous reſtituer ces valeurs apıès que nous les avons confommées : il faut qu'elles foient *reproduites*, pour que la circulation de l'argent fe perpétue par le moyen des échanges qu'on fait de l'argent contre ces productions.

Dans toutes les opérations de commerce que les hommes font entre eux, il est un point fixe sur lequel nous ne devons cesser d'attacher nos regards : ce point fixe est la consommation des choses usuelles. L'argent circule, mais ne se consomme point : sa circulation n'est au fonds qu'une continuité d'échanges faits de l'argent contre les choses que nous consommons, c'est-à-dire, contre les productions ; car on n'échange pas de l'argent contre de l'argent : on l'échange quelquefois contre des travaux ; mais dans ce cas, comme dans tous les autres, il n'est qu'un gage intermédiaire ; les ouvriers qui le prennent en paiement, ne le reçoivent que parce qu'il représente une valeur en production : sans cela ils exigeroient des productions, & refuseroient votre argent.

De tout ceci il résulte qu'une valeur en argent n'est au fonds qu'une valeur en productions, qui n'a fait que changer de forme, sans rien gagner à ce changement. Ainsi tout ce que vous ne

pouvez

pouvez prendre fur les productions même, vous ne pouvez non plus le prendre
fur l'argent qui n'eſt que leur repréſen-
tant.

J'AI 100 meſures de bled qui ne vous
doivent rien : ſi je les convertis en 100
écus d'argent, il s'enſuivra que ces 100
écus ne vous doivent rien non plus ; &
que ſi je diſpoſe de cet argent au profit
de quelqu'un que j'emploie, la totalité
de cette ſomme lui appartient , comme
lui auroit appartenu la totalité de mon
bled , ſi je le lui avois remis en nature.
Ajoutez à cela que dans quelques mains
que paſſent ſucceſſivement ces 100 écus,
ils ſont toujours également dans le cas
de ne rien vous devoir, parce qu'ils ſont
toujours une valeur repréſentative d'une
valeur en bled qui ne vous devoit rien.

CES vérités , ainſi ſimplifiées , doivent paroître triviales , & je le ſouhai-
te : leurs conſéquences en feront plus
frappantes , plus victorieuſes. Cependant quelque ſimples , quelque évidentes qu'elles ſoient , on les a perdues de
vue dans la pratique chez preſque toutes les nations policées. La circulation
de l'argent a fait illuſion au-point qu'on

Tome II.   L

ne s'eſt plus occupé que de l'argent. Par
le moyen de cette circulation, dont on
néglige d'examiner les cauſes, on le voit
revenir dans les mains des agents de l'induſtrie ; & l'on prend ce retour pour une
reproduction : en conſéquence, on ſe
perſuade que cette reproduction *ſimulée*
peut produire les mêmes effets qu'une
reproduction *réelle*. D'après cette mépriſe on a conclu qu'une partie de cette
prétendue reproduction devoit entrer
dans la formation du revenu public ;
on n'a pas fait attention que l'argent reçu
par ces agents, n'étoit qu'une valeur *factice & conventionnelle*, établie dans la
ſociété, pour être le gage & le *repré-
ſentant* des valeurs en productions ;
qu'ainſi prendre une partie de cet argent
pour l'appliquer au revenu public, c'é-
toit prendre dans les productions même
une nouvelle portion en ſus de la premiere appartenante à ce même revenu,
& qu'on avoit déja remiſe au Souverain.

Les termes d'agents de l'induſtrie &
de ſalaires ne doivent point être pris ici
dans un ſens étroit & littéral : ce que je
dis à leur ſujet doit s'étendre & s'appliquer à tous les hommes qui, ſans être

premiers propriétaires des productions, jouissent cependant d'un revenu quelconque : ce n'est que sur la reproduction que ces revenus se trouvent établis; ils ne sont que des portions plus ou moins fortes des produits de la culture.

LE propriétaire d'une maison la loue mille francs par an : certainement ce n'est pas cette maison qui produit elle-même ces mille francs dont jouit annuellement ce propriétaire ; il ne les reçoit, qu'autant qu'il trouve un locataire en état de les lui payer chaque année. Ainsi première vérité : *Le loyer d'une maison n'est point pour la société, une augmentation de revenu, une création de richesses nouvelles ; il n'est au-contraire qu'un mouvement, qu'un changement de main, qui survient dans la possession d'une richesse déja existante :* le propriétaire qui a reçu son loyer, ne se trouve avoir 1000 francs, que parce qu'un autre qui les avoit, ne les a plus.

CONSIDÉRONS donc cette somme de 1000 livres dans les mains du locataire, & voyons d'où elle peut lui provenir annuellement. Si cet homme est un propriétaire foncier, cette somme repréfente, dans fes mains, une pareille valeur en productions qu'il a converties en argent, après les avoir partagées avec le Souverain, & dont ce même homme doit librement difpofer en vertu, de la pleine propriété qui lui en eft acquife par ce partage. Ainfi feconde vérité : *Le loyer d'une maifon n'eft qu'une portion d'une richeffe qui ne doit plus rien à l'impôt.*

Ce locataire, il eft vrai, peut n'être pas un propriétaire foncier : alors il nous faut examiner qui eft-ce qui lui fournit tous les ans, les 1000 livres pour payer fon loyer ; car il n'eft point créateur de cette fomme. Il l'acquiert, me direz-vous, par fes falaires ; mais ceux qui lui payent annuellement ces falaires, ne font-ils pas obligés d'acheter l'argent par des valeurs qu'ils donnent en échange, & qui ne reviennent plus dans leurs mains ? Il faut donc que *toujours* ces 1000 livres partent primordialement des propriétaires fonciers, les feuls pour qui renaiffent chaque année des valeurs avec lefquelles ils achetent l'argent, pour l'employer enfuite à payer des falaires, & généralement tout ce qu'on peut affimiler à cette forte de dépenfe.

JE fais qu'entre ces propriétaires fonciers & ce locataire, il peut fe trouver plus ou moins d'intermédiaires ; mais leur nombre n'y fait rien : ce ne font que des degrés de plus pour remonter à la reproduction, fource primitive de la circulation de l'argent. Toutes les valeurs qu'on donne en échange de l'argent, font des chofes qui fe confomment : fi ces mêmes chofes n'étoient pas reproduites, il ne fe pourroit plus faire ni échanges, ni circulation d'argent. Ainfi ce n'eft jamais que la reproduction, qui entretient la circulation de l'argent ; difons plus : ce n'eft jamais qu'une valeur en productions, qui circule fous la forme d'une valeur en argent ; & qui ne gagnant rien à ce déguifement, n'eft jamais autre chofe que cette même richeffe fur laquelle on a prélevé la part proportionnelle du Souverain.

IL en eft du rentier comme du propriétaire d'une maifon : nulle différence entre le loyer d'une maifon qui tient lieu d'une fomme d'argent, & le loyer d'une pareille fomme d'argent prêtée en nature : le contrat qui eft le titre du rentier, ne produit pas plus la rente, que la maifon ne produit le loyer : l'un & l'autre font payés avec des richeffes déja exiftantes, & n'operent qu'un changement de main dans ces richeffes. Ainfi, foit directement, foit indirectement, c'eft toujours avec une valeur en productions, que la rente eft payée, par ce moyen la rente fe trouve faire partie d'une richeffe qu'un partage déja fait avec le Souverain, a rendue franche & quitte de tout impôt.

Par le terme de rentier nous entendons ceux qui font acquéreurs d'un revenu fixe & annuel en argent. Il eft clair que ces acquéreurs font des copropriétaires de la valeur en argent des produits nets de la culture ; il eft clair que la portion qu'ils y prennent, ne leur parvient qu'après que la totalité de ces produits nets a été partagée avec le Souverain. Ainfi la rente peut être définie, *une portion à prendre dans un revenu qui ne doit plus rien à l'impôt.*

CE que je viens d'obferver fur les rentes & fur les loyers des maifons, me dif-

penſe de parler des autres revenus *fac-*
tices & ſimulé on voit évidemment
qu'il n'y a dans une nation de revenus
réels , que ceux qui ſe forment conſtamment par la voie de la reproduction ;
en un mot , que tous les revenus ne ſont
au fonds que des portions priſes directement ou indirectement dans les valeurs que la reproduction donne annuellement ; qu'ainſi l'on a pris les effets pour
les cauſes , quand on a cru voir dans la
circulation de l'argent , des richeſſes autres que les produits des terres , & ſur
leſquelles on pouvoit établir un impôt
particulier , ſans former un double emploi.

Si les premiers propriétaires du produit des terres n'euſſent jamais payé
qu'avec des productions en nature , il
eut été difficile de tomber dans une telle
mépriſe , de ne pas voir que les productions diſtribuées à la claſſe induſtrieuſe , ſont les mêmes que celles dans
leſquelles le Souverain a partagé , &
qui , au moyen de ce partage , ſont devenues pleinement diſponibles pour
leurs propriétaires. Mais ces premiers
propriétaires , au-lieu de payer avec

L iv·

leurs productions en nature, les con-
vertissent en argent, & payent avec cet
argent, parce que cela facilite leurs opérations : & qu'importe au fonds cette
métamorphose ? Qu'importe que les valeurs disponibles dont ils doivent jouïr,
changent de forme ou n'en changent
pas ? Après leur conversion en argent,
en sont-elles moins ces mêmes richesses
dans lesquelles le Souverain a pris la
part proportionnelle qui devoit lui revenir, & dont le Souverain a intérêt de
garantir la propriété à ses co - parta-
geants? Leur nouvelle forme les a-t-
elle fait augmenter? & s'il ne leur est
point survenu d'augmentations, comment la même richesse qui a payé ce
qu'elle devoit à l'impôt, peut-elle le lui
devoir encore ?

Supposons un fonds de terre qui
produise de l'argent en nature ; qui tous
les ans donne à son propriétaire 100
écus , & 50 au Souverain : n'est-il pas
vrai que ces 50 écus une fois remis au
Souverain, le propriétaire de cette terre
doit avoir la disposition libre des 100
autres écus ? Mais s'il ne peut les faire
passer dans une main étrangere , sans

que l'impôt en prenne un fur deux, il eft
évident que cet homme n'eft plus propriétaire que de 50 écus fur les 100, qui
lui font laiffés cependant pour en difpofer
à fon gré, & comme étant les fruits inféparables de fa propriété fonciere. L'impôt
alors forme donc évidemment un double emploi ; il commence par prendre
la portion qui lui appartient dans ce
produit ; puis il partage encore dans la
portion du propriétaire foncier.

MAIS parce que ce propriétaire ne
cueille pas l'argent en nature ; parce
que pour jouïr de ces productions, il
les convertit en argent , cet argent en
eft-il moins le produit de fa propriété
fonciere ? Ce produit ne lui eft-il pas
même remis en argent par fes fermiers,
comme s'ils l'avoient cueilli réellement
fur fes terres ? N'eft-ce pas d'un produit
en argent que le partage fe fait entre le
Souverain & lui ? Et après ce partage ,
ce même argent , fur lequel la portion
du Souverain a été prélevée , peut il
encore être en partie pris pour le revenu public , fans que l'impôt forme un
double emploi ?

JE fais qu'on répond à cela qu'un im-

pôt pris sur cet argent, ne frappe pas
toujours sur celui qui en est premier
propriétaire ; que souvent ces sortes
d'impôts ne portent que sur ceux qui le
remplacent dans la possession de ce même argent. Cette réponse ne fait point
disparoître le double emploi ; car en ad-
mettant cette proposition, il n'en seroit
pas moins évident que cet argent ou les
productions qu'il représente, proviennent d'un partage déja fait avec le Souverain ; elle ne pourroit donc tendre
qu'à prouver que ce double emploi ne
greve point les propriétaires fonciers,
quand l'impôt n'est pas établi sur eux
personnellement ; or, à cet égard, elle
ne peut valoir qu'en supposant que le
dernier possesseur de l'argent, celui qui
le porte à l'impôt, en a fourni la valeur à un autre de qui il le tient ; que cet
autre avoit pareillement acheté cet argent, & ainsi de tous les possesseurs intermédiaires, en remontant jusqu'au
premier possesseur, le propriétaire foncier : mais si aucun de ces possesseurs intermédiaires n'a réellement acheté l'argent qu'on donne à l'impôt ; si lorsque
le propriétaire foncier s'en est dessaisi,

il n'a réellement reçu aucune valeur en échange, n'est il pas vrai que c'est lui qui se trouve réellement chargé de l'impôt, quoique le payement paroisse fait par des étrangers.

AINSI relativement à cette objection, toute la question se réduit à savoir à quelles conditions l'argent sort des mains de ce propriétaire foncier, pour passer successivement à l'impôt. Mais en attendant que j'approfondisse cette même question, toujours reste-t-il pour constant que le double emploi dont je viens de parler, est évident : cela posé, commençons par attacher nos regards sur les rapports généraux qu'il a *nécessairement* avec les premiers principes de l'ordre essentiel des sociétés : quand nous aurons vu comment il contraste avec les premiers principes, nous nous livrerons à l'examen particulier de ses contrecoups, & cette recherche nous fera connoître sur qui retombent les surcharges qu'il occasionne.

LE premier inconvénient de ce double emploi est celui que j'ai présenté dans le Chapitre précédent : il imprime à l'impôt le caractere d'un pouvoir arbitraire qui tend à anéantir tout droit de propriété, & attaque ainſi, dans ſon eſſence, l'ordre conſtitutif des ſociétés. Les rapports de ce déſordre avec les intéréts particuliers de la nation ſont ſenſibles & évidents; mais leurs rapports avec les intéréts particuliers du Souverain ne le ſont pas moins; car, comme on l'a déja vu, ces deux ſortes d'intéréts ſont ſi parfaitement, ſi inſéparablement unis, qu'on doit les regarder comme étant les mêmes à tous égards: d'ailleurs la chaîne qui les lie dans le point de vue dont il s'agit ici, eſt facile à concevoir dans toute ſa ſimplicité.

Le Souverain n'eſt point lui-même créateur de ſon revenu: le revenu public, dont il diſpoſe pour l'acquittement des charges publiques, n'eſt qu'une portion de la maſſe totale que forment les différents revenus particuliers. Ces revenus particuliers ne ſont point des productions gratuites & ſpontanées de la terre; il faut au contraire les *acheter* par des dépenſes; ainſi tout ce qui tend à diminuer ces dépenſes, tend à diminuer auſſi ces mêmes revenus particuliers, par-conſéquent le revenu public.

LA première condition requise pour que la culture puisse recevoir de grandes avances, est que ceux qui sont chargés de faire ces avances, possedent de grandes richesses : la seconde, que ces avances donnent des produits proportionnés à la valeur dont elles sont : la troisieme, que la propriété de ces produits soit assurée à ceux qui les font renaître par leurs dépenses. Les deux premieres conditions ne peuvent absolument rien sans la derniere : les moyens d'agir ne produisent aucune action, lorsqu'on n'a ni aucun intérêt pour agir, ni aucune volonté d'agir ; or, ici ce n'est que dans la propriété des produits, qu'il faut chercher cet intérêt & cette volonté. D'ailleurs sans cette propriété, comment les richesses qui serviroient à faire les avances de la culture, pourroient-elles se perpétuer ? Elles ne s'entretiennent que par le produit qu'elles donnent à ceux qui les font.

NE vous persuadez pas que cette propriété des produits ne puisse être blessée que dans la personne même de leurs premiers propriétaires ; il est physiquement impossible qu'elle ne le soit pas encore par toutes les atteintes qu'on peut porter à la propriété mobiliaire dans les autres hommes. Une chose bien constante, c'est que nous ne travaillons que pour jouïr ; nous ne travaillons qu'autant que nous espérons retirer de nos travaux, des fruits que nous pourrons convertir en jouïssances. Mais cet espoir ne pouvant s'établir en nous, si la propriété mobiliaire de ces mêmes fruits ne nous est assurée, on peut regarder cette propriété comme le germe de tous les travaux de l'industrie. Je demande à présent s'il n'existe pas une proportion *nécessaire* entre la masse de ces mêmes travaux, & celle des produits de la culture.

En-vain me conserverez-vous religieusement la propriété des denrées que je récolte ; ma consommation en nature prélevée, si je ne peux convertir le surplus en jouïssances, ce surplus ne m'est d'aucune utilité ; & s'il ne m'est d'aucune utilité, je ne ferai certainement aucune dépense pour m'en procurer la reproduction. Il est donc essentiel à la reproduction de ce surplus, que je le distribue à d'autres hommes dont l'industrie me permette de jouïr, sous une forme nouvelle, de cette richesse, qui sous sa premiere forme seroit dégénérée en superflu. Mais cette opération ne peut se faire qu'autant que l'industrie se verra propriétaire des productions que je peux lui offrir en échange de ses travaux : sans cela ces mêmes travaux n'auront pas lieu ; leur cessation deviendra pour moi, une privation de la liberté de jouïr; & dès-lors la propriété de mes productions devient nulle ; car sans la liberté de jouïr, le droit de propriété, qui n'est autre chose que le droit de jouïr, n'est plus rien.

C'est ainsi que chaque branche de l'ordre essentiel des sociétés, dès que vous voulez l'approfondir, vous présente tous les hommes unis entre eux par les liens d'une utilité réciproque ; c'est ainsi que depuis le Souverain jusqu'au dernier de ses sujets, vous ne voyez pas un membre de chaque société particuliere, dont le meilleur état possible ne soit *toujours & nécessairement* établi sur le meilleur état possible des autres membres de la même société. Mais je me suis déja trop étendu sur l'intérêt commun qu'ils ont tous à maintenir dans chacun d'eux, le droit de propriété, pour que je puiſſe me permettre ici de plus longs détails : je briſe donc ſur cet article pour conſidérer ſous de nouveaux points de vue, les doubles emplois que forment les impôts indirects, afin d'en montrer tous les inconvénients, & de faire voir comme il eſt phyſiquement impoſſible qu'ils ne deviennent pas deſtructifs des revenus communs de la Nation & du Souverain.

CHAPITRE

CHAPITRE XXXII.

Effets & contre-coups des impôts établis sur les cultivateurs personnellement. Quand ils sont anticipés ils coûtent à la nation quatre & cinq fois plus qu'ils ne rendent au Souverain. Progression de leurs désordres. Effets & contre-coups des impôts établis sur les hommes entretenus par la culture. Ils occasionnent nécessairement, comme les premiers, une dégradation progressive des revenus du Souverain, de ceux de la nation, & par-conséquent de la population.

Toute richesse provient de la terre, & il n'y a dans la société que les reproductions annuelles qui puissent fournir

aux dépenses, aux consommations annuelles de la société. Ainsi lorsque les
productions ou leur valeur en argent
ont été partagées avec le Souverain,
l'impôt ne peut prendre une nouvelle
portion dans cette richesse, qu'il ne forme un double emploi. Mais les effets de
ce double emploi varient, selon l'assiette
& la marche de l'impôt, je veux dire,
selon l'état des personnes auxquelles il
enleve une portion de leurs richesses.
Pour connoître & apprécier ces effets,
il nous faut remonter à une premiere vérité, à un axiome qui présentement n'é-
prouve aucune contradiction.

*La consommation est la me-
sure proportionnelle de la reproduction.* En effet, on ne fera pas
annuellement des dépenses & des travaux pour se procurer des productions
dont il ne doit résulter aucunes jouïssances. Cette réflexion, en nous dé-
montrant la justesse de cet axiome, nous
conduit encore à découvrir d'autres vérités. Quand nous disons que la consommation est la mesure proportionnelle de la reproduction, il faut entendre une consommation qui tourne au

profit de ceux dont les travaux & les dépenses font renaître les productions : une confommation qui ne leur feroit abfolument d'aucune utilité, ne les décideroit certainement point à travailler & à dépenfer pour renouveller les chofes qu'elle abforberoit.

IL y a donc dans la confommation, un ordre effentiel, un ordre néceffaire pour qu'elle puiffe fervir à affurer conftamment une reproduction qui lui foit proportionnée. Cet ordre néceffaire dans la confommation eft ce qui doit conféquemment régler la diftribution des productions, après que le partage en a été fait avec le Souverain ; car c'eft en conféquence de cette diftribution que s'opere la confommation. Il eft fenfible que cette diftribution doit être néceffairement *un moyen de jouiffance* pour les premiers propriétaires des productions : ce n'eft certainement qu'à cette condition qu'ils continueront de cultiver ou de faire cultiver ; qu'ils fe livreront enfin aux dépenfes néceffaires pour entretenir les terres dans un état convenable à la culture. Remarquez qu'en cela le fyftême de la nature eft

toujours le même ; que son but eft d'enchaîner les hommes les uns aux autres
par les liens d'une utilité réciproque.

L'Ordre dont on apperçoit ici la
néceffité pour que la confommation foit
utile à la reproduction, n'a rien de factice : le Légiflateur univerfel n'a point
laiffé aux hommes le foin d'inftituer des
loix à cet égard ; ce même ordre eft au-
contraire tout naturellement établi tel
qu'il doit être dans toutes les fociétés du
monde entier ; auffi fe maintiendra-t-il
toujours & *néceffairement*, pourvu que
nous ne faffions rien pour le troubler.

Le defir de jouïr, nourri par la liberté de jouïr, met tous les hommes en
action : les uns s'emploient à perfectionner les productions, à augmenter leur
agrément ou leur utilité, tandis que les
autres s'occupent à les faire renaître annuellement. Si les productions qui excedent la confommation en nature de
leurs premiers propriétaires, n'étoient
utiles qu'à la claffe induftrieufe, ces mêmes productions ne feroient, ni cultivées, ni reproduites : fi les travaux de
cette claffe induftrieufe n'étoient utiles
qu'aux premiers propriétaires des pro-

ductions, ces mêmes travaux cesseroient d'avoir lieu , & la majeure partie des productions devenant inutile , leur culture seroit également abandonnée.

Il est donc d'une nécessité absolue que la distribution & la consommation des productions soient faites de maniere que les uns trouvent un grand intérêt à se livrer aux travaux de leur industrie , & les autres à se charger des dépenses & des travaux de la culture. Mais pour remplir ces vues , & accorder des intérêts qui semblent se contredire , quelle regle de proportion doit-on observer dans la distribution des productions ? Ce n'est point à nous à chercher cette regle , il existe naturellement au milieu de nous , une puissance dont l'autorité despotique saura bien la faire observer, tant que nous n'empêcherons point son autorité d'agir.

La concurrence des agents de l'industrie les force de vendre leurs ouvrages au rabais ; dès-lors ils sont dans l'impossibilité de ne pas faire valoir les productions au profit de ceux qui les font renaître annuellement : d'un autre côté , la concurrence des vendeurs de ces pro-

ductions offre pareillement au rabais
leurs marchandifes à la claffe induftrieufe ; ils font donc contraints de l'affocier
à leurs jouiffances, tandis qu'ils les augmentent par fon entremife. Il eft clair
que par ce moyen, chacun achetant auffi
bon marché qu'il doit acheter, & vendant auffi cher qu'il doit vendre, il en
réfulte pour les uns & pour les autres,
un grand intérêt à multiplier les chofes
dont ils font vendeurs. C'eft ainfi que la
concurrence régnant paifiblement dans
le fein de la liberté, regle fans violence, quoique defpotiquement, les droits
de ces deux claffes d'hommes, & les concilie fi parfaitement, que la confommation eft utile à chacune d'elles, autant qu'elle peut & doit l'ètre, & qu'à
raifon de fon utilité commune, elle devient *néceffairement* la mefure proportionnelle de la reproduction.

D'APRE's l'expofition fommaire de
cet ordre effentiel, qui doit *néceffairement* régner dans la confommation, ou
plutôt dans la diftribution qui la précede
& l'occafionne, il eft facile de juger des
effets qui doivent réfulter des doubles
emplois que forment les impôts indi-

rects. Ces doubles emplois, qui surviennent toujours après la distribution des
productions , dérangent *néceſſairement*
ce même ordre eſſentiel , ſuivant lequel
cette diſtribution s'eſt faite ſous l'autorité de la concurrence : alors par une
ſuite naturelle & néceſſaire de l'interruption de cet ordre , la conſommation
ne peut plus être de la même utilité à la
reproduction ; les intérêts de celle-ci
ſe trouvent directement ou indirectement ſacrifiés : *inde mali labes :* la reproduction s'altere en raiſon de ce qu'on
retranche de l'utilité qu'elle auroit trouvée dans la conſommation.

Pour rendre ces vérités plus ſenſibles , parcourons les différentes profeſſions ſur qui peuvent frapper les impôts
indirects ; examinons les rapports de ces
impôts avec les conſommations de ces
mêmes profeſſions , & les rapports de
leurs conſommations avec la reproduction.

Je commence par les cultivateurs ou
entrepreneurs de culture : les richeſſes
qui ſont dans leurs mains , ſont préciſément celles qui ne ſont pas diſponibles , parce qu'elles ſont ſpécialement

affectées aux dépenses de la reproduction : impossible donc qu'on puisse se proposer d'établir sur eux personnellement un impôt, puisqu'il en résulteroit *nécessairement* une diminution des dépenses productives : un tel impôt ne peut être mis en pratique , qu'autant qu'on se persuade que les cultivateurs en feront indemnisés par les reprises qu'ils feront sur la masse totale des productions ; mais ou ces reprises feront ainsi faites , ou elles ne le feront pas : au premier cas , l'impôt devient un double emploi bien évident , puisqu'en définitif, il est payé par le produit net , dans lequel le Souverain partage avec les propriétaires fonciers. Dans le second cas , on peut dire que cet impôt ne forme point un double emploi sur les richesses disponibles ; mais en cela même il leur cause un préjudice bien plus grand ; car il éteint le germe de la reproduction de ces richesses.

Un impôt sur les cultivateurs nous présente donc différentes hypothèses à parcourir séparément : s'il est connu avant la passation des baux à ferme , & payable après la récolte , il n'est autre
chose

chose qu'une surcharge peu indirecte sur
les propriétaires fonciers, relativement
à la portion qu'ils prennent dans le produit net : ainsi le double emploi qu'il
forme, est de la même nature que celui qui résulteroit d'un impôt établi directement sur la personne même des
propriétaires fonciers. Mais outre les
inconvénients propres & particuliers à
un tel impôt, comme double emploi,
& comme surcharge pour les propriétaires fonciers, si cet impôt est pris sur les
cultivateurs *par anticipation*, & sans attendre la reproduction, il est clair qu'il
frappe sur les richesses non disponibles, sur les avances de la culture :
alors comme impôt *anticipé*, il porte à
la reproduction un préjudice qui est au-
moins le double de ce qu'il prend sur
ces avances : je dis *au-moins le double*,
parce qu'en général les avances annuelles rendent 2 pour 1 , & que leur succès dépendant beaucoup de leur *ensemble* , il arrive souvent que faute des
avances qu'on ne fait pas, celles qui
sont faites deviennent moins productives.

Voici donc un premier désordre inévitable : détournez des avances de la culture, une valeur de 100, vous éteignez au-moins une reproduction de 200. Voyons maintenant les contre-coups de cette détérioration, en suppo-sant toujours que l'impôt *anticipé* ait été prévu par le cultivateur lors de la pas-sation de son bail, & que son marché avec le propriétaire foncier ait été fait en conséquence.

LE cultivateur, qui, au-lieu d'em-ployer cette valeur de 100 en avances de culture, la donne à l'impôt, n'en a pas moins fait *les mêmes frais*, & n'en a pas moins *les mêmes reprises* à exercer sur la masse des productions qu'il fait naître ; mais cette masse est diminuée de 200 ; c'est donc 200 de moins sur le produit net que le cultivateur s'oblige de fournir annuellement ; or, en suppo-sant que le Souverain prenne le tiers dans ce produit net, c'est environ 70 de diminution dans son revenu direct, ce qui réduit à 30 ou à-peu-près, les 100 qu'il retire d'un tel impôt : pour peu que le recouvrement de cet impôt soit dispendieux, il est clair que de cette valeur de 100, il ne doit rien rester au Souverain.

Si la valeur de 100, prife par l'impôt, n'avoit pas été enlevée à la culture, il en feroit réfulté une reproduction de 200, dont la moitié auroit été une richeffe difponible dans la nation; & cette richeffe fe feroit diftribuée à tous ceux qui, par léur induftrie, font appellés à partager dans les richeffes difponibles. Mais tandis que vous au iez eu plus de falaires à diftribuer aux agents de l'induftrie, vous auriez encore eu plus d'hommes entretenus par la culture, parce qu'elle auroit dépenfé 100 de plus en travaux utiles: en deux mots, puifque la reproduction annuelle eft diminuée de 200, il faut bien que la confommation, & par-conféquent la population diminuent en proportion.

Nous venons de voir que l'impôt dont il s'agit, commence par être réduit par le Souverain, au tiers de fon produit, par la diminution qu'il occafionne dans le revenu direct de la fouveraineté; & qu'ainfi pour peu que la régie d'un tel impôt foit difpendieufe, il doit être abforbé par les frais en totalité. Mais ne comptons pour rien ces mêmes frais, quoique indifpenfables, &

attachons-nous à la première obfervation. Cette réduction du produit de l'impôt en queftion , fait que le Souverain , qui perd les $\frac{2}{3}$ de l'impôt , ne peut fe procurer 100 par une telle voie , à moins qu'il ne porte l'impôt à 300 : or , ces 300 , pris par anticipation fur les cultivateurs , éteignent une reproduction de 600 , dans laquelle , fuivant la proportion que nous avons fuppofée ci-deffus , le Souverain auroit pris 200 , & les propriétaires fonciers 400. Si maintenant vous voulez revenir fur les frais , & ne les évaluer qu'à 10 p. $\frac{0}{0}$. feulement , vous trouverez que cet impôt , pour donner 100 de revenu net au Souverain , doit être au-moins de 400 , par-conféquent éteindre une reproduction de 800 : quiconque doutera de cette vérité , peut s'en convaincre par un calcul qui feroit ici fuperflu , vu la facilité dont il eft.

Je demande à préfent s'il eft focialement poffible qu'on établiffe jamais un impôt *anticipé* fur les cultivateurs , lorfqu'on fera publiquement & évidemment convaincu qu'il n'en revient pas le tiers de net au Souverain , & qu'un tel impôt ne peut lui rendre 100 , qu'en éteignant une reproduction de 800 , extinction qui eſt entiérement en déduction d'un revenu commun , que nous ſuppoſons ſe partager des deux tiers aux tiers entre le Souverain & les propriétaires fonciers, & qui conſéquemment coute à ceux-ci , au-delà de quatre fois *plus* que le Souverain ne retire de l'impôt.

Oui , je dis que cette opération eſt doublement impoſſible : elle l'eſt à raiſon de ſes rapports avec le Souverain , & à raiſon de ſes rapports avec les propriétaires fonciers. Dès que nous admettons que l'évidence de ces vérités eſt publiquement reconnue , il ſeroit contre nature qu'un Souverain voulût ſe procurer 100 , par une voie qui anéantit une reproduction de 800 , & détruit ainſi la Souveraineté , tandis qu'il le peut faire par une autre voie qui n'a nul inconvénient , j'entends , en demandant directement cette valeur de 100 aux propriétaires fonciers. En-vain m'alléguerez-vous·qu'il peut vouloir abuſer de ſon autorité pour augmenter ſon revenu ; mais s'il vouloit en abuſer , ce

ne seroit pas par des pratiques évidemment contraires à ses vues, à ses intérêts les plus chers, & qui le mettroient
en contradiction avec lui-même : en
supposant cet abus possible, il en résulteroit qu'il se garderoit bien de préférer une forme d'imposition qui lui rendroit beaucoup moins,à une autre forme
d'imposition qui lui rendroit beaucoup
plus : au-contraire, plus vous le suppo-
serez avide de richesses, & moins vous
aurez à craindre que cette avidité lui
permette de changer ainsi la forme naturelle de l'impôt : l'ignorance en cette
partie est le seul principe des maux qu'on
ait à redouter.

A L'ÉGARD de la nation, nous découvrons dans l'évidence de ses intérêts,
les mêmes preuves de l'impossibilité dont
il est qu'un tel impôt s'établisse : il seroit également contre nature que sachant
évidemment qu'il lui en coûte 500 &
plus pour fournir au Souverain une valeur de 100, elle ne se mît pas à l'abri
de cette perte en allant au-devant des
besoins du Souverain, si-tôt qu'elle les
connoîtroit, & prenant sur les revenus
particuliers dont elle jouït, la portion

nécessaire pour satisfaire à ces besoins.

Tout ce que je viens de dire d'un impôt pris *par anticipation* sur les cultivateurs, suppose, comme on a dû le voir, que cet impôt est connu avant la passation des baux à ferme; qu'il est entré dans les calculs des frais & des reprises à faire par les fermiers sur le produit brut, & en diminution du produit net. Si au-contraire un tel impôt s'établissoit sans qu'il eût été prévu par les fermiers, & qu'on obligeât néanmoins ceux-ci à payer les sommes convenues par leurs baux, il en résulteroit que la diminution de la reproduction seroit entièrement à la charge de ces cultivateurs; que la premiere année une valeur de 100, enlevée aux avances d'un cultivateur, lui occasionneroit un vuide de 200 dans la récolte; que l'année suivante, le même impôt continuant de subsister, la diminution de ses avances se trouveroit être de 300, ce qui en causeroit une de 600 dans la reproduction.

Je ne pousserai pas plus loin cette progression géométrique : il est aisé d'en appercevoir le dernier résultat : il faut

peu d'années de cette espece pour que
les fermiers soient ruinés. C'est donc autant de richesses productives éteintes
dans la nation. Il est vrai que cette progression s'arrête au renouvellement des
baux passés avec de nouveaux fermiers ;
mais pour qu'il s'en présente, il faut
faire cesser les risques ; il faut qu'ils
n'ayent point à craindre d'être ruinés
comme ceux qui les ont précédés : sans
cela les propriétaires fonciers sont réduits à faire eux-mêmes les avances de
la culture, & les terres restent en friche,
s'ils ne sont pas en état de pourvoir à
cette dépense : ainsi tant que le risque
subsiste, l'appauvrissement du Souverain & de la Nation doit avoir une progression très-rapide ; car *la diminution
des avances en occasionne une dans les
produits ; & celle-ci en occasionne à son
tour une autre dans les avances.* Ce cercle sans fin est une chose bien effrayante
pour quiconque veut y donner une légere attention.

En général, il y a dans chaque nation
une classe d'hommes salariés par les cultivateurs ; une classe d'hommes dont la
main-d'œuvre & l'industrie sont immé-

diatement employées aux travaux de la
culture, & aux différents ouvrages dont
elle a befoin. Les fonds qui fervent à
payer les falaires de ces ouvriers, font
partie des richeffes non difponibles, de
ces richeffes que les cultivateurs doivent
prélever fur la maffe totale des productions, avant même qu'elles fe partagent
entre le Souverain & les propriétaires
fonciers. On conçoit bien que ce prélévement privilégié n'eft plus qu'un jeu,
qu'une illufion, s'il n'affure pas aux
cultivateurs, la liberté de confacrer en
leur entier, ces richeffes à la culture,
ou plutôt, fi après le prélévement qu'ils
en ont fait, ils ne peuvent les appliquer
à leur deftination, fans qu'une partie de
ces mêmes richeffes leur foit enlevée
pour l'impôt.

Tel eft pourtant l'inconvénient de
toute impofition qui feroit établie fur
les falaires des hommes entretenus au
fervice direct ou indirect de la culture :
une telle impofition fait *néceffairement*
renchérir d'autant leurs falaires ; alors
ce renchériffement équivaut à une diminution directe des avances du cultivateur ; car il eft parfaitement égal de lui

prendre directement 100 francs, par
exemple, fur 300, ou de lui faire payer
300, ce qu'il n'auroit du payer que
200 : dans l'un & l'autre cas, les travaux, & généralement tous les fecours,
dont la culture profite, font également
diminués de 100; d'où réfulte l'extrinc-
tion d'une reproduction de 200, fuivie
de tous les maux progreffifs dont je
viens de parler.

MAIS, nous dit-on, fi la main-d'œuvre de ces falariés ne renchérit point,
le défordre que j'expofe ici n'aura plus
lieu. Je veux bien qu'elle ne renchériffe
point, à condition que vous trouverez
un fecret pour empêcher cette claffe
d'hommes de dépérir de jour en jour ;
un fecret pour lui procurer les moyens
de faire la même dépenfe avec une moindre recette.

EXAMINEZ bien quel eft l'état de tous
ceux dont la profeffion eft de fervir aux
différents travaux que la culture occafionne ; en général, vous ne verrez en
eux que des hommes réduits à des confommations qu'on peut regarder comme
l'étroit néceffaire ; il s'en faut bien qu'ils
foient falariés en raifon de l'utilité qui

réfulte de leurs travaux : leurs diverfes
profeffions font communément d'une
pratique fi facile, qu'elles font à la por-
tée d'une multitude d'hommes, & d'hommes nés fans aucune forte de richeffes ;
par cette raifon, la grande concurrence
de ces ouvriers qui fe forment promptement & fans frais, tient *néceffairement*
leurs falaires au plus bas prix poffible,
je veux dire, à un prix au-deffous duquel on ne trouve que l'indigence & la
mifere, fléaux toujours deftructifs des
claffes d'hommes dont ils forment l'état
habituel.

Voici donc un premier point évident : fi les falaires des hommes en queftion n'augmentent pas en raifon de l'impôt établi fur eux, vous verrez néceffairement cette efpece d'hommes fe détruire ; & en cela, contradiction frappante dans notre hypothèfe ; car il eft
moralement impoffible que le prix d'une
main-d'œuvre n'augmente pas , quand
la concurrence des ouvriers diminue,
& que le befoin qu'on en a , eft un befoin indifpenfable. Il n'y a qu'une feule
circonftance qui puiffe permettre qu'en
pareil cas cette augmentation n'ait pas

lieu ; c'eſt que les ouvriers qui ſubſiſtent encore , ſoient tellement preſſés par la néceſſité , qu'ils ne puiſſent profiter du beſoin qu'on a de leurs ſervices ; mais auſſi un tel état eſt il un état de miſere *exceſſive* , un état *homicide* des hommes nés & à naître ; bientôt ainſi , faute d'ouvriers , les travaux manquent à la culture , & l'on voit ſes produits s'éteindre progreſſivement , comme les hommes dont les travaux ſont néceſſaires à la reproduction.

Cependant faiſons violence à la nature ; ſuppoſons que la population ſoit toujours la même parmi les hommes employés à la culture , quoiqu'un impôt leur enleve une portion des ſalaires que la concurrence à réglés pour leur ſubſiſtance. Toujours eſt-il vrai que ces mêmes hommes ne pourront plus faire les mêmes conſommations , à moins qu'ils n'achetent moins cher les productions qu'ils conſomment : dans l'un & l'autre cas le contre-coup d'un tel impôt cauſe un préjudice égal au cultivateur : celui-ci perd en raiſon de la diminution du débit ou de la valeur vénale de ſes productions.

ARRESTONS - NOUS un moment à
confidérer les effets de ce contre-coup :
fi cette perte eft imprévue pour le cultivateur ; fi elle trompe les calculs des
produits annuels qu'il a dû fuppofer en
paffant fon bail , & que néanmoins il
foit forcé de remplir rigoureufement les
engagements qu'il a contractés par ce
bail , il eft clair que ce contre - coup ,
qui fait diminuer fa recette , fans faire
diminuer fes frais , équivaut à un impôt
anticipé qui feroit établi fur ce cultivateur perfonnellement : on a vu ci-deffus
quelle eft la progreffion géométrique de
la perte qui en réfulte pour lui d'année
en année , & comme cette perte progreffive altere progreffivement auffi la
maffe des productions , la richeffe nationale & la population.

FORMONS donc l'hypothèfe la moins
défavorable , & fuppofons que la non-
valeur qui vient de furvenir dans les
productions, foit en déduction du produit net , dont le partage doit fe faire
entre le Souverain & les propriétaires
fonciers. J'obferve d'abord qu'il eft impoffible d'évaluer cette non-valeur ; car
en général il regne une forte d'équilibre

néceffaire entre les prix de toutes les
productions, de celles du-moins qui fe
confomment en nature ou avec peu de
préparations. On fent bien que les cultivateurs, autant que le phyfique & leurs
facultés pourront le permettre, culti-
veront toujours par préférence, les productions dont le débit fera le plus avantageux ; par-conféquent que l'abondance de ces productions croiffant en raifon
de cette préférence, il doit en réfulter
une diminution dans leur prix, jufqu'à
ce qu'il foit rentré dans la proportion
qu'il doit avoir avec les prix des autres
productions.

REMARQUEZ d'ailleurs que le prix
d'une production eft ce qui fert à payer
le prix d'une autre production : celui
qui n'a que des prés, ne paye ce qu'il
confomme, qu'avec le prix qu'il retire
de fes foins; de même celui qui ne cueille
que du bled ; de même celui qui ne
cueille que du vin; qui ne cueille que
des légumes, que du bois, que de la
laine, que du lin, &c. Ainfi quand il
ne feroit pas poffible aux cultivateurs
de changer de culture, dès que telle efpece de production diminue de prix,

Il n'en eft pas moins néceſſaire que le
prix des autres productions diminue
proportionnellement , car il ſe trouve
alors qu'il y a moins de moyens pour les
payer.

LES ſalaires des hommes conſacrés
aux travaux de la culture ou analogues
à la culture, ſont relatifs au prix courant
des productions qu'ils conſomment ;
c'eſt ſur ce prix courant que la concurrence regle leurs ſalaires , parce que les
ſalaires ſont le gage & le ſigne de la part
qu'ils doivent prendre dans les productions : ſi donc, en conſéquence d'un impôt qui leur enleve une portion de leurs
ſalaires , le prix de ces productions diminue, les vendeurs de ces productions ne
peuvent plus faire la même dépenſe en argent, ne peuvent plus mettre le même prix
à ce qu'ils achetent ; ainſi de contre-
coups en contre-coups, les prix de preſque toutes les autres productions éprou-
vent une diminution proportionnelle ;
& en vertu de cette diminution preſque
générale (car elle devient un mal épidé-
mique , qui de proche en proche, occupe tout le territoire d'une nation) ;

en vertu , dis-je , de cette diminution ;
le Souverain & les propriétaires fonciers
font une perte immenfe fur leurs revenus
en argent ; perte qu'il eft , comme je
viens de le dire , impoffible d'évaluer.

Heureusement nous n'avons pas
befoin de cette évaluation pour arriver
au but que je me fuis propofé : l'argent
étant reçu chez toutes les nations policées pour fervir de mefure à toutes les
valeurs, il eft évident qu'une nation fait
une perte réelle fur fes revenus , quand
fes reproductions perdent de leur valeur
en argent. Cette perte , il eft vrai , ne
feroit rien , chez un peuple qui ne feroit
aucune forte de commerce avec les
étrangers : mais aucun des peuples po-
licés ne peut être dans ce cas : c'eft donc
dans les rapports d'une nation avec les
autres nations par le moyen du commerce , que cette même perte fe réalife ;
c'eft auffi dans ce point de vue que nous
allons la confidérer.

Les revenus communs du Souverain
& des propriétaires fonciers fe dépen-
fent , partie en achat de productions , &
partie

partie en achat des ouvrages de l'induſtrie. Si la diminution du prix des productions leur a fait perdre une portion
de leurs revenus, on peut regarder comme une indemnité pour eux, la diminution de la dépenſe qu'ils font en achetant ces mêmes productions pour leur
conſommation. Mais une ſemblable indemnité n'a pas lieu pour la partie de
ces revenus qu'ils emploient en achats
des ouvrages de l'induſtrie, du-moins
relativement à tous ceux de ces mêmes
ouvrages qui ſont ſuſceptibles d'être
tranſportés & conſommés chez l'étranger. La concurrence des étrangers dans
l'achat de ces marchandiſes, fait qu'elles ſe maintiennent au prix courant de
toutes les nations commerçantes, chez
leſquelles ce prix courant ſe proportionne toujours à la bonne valeur que leurs
productions ont en argent. Il eſt ſenſible, par exemple, que les manufacturiers des toiles & des draps ne les
vendront pas dans la nation au-deſſous
de ce que l'étranger les leur paye, quoiqu'ils ayent acheté de la nation les matieres premieres, ou les productions

qu'ils confomment journellement , à des prix qui leur permettent de vendre moins cher.

JE fais qu'on peut m'objecter que les gains de ces fabricants en feront augmenter le nombre , & que leur concurrence fera renchérir les matieres premieres qu'ils emploient ; cela fe peut & je le crois. Mais qu'en réfultera-t-il ? Il en réfultera que les prix de ces productions feront affranchis de la diminution commune aux prix de toutes les autres productions qui fe confomment dans la nation fans pouvoir être exportées ; par cette raifon , le préjudice national fera moins grand; mais il fera toujours beaucoup pour le Souverain & les propriétaires fonciers; car tandis que les productions territoriales dont la valeur vénale forme leur revenu commun en argent feront à bas prix , ils n'en payeront pas moins cher toutes les marchandifes qu'ils feront dans le cas de tirer de l'étranger.

TOUT ceci cependant n'eft encore qu'un apperçu de ce même préjudice ; il faut l'envifager préfentement dans les

fuites qu'il doit *néceffairement* avoir ,
& qui l'aggravent finguliérement. Vous
voyez ici la claffe induftrieufe qui achete à bas prix les productions, fans qu'elle
en vende moins cher fes ouvrages au
Souverain & aux propriétaires fonciers : il n'eft donc pas poffible que
le Souverain & les propriétaires fonciers , dont les revenus perdent en
proportion de la non-valeur des productions , achetent autant d'ouvrages de l'induftrie , qu'ils pourroient
en acheter , fi leurs revenus en argent
étoient plus confidérables : alors la
claffe induftrieufe fe trouve dans le cas
d'avoir befoin d'une plus grande exportation de fes marchandifes ; par conféquent de faire de plus grands frais de
débit ; car les confommateurs éloignés
achetent moins cher en raifon des frais
que les marchandifes ont à faire avant
de leur parvenir : par ce moyen cette
claffe eft conftituée dans des dépenfes
dont elle ne peut s'indemnifer que par
le bas prix des productions qu'elle achete ; ainfi *moins on confommera dans l'intérieur de la nation , & plus ce prix dimi-*

nuera ; *or plus il diminuera , & moins on consommera :* essayez de couper cette chaîne circulaire de diminutions progressives : si vous ne commencez par en détruire le principe , je vous défie d'en arrêter le cours.

LE même inconvénient a lieu pour toutes les productions susceptibles d'être exportées en nature : la concurrence de l'étranger soutient chez vous leur valeur vénale ; mais , comme je viens de le dire , cette valeur perd toujours en raison des frais de transport ; frais que le prix de vos productions n'auroit point à supporter , si la diminution de vos revenus en argent ne vous avoit mis dans l'impossibilité d'avoir chez vous des consommateurs en état de payer & de faire valoir ces mêmes productions : ainsi à cet égard , *même cercle encore ; même progression dans la dégradation.*

VOYEZ donc combien vos pertes se multiplient ; voyez quel enchaînement de désordres résultants d'une seule cause, d'un impôt établi sur les salaires des hommes entretenus par la culture ; cependant la progression *nécessaire* de ces

désordres tient encore à d'autres contre-
coups qui l'accélerent, & qu'il est aisé
de vous rendre sensibles ; ce dernier tableau achevera de vous démontrer qu'un
tel impôt ne peut jamais être établi,
quand ses effets seront évidents aux
yeux du Souverain & de la Nation.

Vous avez dû remarquer que la diminution du prix des productions n'é-
tant pas suivie d'une diminution semblable dans les prix des ouvrages de
l'industrie, il en résulte que la classe
industrieuse est dans le cas de s'enrichir
aux dépens des propriétaires fonciers ;
par-conséquent que l'état du propriétaire foncier n'est plus, dans la société, le meilleur état possible ; que les
hommes ne sont plus pressés de convertir leurs richesses mobiliaires en richesses foncieres ; que la classe propriétaire des terres doit se trouver presque
toujours sans intérêt, sans volonté, &
sans moyens pour améliorer ses possessions, souvent même dans l'impuissance de subvenir aux dépenses néce.iai-
res à leur exploitation : de-là, la dégradation de ces mêmes possessions ; de-là,

une multitude de terres incultes ; de-là ;
l'extinction progreffive des revenus nationaux & de la population.

POUR fe former une idée jufte de la
néceffité de cette progreffion, il faut obferver qu'une fois que les revenus en argent font diminués dans une nation, il
fe fait chez elle moins de dépenfes en
achat des ouvrages de l'induftrie ; que
la diminution des dépenfes en cette
partie entraîne *néceffairement* une diminution dans la population ; que
la diminution dans la population en
occafionne *néceffairement* une autre dans
la confommation des productions ;
que de celle - ci réfulte encore *néceffairement* une diminution nouvelle
dans le débit ou la valeur en argent des productions , par-conféquent
dans ce qui forme les revenus en argent
du Souverain & des propriétaires fonciers : partez maintenant de ce dernier
point ; vous allez décrire *néceffairement*
un nouveau cercle de diminutions ; un
nouveau cercle qui, par les mêmes raifons,
fera *néceffairement* fuivi d'un troifieme ;
ce troifieme le fera *néceffairement* d'un

quatrieme ; & toujours ainſi croîtra *né-cessairement* la détérioration , juſqu'à ce que vous en ayez fait ceſſer les cauſes , ou que tout ſoit détruit.

CHAPITRE XXXIII.

Les doubles emplois formés par les impôts indirects retombent tous sur les propriétaires fonciers. Cette vérité démontrée par l'analyse des contre-coups d'un impôt sur les rentes & sur les loyers des maisons. Le Souverain paye lui-même une grande partie d'un tel impôt.

Tout impôt est payé par le produit des terres ; tout ce que l'impôt prend sur ce produit, après le partage fait avec le Souverain , forme un double emploi; tout double emploi retombe sur les propriétaires fonciers , avec déprédation de la richesse nationale & de tout ce qui constitue la puissance politique de l'État: voilà l'ordre des idées que j'ai voulu présenter.

préfenter. Les deux premieres propofi-
tions font déja démontrées, & le double emploi réfultant d'un tel impôt eft
évident. Nous avons vu pareillement
que lorfqu'il frappe fur les richeffes non
difponibles, il éteint progreffivement
les revenus communs du Souverain &
des propriétaires fonciers, ainfi que la
population : il ne refte donc plus à remplir qu'une partie de notre démonftration ; qu'à prouver que les doubles emplois qui s'operent par d'autres voies,
font auffi des charges fur la propriété
fonciere ; & qu'il n'eft pas une de ces
charges qui ne foit préjudiciable aux intérêts du Souverain, quoiqu'elles ne le
foient pas toutes au même degré.

IL eft deux manieres de diminuer un
revenu : on peut en anéantir une partie ; on peut auffi faire augmenter les
frais des jouiffances auxquelles on emploie ce même revenu. On fent bien
qu'il ne faut pas confondre une jouiffance avec les frais qu'on fait pour fe la procurer. Moins ces frais font confidérables, & plus on eft riche ; car *richeffe*
& moyens de jouir ne font qu'une même
chofe : or l'augmentation des frais à faire

Tome II.　　　　　　　　　　**P**

pour parvenir aux jouiſſances, eſt évidemment une diminution des moyens
de jouir : auſſi tel qui eſt riche dans un
lieu, ſeroit-il très-mal aiſé dans un autre
où il ſeroit obligé de payer beaucoup
plus cher les choſes qu'il voudroit conſommer.

PARMI les impôts qui paroiſſent les
plus étrangers aux propriétaires fonciers, il n'en eſt pas un qui n'ait un de
ces deux inconvénients ou tous les deux
à la fois ; pas un qui n'occaſionne aux
propriétaires fonciers ou la deſtruction
d'une partie de leur revenu, ou l'augmentation des frais qu'ils ont à faire
pour le convertir en jouiſſances, ou ces
deux pertes en même - temps : deux
exemples ſuffiront pour établir évidemment ces vérités.

JE ſuppoſe deux loix, dont l'une fixe
l'intérêt de l'argent à 5 p. ⁙. & l'autre
aſſujettiſſe les rentes à un impôt du cinquieme de leur valeur : n'eſt-il pas vrai
que ces deux loix combinées réduiſent
l'intérêt de l'argent à 4 p. ⁙. pour le prêteur ; & que quiconque prêtera, comp-
tera bien ne placer ſon argent qu'à
4 p. ⁙.

OBSERVEZ préſentement que ces loix
n'obligent pas de prêter ; que le prêt n'a
lieu qu'autant que l'intérêt fixé par les
loix convient au prêteur , que ſouvent
auſſi les prêts ſe font à un intérêt plus bas
que celui qu'elles ont établi ; qu'elles
peuvent , tout-au-plus , empêcher qu'on
prête *ouvertement* à un intérêt plus fort
qu'elles ne le permettent ; mais que leur
pouvoir ne s'étend point juſqu'à faire
prêter , quand cette façon de placer ſon
argent , ne paroît pas préférable à tout
autre emploi ; car c'eſt-là ce qui détermine la volonté des prêteurs.

MALGRÉ les loix qui reglent l'intérêt de l'argent , l'action de prêter , &
celle d'emprunter ſont des actions pleinement libres : je n'emprunterai pas au
taux fixé par les loix , ſi je me vois léſé
par une telle opération ; & quand perſonne ne voudra emprunter à 5 p. %. les
prêteurs ſeront forcés de diminuer l'intérêt de l'argent. Quand perſonne auſſi
ne voudra prêter au-deſſous de 5 p. %.
il faudra bien que l'intérêt de l'argent
s'établiſſe ſur ce pied. Dans toutes les
opérations qui ſe font librement , la
fixation de cet intérêt dépend donc

beaucoup moins des loix, que de la concurrence des preteurs & des emprunteurs ; il se regle naturellement entre eux, d'après le produit qu'on peut retirer de son argent dans d'autres emplois : voilà pourquoi les prêts se font souvent à un intérêt au-dessous de celui fixé par les loix ; & pourquoi, lorsque cet intérêt ne peut convenir aux prêteurs, les prêts n'ont lieu que dans des cas où l'on trouve moyen d'éluder la disposition des loix.

Ainsi quiconque se détermine librement & volontairement à placer son argent à 5 p. $\frac{1}{2}$. dont il en revient 1 à l'impôt, prêteroit tout simplement à 4 p. $\frac{1}{2}$. si cet impôt ne lui prenoit rien ; ainsi le cinquieme de cette rente, remis à l'impôt, n'est point pris sur le rentier, mais bien sur le débiteur de cette rente ; ainsi ce cinquieme n'est qu'une augmentation de dépense pour tous ceux qui ont besoin d'emprunter ; ainsi cette augmentation de dépense n'est qu'une surcharge établie sur le produit des terres, par la raison que toute dépense est acquittée par ce produit ; ainsi cette surcharge retombe sur les propriétaires fonciers, parce qu'elle augmente les frais qu'ils ont à faire pour convertir ce produit en jouissances.

Je ne crois pas devoir insister sur cette dernière conséquence ; elle doit être sensible, évidente pour quiconque sait qu'il n'y a que le produit des terres qui puisse annuellement fournir les fonds pour payer les rentes. D'après cette vérité, on comprend facilement qu'un impôt, qui tient l'intérêt de l'argent à un taux plus haut qu'il ne le seroit sans cela, grève le débiteur de la rente : or ce débiteur est ou un propriétaire foncier ou un autre homme qui, en vertu des services qu'il rend à la classe propriétaire du produit des terres, partage dans ce produit : au premier cas, point de doute que la propriété foncière ne soit lésée d'autant ; au second cas, la cherté de l'argent que cet autre homme emprunte, est pour lui une augmentation de dépense, augmentation qui doit faire renchérir à proportion les services qu'il rend à la classe propriétaire : ainsi c'est toujours sur cette classe que tombe directement ou indirectement la cherté de l'argent.

Le second exemple que j'ai à propofer, c'est celui d'un impôt fur le loyer
des maifons. S'il étoit plus utile d'employer fon argent d'une toute autre maniere qu'à bâtir ou acheter des maifons,
perfonne affurément ne s'aviferoit d'en
faire la dépenfe, à moins que ce ne fût
pour foi perfonnellement, & par une
fuite de l'impoffibilité où l'on feroit de
fe loger. Il eft donc indifpenfable que
l'emploi de l'argent en achat ou en conf-
truction de maifons donne un intérêt
proportionné à celui qu'on trouveroit
dans un autre emploi. De là réfulte qu'il
eft de toute néceffité que le loyer des
maifons renchériffe, fi vous l'affujet-
tiffez à un impôt ; par-conféquent que
la jouïffance d'une maifon fujette à cet
impôt, foit plus difpendieufe. Faites-la
maintenant occuper par quel homme il
vous plaira : fi c'eft un propriétaire foncier, il eft évident qu'il fera grévé par
le renchériffement néceffaire de fon
loyer ; fi c'eft un autre homme, quel
qu'il puiffe être, il ne peut payer qu'a-
vec ce qu'il reçoit directement ou indirectement des propriétaires fonciers :
ainfi de toute maniere cet impôt n'eft

pour eux qu'une augmentation de dépense, & conféquemment une diminution de leur richeffe.

OBSERVEZ préfentement que quand je dis que ces fortes d'impôts font des charges qui retombent fur les propriétaires fonciers, il faut étendre cette propofition jufqu'au Souverain perfonnellement; car il eft impoffible que dans les dépenfes qu'il fait par lui même & par ceux qu'il entretient, il ne foit pas grévé par la cherté que de tels impôts occafionnent & entretiennent: ainfi ces mêmes impôts reprennent dans fes mains, une grande partie de ce qu'ils lui ont donné.

IL peut arriver cependant qu'un impôt fur les rentes & fur les loyers des maifons ne retombe point fur les propriétaires fonciers, & c'eft le cas d'un impôt accidentel & imprévu. Mais fi de tels événements étoient affez fréquents pour qu'il en réfultât ce qu'on appelle *un rifque* pour les acquéreurs des rentes & des maifons, qui eft-ce qui voudroit s'y expofer gratuitement? On ne court un rifque qu'autant qu'on payé eft pour le courir: il faudroit donc que ce rifque fût balancé par de gros profits , qui ne pourroient etre faits qu'aux dépens des propriétaires fonciers & du Souverain.

Vous remarquerez ici , qu'un tel *risque seroit très réel* , si l'on établissoit *arbitrairement* des impôts personnels sur les rentiers & sur les propriétaires des maisons : au moyen de ces impôts *arbitraires* , ils se trouveroient avoir perdu la propriété des capitaux qu'ils auroient dépensés pour faire de telles acquisitions; *car ce n'est pas avoir la propriété d'un fonds , que de ne pas avoir la propriété de son produit.* Un tel désordre mettroit donc les richesses pécuniaires dans le cas de chercher d'autres emplois , sur ce même chez l'Étranger , à moins , comme je viens de le dire , que *le risque* de placer ainsi son argent dans la nation , n'y trouvât des contre-poids qui seroient eux-mêmes un autre désordre à la charge du Souverain & des propriétaires fonciers.

Il me semble entendre déja une multitude d'hommes s'élever contre moi ; s'écrier qu'il seroit bien singulier de prétendre que les rentiers & les propriétaires des maisons ne contribuassent

point aux charges de l'État , ne payaffent
aucun impôt. Qu'ils me permettent de
leur demander de quelles charges & de
quel impôt ils entendent parler : fi par
le mot de charges , ils veulent défigner
les charges annuelles & ordinaires , je
leur répondrai que dans le fyftème de
l'ordre , perfonne n'y contribue ; que
ces charges font acquittées par le revenu
public annuel , qui n'eft qu'une portion
déterminée dans le produit net des cultures ; que cette portion eft une richeffe
commune , qui fe renouvelle perpétuellement à mefure que les richeffes particulieres de chaque prop. iétaire foncier
fe renouvellent par la reproduction ;
qu'ainfi *c'eft la terre qui paye elle-même
l'impôt , en l'acquit de toute la nation.* Ne
voyez-vous pas , leur dirai-je , qu'on
achete une rente ou une maifon , comme on achete une terre ? Qu'on ne met
un prix à celles-là , comme à celle-ci ,
qu'en raifon du revenu qu'elles donnent
à leur propriétaire ; qu'en les achetant
on ne paye rien pour la portion que
l'impôt prend chaque année dans ce revenu ; qu'on n'achetera pas les rentes &
les maifons, ou qu'on les achetera moins

cher, si vous les assujettissez à un impôt ; par-conséquent que l'impôt, bien
loin de porter sur ces acquéreurs, se
trouvera toujours à la charge de ceux
qui payent les rentes & les loyers ; en
un mot, que le sort des rentiers & des
propriétaires des maisons n'est pas, en
cela, plus avantageux que celui des
propriétaires fonciers, puisque ceux-ci
ne payent point l'impôt.

Il n'en est pas ainsi des charges accidentelles & momentanées : il peut se trouver des circonstances impérieuses & passageres qui exigent des secours extraordi-
res ; alors il n'est pas douteux que ces
secours doivent etre pris sur les rentes,
comme sur les revenus des propriétaires
fonciers : la raison en est bien simple :
les rentes sont une portion du produit
net, c'est-à-dire, de la seule richesse qui
soit disponible, dans une nation, & qui
puisse etre employée aux besoins politiques de l'État : les rentiers doivent donc
nécessairement etre exposés à tous les
événements qui sont inséparablement attachés à la propriété de cette richesse
disponible, & qui sont même dans l'ordre des opérations qui peuvent etre né-

cessaires pour assurer ou faire valoir cette propriété.

Si dans de telles circonstances les rentes n'étoient pas imposées, l'intérêt commun du Souverain & de la Nation seroit blessé ; & par contre-coup, l'intérêt particulier du rentier seroit compromis : les rentes se trouveroient être une diminution des revenus de l'État ; diminution qui altéreroit la force & la consistence de l'État ; diminution qui tourneroit ainsi, de toute façon, au détriment de la propriété fonciere, & par-conséquent de la sûreté des rentes établies sur les produits nets de cette propriété.

Ce que je dis ici des rentiers ne peut cependant s'appliquer aux propriétaires des maisons : leurs loyers different des rentes, en ce qu'ils sont susceptibles de renchérir ; au-lieu qu'une rente ne peut point augmenter au gré du rentier : le renchérissement est ainsi une voie toujours *ouverte* à ces propriétaires, pour faire reprise sur le produit de la culture, de tout ce qu'ils seroient obligés de payer à l'impôt ; ils ne pourroient donc en être personnellement

chargés que jufqu'au moment du renouvellement des baux de leurs maifons :
l'impôt alors retomberoit fur ceux qui
payent les loyers plus chers , & par
contre-coup , fur les produits des propriétés foncieres qu'on auroit cru foula-
ger d'autant.

C'EST ainfi qu'un impôt *habituel* &
proportionnel fur les rentes & fur les
loyers des maifons porte indirectement,
partie fur les propriétaires fonciers , &
partie fur le Souverain:à l'égard des propriétaires fonciers , il eft pour eux une
diminution de richeffes , parce qu'il eft
pour eux une augmentation des frais
qu'ils ont à faire pour parvenir aux jouïffances. Un tel impôt eft donc non-feulement un double emploi , mais encore
un double emploi , qui , lorfqu'il eft arbitrairement établi fur la perfonne des
rentiers ou des poffeffeurs des maifons ,
greve arbitrairement la propriété fonciere , la réduit , pour ainfi dire , à n'ê-
tre qu'un vain titre , & attaque ainfi
dans fon effence , l'ordre conftitutif des
fociétés. Par ces fortes d'impôts , on
peut juger de tous ceux qui leur reffemblent ; de tous ceux qui ne font point

une portion prife directement & immédiatement dans le produit des terres :
il eft évident qu'il n'en eft pas un qui
ne devienne une charge indirecte fur
les revenus des propriétaires fonciers ,
charge qui n'eft allégée pour eux que
par la portion que le Souverain en fup-
porte perfonnellement , en quoi il eft
toujours trompé dans les calculs qu'il
peut faire fur les produits de ces impôts.

CEPENDANT , comme je l'ai déja dit,
les effets des impôts indirects ne font point
toujours les mêmes ; auffi les grands défordres qu'ils produifent, ne font-ils pas
les fuites des doubles emplois dont je
viens de parler : c'eft principalement
lorfque de tels impôts fe trouvent affis
immédiatement fur la perfonne ou les
falaires des agents de l'induftrie , que le
mal qui en réfulte , devient énorme , &
ne ceffe de s'accroître , tant qu'il eft entretenu par le principe qui l'occafionne.
La démonftration de cette derniere vérité achevera de faire connoître évidemment combien le Souverain perfonnellement & les fujets font intéreffés à ne
point changer la forme effentielle de

l'impôt, & conséquemment combien on doit être certain que dans le gouvernement d'un feul, dès qu'on y fuppofe l'évidence de cet intérêt publiquement établi, on n'a rien à craindre des abus qui réfulteroient d'un tel changement.

CHAPITRE XXXIV.

Doubles emplois réfultants des impôts fur les falaires de l'induftrie , ou fur la vente des chofes commerçables ; ils retombent tous à la charge du propriétaire foncier & du Souverain , en raifon de la portion que chacun d'eux prend dans le produit net des cultures. Ces impôts font dans tous les cas poffibles , progreffivement & néceffairement deftructifs des revenus de la Nation, de ceux du Souverain , & de la population.

RAPPELLEZ-vous ce que j'ai précédemment obfervé fur la néceffité dont il eft que la diftribution & la confommation des productions fe faffent dans

une proportion dont il puiſſe réſulter un
avantage commun à ceux qui les font renaître & à la claſſe induſtrieuſe ; rappellez-vous que toutes les productions qui
ne peuvent être conſommées en nature
par leurs premiers propriétaires , ne leur
deviennent utiles que par l'entremiſe des
travaux de l'induſtrie ; rappellez-vous
que les ſalaires ou les prix payés pour
ces travaux ne ſont que des portions
priſes dans ces productions en nature ,
ou, ce qui revient au même , dans leur
valeur en argent ; rappellez-vous que
la meſure de chacune de ces portions n'a
rien d'arbitraire ; qu'elles ſont au-contraire toutes déterminées par l'autorité
deſpotique de la concurrence, qui , pour
l'intérêt commun de toute la ſociété ,
fait ainſi régner l'ordre le plus avantageux dans la diſtribution & la conſommation des productions ; ordre qui ne
peut plus ſubſiſter , dès qu'un impôt
vient dénaturer les proportions ſuivant
leſquelles la concurrence a fait faire cette diſtribution.

Tout homme qui par ſes travaux &
ſes dépenſes , ſe procure plus de productions qu'il n'en peut conſommer
en

en nature, se propose *nécessairement*
de changer la forme de cet excédent,
de le convertir en ouvrages de l'industrie ; d'un autre côté, ceux qui
se consacrent aux professions relatives à
ces ouvrages, comptent certainement
sur l'échange de leur main-d'œuvre con-
tre des productions. IL faut donc *nécessairement* qu'il y ait une proportion établie entre la valeur vénale des produc-
tions & la valeur vénale des ouvrages
de l'industrie : ce n'est que d'après cette
proportion, que chacun peut se déterminer sur l'emploi de sa personne, de
ses richesses mobiliaires & de ses talents.

REMARQUEZ bien la nécessité de cet
équilibre qui doit régner entre le prix
des productions & celui des travaux de
main-d'œuvre. Inutile d'examiner lequel des deux commande le premier à
l'autre : le point essentiel à saisir, c'est
qu'ils sont tous deux dans une dépendance réciproque ; qu'ils se servent mutuellement de mesure ; & que vous ne pouvez changer l'ordre de leurs rapports,
qu'au détriment commun de tous les intérêts que nous cherchons le plus à ménager.

Tome II.   Q

Cet équilibre dont je veux ici vous faire comprendre toute la néceffité, n'a rien de myftérieux : pourquoi cet Artifan me paye-t-il la mefure de mon bled 30 fols? c'eft parce que fes falaires le lui permettent : & qui eft-ce qui lui paye ces falaires ? Les premiers propriétaires de la valeur des productions, ou d'autres hommes à qui déja ils ont diftribué une partie de cette valeur. Retranchez la moitié de ces falaires : cet Artifan ne peut plus me payer mon bled au même prix, à moins qu'il ne diminue la fomme des achats qu'il fait à d'autres vendeurs ; mais dans ce cas, ces autres vendeurs n'auront plus les mêmes moyens pour acheter mon bled : c'eft toujours le même inconvénient. le même contre-coup. Le mouvement de l'argent n'eft qu'une circulation, fuivant laquelle chacun doit en recevoir autant qu'il en donne, & chacun doit en donner autant qu'il en reçoit. Suivez cette circulation dans toutes fes branches ; vous verrez facilement, que la claffe induftrieufe ne peut mettre un prix aux productions, qu'en raifon du prix que leurs premiers propriétaires mettent à fa

main-d'œuvre ; qu'ils ne peuvent mettre
un prix à sa main-d'œuvre , qu'en raison de celui auquel ils vendent aussi leurs
productions ; qu'ainsi ce font ces premiers propriétaires qui fourniffent eux-
mêmes à cette claffe , les valeurs en argent avec lefquelles elle paye les productions : auffi eft-ce parce que tous les
falaires font payés par les valeurs des
productions , que nous avons donné le
nom de double emploi, à tout impôt
qui fe trouve établi fur les falaires.

DE ces obfervations il réfulte que
dans une nation qui ne feroit aucune
forte de commerce extérieur , qui dans
fes dépenfes n'auroit aucune forte de re-
lation avec les étrangers , il feroit très-
indifférent que les productions euffent
une grande valeur en argent , ou qu'elles n'en euffent qu'une médiocre ; ce
dernier même feroit plus avantageux ,
parce qu'il y auroit moins d'embarras
dans le tranfport de l'argent pour faire
fes paiements : quelle que fût cette valeur en argent , celle des travaux de
main-d'œuvre fe mettroit au niveau ,
& l'équilibre néceffaire fe maintiendroit
également.

Q ij

MAIS pour peu qu'une nation faffe quelque commerce extérieur, la valeur vénale des productions devient une chofe très-intéreffante ; parce que cette valeur eft ce qui décide du plus ou du moins des productions territoriales qu'elle doit donner en échange des marchandifes étrangeres. Il eft donc, par contre-coup, d'une égale importance pour elle , que les falaires proportionnels de l'induftrie ne foient point altérés par une force majeure ; car ce font ces mêmes falaires qui , placés dans les mains de l'induftrie , font deftinés à maintenir la valeur des productions ; valeur qui d'ailleurs eft la feule & unique richeffe difponible pour le Souverain & la Nation.

POUR mieux démontrer ces vérités & les conféquences qui en réfultent , parcourons les différents défordres qui naiffent *néceffairement* à la fuite du double emploi formé par un impôt fur les agents de l'induftrie. Cet impôt ne peut être acquitté que par une partie de leurs falaires : cela eft évident. Mais alors veut-on que les falaires augmentent , ou veut-on qu'ils n'augmentent pas ? Chacune de ces deux hypothèses demande un examen particulier.

Si les salaires augmentent, il est clair que l'impôt retombe à la charge de ceux qui les payent ; & qui sont-ils ? D'abord le Souverain ; par-conséquent il se trouve lui-même supporter une partie de cet impôt, en raison du renchérissement des ouvrages de l'industrie, qu'il achete pour sa consommation personnelle ou celle des hommes qui sont à ses gages ; ensuite les propriétaires fonciers, qui en cela, se trouvent très-réellement privés d'une portion du revenu ou des jouïssances qui doivent leur appartenir en propriété ; enfin les cultivateurs, qui par eux-mêmes & par leurs entretenus, sont dans le cas de faire divers achats à la classe industrieuse.

Un impôt sur les salaires de l'industrie, & qui les fait augmenter, est donc un impôt indirect, non-seulement sur le Souverain & sur les propriétaires fonciers, mais encore sur les cultivateurs ; aussi ce dernier contre-coup est-il la principale cause des maux progressifs que cet impôt entraîne *nécessairement* après lui. L'augmentation qu'il occa-

fionne dans les dépenfes des cultivateurs, eft une diminution réelle de la
maffe des richeffes productives ; un tel
impôt eft donc deftructif de la reproduction , en raifon *doublée* de ce qu'il
prend indirectement fur les avances ; je
veux dire que s'il coûte un million aux
cultivateurs, il éteint une reproduction
qui vaudroit au-moins 2 millions.

Je ne répéterai point ici que fi les
cultivateurs ne font pas indemnifés du
vuide que le détournement d'une partie
de leurs avances occafionne ainfi dans
la maffe totale de la reproduction, il
faudra qu'ils fe ruinent , & que la culture tombe dans un état de dégradation
progreffive : je fuppofe au-contraire
qu'ils ayent calculé le contre-coup de
cet impôt , & que leurs baux foient analogues au réfultat de ce calcul : dans ce
cas , le produit net fe trouvera néceffairement diminué du double de ce que
l'impôt prend indirectement fur les cultivateurs. Mais dès-lors nous découvrons un défordre dont la progreffion eft
évidente : les propriétaires fonciers fe
trouvent tout-à-la-fois avoir un moindre revenu , & néanmoins payer plus

cher une partie des chofes qu'ils confomment; il eft donc indifpenfable qu'ils
diminuent doublement leurs confommations; par-conféquent qu'ils ne faffent
point affez d'achats à la claffe induftrieufe, pour qu'elle puiffe s'indemnifer
avec eux des fommes qu'elle paye à
l'impôt.

Bien des gens cependant fe perfuadent que la maffe totale des achats faits
à cette claffe induftrieufe, fera toujours
affez confidérable pour que fes agents
puiffent fe dédommager de l'impôt,
par la voie du renchériffement de leurs
marchandifes. La raifon vague qu'ils en
rendent, eft que fi les propriétaires
fonciers confomment moins, le Souverain, difent-ils, confommera plus, foit
par lui-même perfonnellement, foit par
fes entretenus. Mais un calcul très-fim-
ple peut mettre cette erreur dans une
grande évidence.

Considérons le revenu du Souverain & celui des propriétaires fonciers,
comme ne formant qu'une feule maffe,
qui paye les deux tiers des ouvrages
que vend la claffe induftrieufe; en conféquence, fuppofons que les cultiva-

teurs joints avec les hommes qu'ils entretiennent, achetent l'autre tiers de ces
ouvrages. Notre hypothèfe ainfi préfentée, foit 30 le total d'un impôt établi fur les falaires de l'induftrie, ren-
chériffant par-conféquent de 30 ces mêmes falaire. n'eft-il pas vrai que ce
renchériffement coûte 10 aux cultivateurs, puifqu'ils achetent le tiers des ouvrages renchéris de 30 ? n'eft-il pas
vrai que ces 10 dérobés aux avances
de la culture, éteignent une reproduction de 20 ? n'eft-il pas vrai qu'en fuivant notre fuppofition, il doit en réfulter une diminution de 20 dans le revenu commun du Souverain & des propriétaires fonciers ? Quel eft donc préfentement l'état de ce revenu ? D'un
côté, il augmente de 30 par un impôt
fur les falaires ; d'un autre côté, il diminue de 20 par l'extinction de la reproduction ; le bénéfice qu'il retire de
cet impôt, n'eft donc que 10. Obfervez maintenant, que ce revenu doit
payer les deux tiers des ouvrages de
l'induftrie, conféquemment que le renchériffement des falaires doit lui coûter
20 ; mais comment peut-il augmenter
de

de 20 fa dépenfe, tandis que fa recette n'augmente que de 10 ? impoſſible donc qu'il puiſſe les fournir, impoſſible que fur les 30 pris par l'impôt, il n'y en ait pas 10 qui foient en pure perte pour la claſſe induſtrieuſe qui les a débourſés.

DE quelque côté que vous jettiez les yeux, vous n'appercevez préſentement que détérioration, & détérioration progreſſive : quoique le revenu commun du Souverain & des propriétaires fonciers foit augmenté de 10 en argent, ils font cependant moins riches qu'ils ne l'étoient auparavant, parce que les choſes qu'ils achetent font, en total, renchéries de 20 pour eux. Ils font donc obligés de conſommer moins ; conſéquemment d'entretenir moins d'hommes en faifant cependant une dépenfe plus forte en argent. Tandis que la population s'affoiblit par ce moyen, vous voyez auſſi que la claſſe induſtrieuſe perd, fans retour, le tiers de l'impôt qu'elle paye, & qu'elle fera toujours la même perte tant que le même impôt ſubſiſtera : il faut donc que d'année en année les richeſſes de cette claſſe, le nom-

bre de fes agents & fes confommations
diminuent ; par-conféquent que d'année en année on voie grofïir la quantité
des produdions qui, dans l'intérieur de
la nation, manquent de confommateurs
en état de les payer. Ainfi la décadence
progreffive de la clafle induftrieufe va
réfléchir fur la reprodudion, & la décadence *progreffive* de la reprodudion
va réfléchir fur la clafle induftrieufe :
ces deux défordres vont, pour ainfi dire, fe donner la main, pour accélérer
mutuellement la rapidité de leur *progreffion.*

PEUT-ESTRE, me direz-vous, que
la clafle induftrieufe a la reffource de
vendre aux étrangers : mais les étrangers
ne lui tiendront pas compte de l'impôt,
ne fe prêteront pas au renchériffement
de fes ouvrages pour raifon de l'impôt ;
ainfi elle fera toujours en perte. D'ailleurs les étrangers n'acheteront pas toujours en argent ; il faudra donc que cette
clafle reçoive d'eux auffi des marchandifes en paiement ; mais quand elle les aura reçues, qu'eft-ce qu'elle en fera ?
Dans notre hypothèfe tout le revenu
national eft déja dépenfé ; où donc trou-

vera-t-elle, dans la nation, des confommateurs auxquels elle puiffe revendre
ces marchandifes étrangeres pour recou-
vrer les 10 en argent dont elle eft en
perte : elles refteront invendues, comme l'auroient été celles auxquelles elles
fe trouveront fubftituées ; & la claffe
induftrieufe aura dépenfé de plus les
frais qu'une telle opération entraîne néceffairement après elle.

Si je me permettois d'entrer dans de
plus grands détails, je démontrerois par
le calcul qu'il n'y a pas une partie du
corps politique qui n'éprouve quelque
préjudice à l'occafion de la diminution
qui furvient dans la reproduction, &
qu'il n'y a pas un préjudice particulier
qui ne devienne à fon tour un préjudice
commun, d'où réfulte qu'ils concourent
tous mutuellement à leur progreffion.
Mais fans nous appéfantir fur cette démonftration, il fuffit d'en indiquer le
principe ; de faire voir que l'ordre qui
doit régner dans la circulation des valeurs en argent, eft interrompu ; que
l'impôt s'approprie une portion de ces
valeurs avant qu'elles ayent été employées aux dépenfes de la reproduction;

que par ce moyen la reproduction ne
peut plus les rendre annuellement à ceux
qui les ont données à l'impôt ; qu'ainsi
chaque année le vice de cette circulation leur occasionne une nouvelle perte
dont ils ne peuvent être dédommagés,
parce que rien ne peut suppléer la reproduction, source unique où les dépenses peuvent puiser les moyens de se
renouveller.

VOULEZ-VOUS présentement partager le revenu national pour en former
le revenu public, & considérer séparément les effets d'un tel impôt par
rapport au Souverain en particulier ?
Sur le produit total de l'imposition trois
articles à déduire. 1°. Les frais de la perception ; 2°. la diminution que le Souverain éprouve dans son revenu direct ;
3°. la perte que lui cause le renchérissement des ouvrages de l'industrie. Malgré cela, je vous accorde que le revenu
du Souverain est d'abord augmenté :
mais combien subsistera cette augmentation ? A mesure que la classe industrieuse s'éteindra, ne faudra-t-il pas que
le produit total de cet impôt diminue,
sans cependant que le renchérissement

cesse d'être le même dans ses détails ?
Ne faudra-t-il pas qu'en même temps
son revenu direct décroisse faute d'un
débit suffisant pour les productions nationales, dont la valeur vénale forme
ce revenu ? Ne faudra t-il pas que cette
double diminution dans son revenu in-
flue sur ces achats à la classe industrieuse,
& qu'en cette partie il se fasse un vuide
qui croisse de jour en jour ? voulez-
vous qu'en raison des contribuables qui
disparoissent à la classe industrieuse, on
augmente les cottisations particulieres
de ceux qui sont encore existants? Ana-
lysez cette prétendue ressource & ses
contre-coups ; vous trouverez qu'elle
n'est qu'un moyen de hâter la dégradation ; qu'il doit en être alors de la progression de ce désordre , comme de la
chûte des corps , dont le mouvement
s'accélere en raison de leur pésanteur ,
& se multiplie par le quarré des temps.

Nous avons déja de si bons ouvrages modernes sur cette matiere , que je
crois devoir ne pas m'y arrêter plus
long-temps , quoique j'en laisse à dire
beaucoup plus encore que je n'en dis ;

mais mon objet n'eſt point de faire un traité particulier de l'impôt : je me dépêche donc d'examiner la ſeconde branche de notre alternative ; de voir ce qui réſultera d'un impôt ſur les ſalaires de l'induſtrie , en ſuppoſant qu'ils ne renchériſſent pas.

Chaque homme de la claſſe induſtrieuſe ne conſomme qu'en raiſon de ſes ſalaires : ainſi retrancher ſes ſalaires , c'eſt retrancher ſes conſommations. Mais ſi ſes conſommations diminuent , qui eſt-ce qui les remplacera ? Et comment les premiers vendeurs des productions pourront ils s'en procurer le débit à un bon prix ? Ne vous figurez pas pouvoir , à cet égard , ſubſtituer les entretenus par l'impôt aux agens de l'induſtrie : premiérement , il n'eſt pas poſſible que les conſommations de ceux-là ſoient les mêmes que les conſommations de ceux-ci ; en ſecond lieu , la marche de ces conſommations eſt abſolument différente.

Le produit d'un impôt ſur les ſalaires ſe cantonne , ſe diſtribue à un certain nombre de conſommateurs , qui ſont

ordinairement raffemblés dans un même
lieu , ou du-moins dans quelques lieux
particuliers ; par ce moyen , la confommation fe trouve éloignée du lieu de la
reproduction. Or il eft certain que les
productions perdent néceffairement de
leur valeur vénale en proportion des
frais qu'elles ont à faire pour aller trouver les confommateurs. Ajoutez à cela
qu'il eft beaucoup de productions qui
par leur nature , ne font pas propres à
être tranfportées , beaucoup encore
qui à raifon de leur volume , de leur
pefanteur , & de la modicité de leur
valeur premiere , ne font pas fufceptibles d'un tranfport qui deviendroit
fi difpendieux , qu'il n'en réfulteroit
que des dépenfes en pure perte pour
ceux qui fe propoferoient de s'en procurer ainfi le débit.

UNE fois que vous appercevez dans
une nation , une multitude de productions qui manquent d'un débit fuffifant,
vous tenez le germe d'une dégradation
néceffairement progreffive , lorfque l'in-
fuffifance du débit eft occafionnée ,
comme dans notre hypothèfe , par une
caufe qui détruit la proportion qui doit

régner entre la valeur vénale des productions & celle des travaux de main-
d'œuvre. Dans une telle pofition , fi
ceux qui achetent ces travaux les payent
toujours au même prix , ils ne peuvent en
acheter la même quantité, parce qu'ils ont
un moindre revenu : alors les agents de
l'induftrie reçoivent moins de falaires, &
cependant n'en ont pas moins le même
impôt à payer. Ainfi dans cette hypothèfe , où ces travaux ne renchériffent
point, l'impôt fur leurs falaires forme
un contrafte fingulier : plus il prend
fur les falaires, & plus il les fait diminuer ; j'entends que plus les agents de
l'induftrie payent à l'impôt , & moins
ils ont de falaires à recevoir , parce que
la diminution de leurs confommations
en occafionne une autre dans les revenus de ceux qui leur payent ces falaires.

Le produit d'un tel impôt peut , il
eft vrai , fe reverfer dans la nation, &
de ce reverfement on verra réfulter des
confommations. Mais pour couper court
à tous les mauvais raifonnements qu'on
pourroit faire à ce fujet, il fuffit de faire
obferver que ce reverfement ne peut

rendre à la confommation que les fommes prifes par l'impôt fur les falaires : il
ne dédommage donc point de toutes les
non-valeurs dont je viens de parler , &
qu'il occafionne dans la vente d'une
partie des productions. Ces non-valeurs font des pertes feches , qui diminuent d'autant les moyens qu'on avoit
pour payer & faire valoir les autres productions , ainfi que les travaux de la
main-d'œuvre. Il n'eft donc pas poffible qu'il y ait après l'impôt , une diftribution de falaires égale à celle qui fe
faifoit avant l'impôt : cela pofé , tant
que le même impôt fubfiftera , le mal
croîtra progreffivement , parce que la
confommation des agents de l'induftrie
diminuera de plus-en-plus, fans être remplacée ; & qu'ainfi de plus-en-plus le
débit ou la valeur vénale des productions, les revenus & la maffe des falaires
diminueront.

UNE autre obfervation importante à
faire fur le reverfement fait par le Souverain , des fommes que lui fournit un
impôt levé fur les falaires , c'eft que ce
reverfement eft en partie chimérique :
une partie de ces fommes peut bien être

employée à acheter en nature une portion des productions que les agents de
l'induſtrie ne peuvent plus conſommer;
mais l'autre partie de ces ſommes ne
peut être pareillement employée en
achats d'ouvrages de l'induſtrie fabri-
qués dans la nation. Pour que les vendeurs de ces ouvrages puſſent faire ainſi
repaſſer dans leurs mains cette partie des
ſommes qu'ils ont payées à l'impôt, il
faudroit qu'ils euſſent des marchandiſes
à donner en échange de cet argent ;
qu'ils échangeaſlent valeurs pour valeurs, ce qui leur eſt phyſiquement impoſſible, dès que leur main-d'œuvre ne
renchérit point ; & quand ils le pourroient, donnant *deux fois* pour ne recevoir qu'une, ils ſeroient toujours en
perte.

FAITES attention à cette derniere
obſervation ; elle eſt d'une force & d'u-
ne ſimplicité ſinguliere : vous me forcez
de vous donner 10 francs , & avec ces
10 francs , vous venez m'acheter une
marchandiſe de la même valeur : mais
pourquoi cette marchandiſe vaut-elle
10 francs ? C'eſt parce que ce prix lui
eſt fixé par la concurrence comme étant

fon prix nécessaire, son prix relatif aux dépenses nécessaires de ceux qui parviennent à la mettre en vente. Cette marchandise, est donc dans mes mains, représentative d'une valeur de 10 francs que j'ai dépensés; ainsi quand je vous la vends, je vous livre une valeur de 10 francs; par ce moyen les 10 francs d'argent que je vous avois donnés, & que vous me rendez en échange de ma marchandise, n'empêchent point que je sois en perte de cette somme tout aussi réellement que quand un autre me prend pareille marchandise sans la payer. Il faut donc qu'une telle opération me ruine progressivement.

Soit dans une nation la valeur de la main-d'œuvre égale à 100, prix fixé par la concurrence; prenez-en 20 pour l'impôt, & de ces 20 employez-en une portion en achat de productions, toujours est-il vrai que l'autre portion ne pourra plus circuler dans cette nation, & qu'il faudra qu'elle passe à l'étranger pour y acheter d'autres ouvrages de main-d'œuvre. Mais, dira-t-on, les ouvriers travailleront davantage : vaine supposition; car avant l'impôt, chacun d'eux étoit forcé, par la concurrence, de travailler autant qu'il étoit en son pouvoir. D'ailleurs comme il n'y a point, après l'impôt, plus de matieres à employer qu'il n'y en avoit auparavant, si chaque ouvrier pouvoit travailler plus long-temps, il y auroit moins d'hommes salariés, moins de consommations faites par-conséquent. C'est une autre voie qui nous conduit au même désordre.

AINSI quelque ressource que nous imaginions, nous n'en trouverons point qui puisse empécher que de la diminution des salaires il ne résulte une diminution des revenus, & que de la diminution des revenus il ne résulte une nouvelle diminution des salaires. On conçoit bien qu'un tel enchaînement doit bien-tôt être suivi d'un décroissement progressif de la population, autre principe d'une nouvelle diminution progressive dans le débit des productions territoriales, dans les revenus de la nation & du Souverain. Ce décroissement sera même d'autant plus prompt, que l'industrie est cosmopolite ; elle ne connoît de patrie que les lieux où elle est appellée par fon intérêt particulier ; fa devife eſt *ubi benè* , *ibi patria :* la nature le veut ainſi.

CEPENDANT ſi vous forcez l'induſtrie de s'éloigner de vous , il va ſe trouver encore , dans la nation , moins de conſommateurs en état de payer vos productions , & moins de moyens pour les convertir en jouïſſances : vous ſerez obligés d'aller chercher au loin , des conſommateurs étrangeres , qui vous déduiront les frais d'exportation ; & les marchandiſes étrangeres, dont vous voudrez jouïr en retour , feront grévées auſſi des frais d'importation. Vous croirez peut-être que le commerce extérieur rétablira la valeur vénale de vos productions; mais cette eſpérance ne peut avoir lieu que pour celles qui feroient fuſceptibles d'être tranſportées chez l'Étranger , encore faudroit-il à cet égard défalquer les frais qu'elles ont à faire avant d'y arriver. D'ailleurs entre les premiers propriétaires de ces productions & les conſommateurs étrangers ne faut-il pas qu'il y ait des agents intermédiaires ; des commerçants , qui auront grand intérêt à tenir vos productions à bas prix pour vous, afin de gagner plus, en les revendant au prix courant des autres nations.

Vous voyez donc que vos ressources mêmes sont pour vous de nouvelles causes d'une dégradation progressive ; que vous ne gagnez rien à supposer qu'un impôt sur les salaires ne les fera point renchérir ; que cette seconde hypothèse ne differe de la premiere que par la marche de ses inconvénients ; & que dans tous les cas un impôt sur les salaires est progressivement destructif de la richesse nationale & de la population.

Parmi les diverses manieres de mettre un impôt sur les salaires, il en est une à laquelle on a donné le nom d'impôt sur les consommations. Sous ce titre, cette forme d'imposition a pris faveur dans l'opinion d'une multitude de personnes à qui ce nom a fait illusion : le paiement de cet impôt leur a paru n'avoir aucun inconvénient, parce qu'il leur a paru libre & volontaire, du moins tant que cet impôt ne porte point sur les choses qu'on regarde comme étant de

premier befoin. Ainfi dans leur fyftéme
on peut établir un tel impôt fur mon
vin, & non fur mon bled : mais ils ne
voient pas que le falarié qui achete mon
bled, ne peut le payer qu'avec l'argent
que je lui donne pour fes falaires, & qui
provient en partie de la vente de mon
vin ; ils ne voient pas que le prix d'une
denrée eft ce qui fert à payer & faire valoir le prix d'une autre denrée ; par-conféquent que tout ce qui tend à faire diminuer la valeur vénale & l'abondance
d'une production, devient un préjudice
commun à la valeur vénale & à l'abondance de toutes les autres productions.

Un impôt fur les confommations n'eft
qu'un impôt fur les moyens de confommer. Le propre d'un tel impôt eft donc
de faire diminuer la confommation ou
la valeur vénale des marchandifes fur
lefquelles il eft établi. Dans les deux
cas, le premier vendeur de ces marchandifes eft également en perte ; mais
le dernier cas eft celui qui doit naturellement arriver, parce qu'on veut vendre à quelque prix que ce foit ; que d'ailleurs la diminution du prix d'une marchandife eft une fuite néceffaire de la

diminution de fon débit.

Cette regle cependant n'a pas lieu par rapport aux marchandifes qu'on tire de l'Étranger : il faut ou s'en paffer ou les payer au prix courant des autres nations. Elles renchériffent donc dans une nation chez laquelle elles ne peuvent entrer qu'en payant des droits. Mais ce que ce renchériffement coûte à chaque confommateur de ces marchandifes étrangeres, eft en déduction des dépenfes qu'il feroit en achat de marchandifes nationales ; il faut qu'il achete celles-ci ou à plus bas prix ou en moindre quantité. Un tel impôt tourne donc au détriment du débit, de la valeur vénale & de l'abondance des productions nationales ; il eft par-conféquent deftructif du revenu du Souverain, de celui de la Nation, & de la population.

A l'égard d'un impôt fur la vente des productions cueillies dans l'intérieur de la nation, & dont le commerce refte libre cependant entre le vendeur & l'acheteur, comme il n'eft pas poffible d'y affujettir toute une même efpece de productions, il en réfulte un inconvénient fingulier : cette marchandife diminue de

prix

prix non-feulement pour les confommateurs qui ne peuvent fe la procurer
qu'en payant des droits ; mais encore
pour tous les autres qui n'ont point de
droits à payer, en fuppofant néanmoins
que cette production ait befoin de cette
premiere claffe de confommateurs.

CHAQUE lieu où fe cueille une production eft une forte de marché public
formé par la concurrence des vendeur : :
là, chacun achete au même prix, toutes
chofes égales d'ailleurs ; & la concurrence des acheteurs établit un prix courant
qui devient une loi commune : que vous
ayez des droits à payer après l'achat, ou
que vous n'en ayez point, vous n'achetez ni plus cher ni à meilleur marché.
Ainfi dès que parmi les confommateurs
dont le débit d'une production a *néceffai-*
rement befoin, il s'en trouve qui font
chargés de payer des droits, ils font forcés de diminuer le premier prix d'achat ;
& cette diminution fait tomber également le prix courant de cette production
pour tous les autres acheteurs.

JE dis que les confommateurs fujets
aux droits font forcés de diminuer le
premier prix d'achat , & cela eft facile

à concevoir : l'établiffement de ces droits n'augmente point, dans ces confommateurs, les moyens qu'ils avoient pour dépenfer ; il faut donc qu'ils achetent cette production moins cher, ou qu'ils en achetent une moindre quantité : mais s'ils en achetent une moindre quantité, la furabondance de cette production en fait *néceffairement* diminuer la valeur.

IMPOSSIBLE donc d'empècher que le prix de cette production ne diminue, & ne diminue pour tous les acheteurs indiftinctement. Cela pofé, voyez quelle difproportion énorme entre le revenu qu'une telle impofition peut donner au Souverain, & les préjudices qu'elle lui caufe ainfi qu'à la nation: qu'il y ait feulement les deux tiers d'une telle production qui ne foient point fujets aux droits, il eft évident que l'impôt devient nul pour le Souverain, puifqu'il en réfulte l'extinction d'une valeur qui vaudroit trois fois l'impôt, & dans laquelle le Souverain prendroit le tiers. L'impôt alors pour donner 10, éteint 30, & dans ces 30 qui feroient un produit net, 10 appartiendroient au Souverain : il eft donc évidemment en perte, fi cet impôt n'eſt établi que ſur une partie qui ne ſoit pas le tiers de la production.

CETTE premiere perte cependant n'eſt rien encore en comparaiſon de celles que ſes contre-coups occaſionnent : au moyen de ce qu'il eſt dans la nation une production dont la valeur vénale éprouve une diminution conſidérable, tous les premiers propriétaires de cette production ſe trouvent jouïr d'un moindre revenu ; ils ſont par-conféquent moins en état d'acheter & de faire valoir les autres productions ; il faut donc qu'elles perdent auſſi proportionnellement de leur valeur vénale ; en conféquence, qu'il ſe faſſe une diminution prodigieuſe dans toutes les valeurs qui concourent à former le revenu de la nation & celui du Souverain.

SUIVEZ maintenant les contre-coups de cette diminution des revenus par rapport aux ſalaires de l'induſtrie & à la population qu'elle détruit ; du dépériſſement de celle-ci paſſez au vuide qui doit en réſulter dans ſes conſommations, & de-là au nouveau préjudice que ce vuide doit, à ſon tour, cauſer au débit & à la valeur vénale des productions ; vous

retrouverez ainſi cet enchaînement de
dégradations progreſſives qui ſont ſucceſſivement occaſionnées les unes par
les autres , & ſur leſquelles on ne conçoit pas que les hommes puiſſent long-
temps s'aveugler ; ſur-tout quand les cultures ſe détériorent de jour-en-jour, par
l'impoſſibilité dont il eſt que la foibleſſe
des produits nets puiſſe entretenir dans
les mains des propriétaires fonciers &
des cultivateurs, des richeſſes ſuffiſantes
pour toutes les dépenſes relatives à l'exploitation.

IL eſt donc dans la nature même de
cette ſorte d'impôt d'appauvrir le Souverain au-lieu de l'enrichir : impoſſible
par-conſéquent qu'un tel impôt ſoit mis
en pratique, quand les effets qu'il produit
néceſſairement ſeront publiquement &
évidemment connus. Il eſt même un inconvénient particulier qui lui eſt propre,
& qui ſeul doit ſuffire pour le faire prof-
crire à jamais , dès qu'on ſera convaincu que les doubles emplois qu'il forme,
retombent en entier ſur les propriétaires
fonciers , à la réſerve de la portion que
le Souverain en ſupporte perſonnellement. Cet inconvénient particulier eſt

celui des frais prodigieux dont on ne peut exempter la régie de cet impôt.

JE comprends fous le nom de frais, non-feulement ceux qui font inféparables de cette régie, mais encore le prix du temps que fes formalités font perdre au commerce ; les avaries & les augmentations de dépenfes que les vifites & les entrepôts occafionnent ; les procédures & les vexations auxquelles cet enfemble doit donner lieu ; les manœuvres de toute forte qui tendent à détourner de fa deftination, une portion du produit même de l'impôt. Quelle que foit la fomme à laquelle peuvent monter tous ces objets cumulés, il eft certain qu'elle ne peut être qu'un objet très-important ; il eft certain que l'impôt dont il s'agit, doit augmenter en proportion de ces mêmes frais, pour que le Souverain puiffe fe procurer, par cette voie, les fonds dont il a befoin ; il eft certain que par ce moyen, l'impôt fur les chofes commerçables fe trouve réunir en lui nombre d'inconvénients majeurs qui lui font particuliers, & tous ceux encore qui font attachés à l'impôt fur les perfonnes ; il eft certain que cette mul-

titude de frais ne peut être acquittée que
par le produit net, & que fi le Souverain doit prendre le tiers dans ce produit,
il fe trouve payer le tiers de ces frais ;
il eft certain enfin que le tiers des dégradations que les contre coups de ces
frais doivent occafionner dans le produit net, eft encore à la charge du Souverain ; qu'ainfi il lui eft impoffible de
regarder un tel impôt comme une reffource pour lui, puifque le produit d'u-
ne telle reffource eft abforbé par les
pertes qu'elle occafionne, & qui bientôt font progreffivement diminuer fes
revenus au-lieu de les augmenter.

Tels font donc les inconvénients
qu'on éprouve dès qu'on veut changer
la forme directe & naturelle de l'impôt :
je crois que leur évidence fuffit pour
remplir l'objet que je me fuis propofé ;
pour démontrer que cette même forme eft
une forme effentielle ; une forme dont les
intérêts communs du Souverain & de la
Nation ne permettront jamais qu'on s'é-
carte, lorfqu'on fera convaincu des
maux affreux qui doivent en réfulter.
Un tel défordre n'eft certainement point
à craindre dans un État monarchique par-

venu à une connoiſſance évidente & publique de l'ordre, parce que l'unique intérêt de l'autorité gouvernante, de cette autorité qui réunit à elle toutes les volontés, eſt que cet ordre ſoit ſuivi. Auſſi par cette raiſon le gouvernement monarchique ſeroit-il le plus propre à rétablir ce même ordre, lorſqu'il auroit reconnu qu'on s'en ſeroit écarté : il eſt ſenſible qu'un tel avantage ne peut ſe trouver dans tout autre gouvernement; car pour rentrer dans l'ordre il faudroit qu'il commençât par devenir monarchique ; le deſpotiſme de l'ordre ne pouvant jamais s'établir ſolidement que dans une monarchie, ſeule & unique forme de gouvernement où l'intérêt perſonnel du Souverain eſt néceſſairement un intérêt commun avec toute la nation; ſeule & unique forme de gouvernement où l'État gouvernant ne peut jamais avoir de plus grand intérêt que celui de bien gouverner.

Nous devons voir avec douleur que les hommes ayent ſi long temps ignoré des vérités ſi ſimples, ſi précieuſes à tous les membres d'une ſociété. Ce malheur eſt d'autant plus grand, qu'une fois que les générations passées se sont écartées de l'ordre, à cet égard, les générations qui leur succedent, ont les plus grandes difficultés à surmonter pour y revenir : les maladies dont les corps politiques sont alors affligés, exigent des ménagements, & ne peuvent se guérir que par une gradation à laquelle il est socialement impossible de se refuser. Mais le premier pas à faire pour rétablir ces corps dans leur état naturel, est de rendre *publique* la connoissance *évidente* des premiers principes du mal, & de l'ordre immuable dans lequel il faut aller puiser les remedes qu'on peut employer : sans cette connoissance *évidente & publique*, le zele & les bonnes intentions des dépositaires de l'autorité se trouveront toujours trop foibles contre la force aveugle des préjugés anciennement établis ; contre la force opiniâtre de l'habitude chez les hommes ignorants ; contre la force tyrannique des besoins impérieux du moment ; contre la force perfide & tumultueuse des intérêts particuliers & désordonnés : voilà les ennemis puissants qu'ils ont à combattre,

battre & contre lefquels la publicité de l'évidence doit les armer, pour la gloire des Souverains, la profpérité de leur Empire, la félicité de leurs Sujets.

Qu'on me permette de terminer ce Chapitre par une réflexion, qui doit faire une vive impreffion fur toutes les ames honnétes & fenfibles, & qu'on ne peut défapprouver, à moins de commencer par avouer qu'on a perdu tout fentiment d'humanité. Quand un gouvernement eft organifé de maniere que la culture des terres tend perpétuellement vers fon meilleur état poffible, l'abondance progreffive des productions précede toujours l'accroiffement progreffif de la population : tous les hommes alors ne naiffent que pour être heureux ; & par la raifon que le dernier degré poffible de la multiplication des productions nous fera toujours inconnu, on peut dire que le dernier degré poffible auquel l'ordre peut porter la profpérité d'une nation, eft une mefure que perfonne ne peut concevoir. Mais dans un gouvernement contraire à l'ordre ; dans un gouvernement où la culture eft dans un état progreffif de dégradation,

Tome II. T

il doit toujours & *néceffairement* fe trouver plus d'hommes que de productions;
parce que c'eft la diminution de la maffe
des productions qui précede & entraîne
celle de la population : la terre alors
doit être couverte d'un grand nombre
de malheureux deftinés à traîner par-
tout la mifere qui doit enfin les détruire,
& qui jufqu'à ce moment , ne peuvent
s'offrir à vos yeux , fans que leurs im-
portunités naturelles vous avertiffent
que c'eft dans l'appauvriffement général
qu'on doit chercher la caufe premiere
de leur malheur particulier.

Dans une telle pofition , c'eft en-
vain qu'on fait les loix contre la mendi-
cité ; impoffible d'éteindre une profeffion qui fe perpétue par une néceffité
phyfique, & qui fe renouvelle fans ceffe :
le décroiffement progreffif & annuel des
productions fait que chaque année il fe
trouve une nouvelle difproportion entre
la fomme des falaires à diftribuer , & le
nombre des hommes qui en ont befoin
pour fubfifter ; entre la maffe des chofes
à confommer , & celle des chofes néceffaires pour pouvoir fournir à toutes les
confommations. Le germe intérieur de

cette maladie circulant dans toutes les
parties du corps politique , c'eſt ce germe qu'il faut attaquer pour la guérir ;
ſans cela , les plaies que vous aurez fer-
mées , n'empêcheront point d'autres
plaies de s'ouvrir. Heureux encore ſi les
douleurs qu'elles cauſent , ne jettent
point ceux qui les ſouffrent, dans un déſ-
eſpoir qui ne craint rien , parce qu'ils
n'ont rien à perdre , ſi ce n'eſt une exiſtence qui leur eſt à charge, & qu'ils regardent comme un malheur.

CHAPITRE XXXV.

Des rapports entre une nation & les autres nations. Il existe, sous une forme différente de celle des premiers temps, une société naturelle, générale & tacite parmi les nations ; devoirs & droits essentiels qui en résultent, & qui sont réciproques entre elles. L'ordre naturel qui régit cette société générale, est ce qui assure à chaque nation son meilleur etat possible. Cet ordre, qui n'a rien d'arbitraire, doit être la base fondamentale de la politique. Il est de l'interêt d'un Souverain & d'une Nation de s'y conformer, quand même il ne seroit point adopté par les autres na-

*tions. Balance de l'Europe ;
obſervations ſur ce ſyſtême.*

LA troiſieme claſſe des différents objets qui appartiennent au gouvernement des Empires, renferme, ſuivant la diviſion que nous en avons faite, tous les rapports qui ſe trouvent naturellement & *néceſſairement* entre une nation & les autres nations. Pour montrer clairement comment l'évidence de l'ordre naturel & eſſentiel des ſociétés doit régner deſpotiquement dans cette branche d'adminiſtration, il nous faut remonter à la ſource de ces mêmes rapports, aux temps qui ont précédé la formation des ſociétés particulieres, aux devoirs & aux droits réciproques que les hommes alors avoient naturellement & *néceſſairement* entre eux, & qui conſtituoient le juſte & l'injuſte abſolus.

Nous avons vu ces ſociétés naître de la néceſſité de multiplier les ſubſiſtances par la culture : tant que les hommes ont été aſſez peu nombreux pour pouvoir ſubſiſter des productions ſpontanées de

la terre, il n'exiſtoit entre eux qu'une
ſociété naturelle, générale & tacite ; ſociété naturelle, parce qu'elle conſiſtoit
en ces premiers droits reſpectifs que la
nature a établis ſur les premiers devoirs
dont elle a grevé notre exiſtence ; ſociété générale, parce que ces devoirs &
ces droits, liés au phyſique de notre
conſtitution, étoient les mêmes pour
tous les êtres de notre eſpece, & dans
tous les lieux où des hommes errants
pouvoient ſe tranſporter ; ſociété tacite,
parce qu'elle ſe trouvoit établie ſans aucune convention expreſſe ; ſa juſtice &
ſa néceſſité étoient ſenſibles à chaque
homme en particulier ; elle exiſtoit enfin par la ſeule impoſſibilité phyſique &
évidente que ſans elle le genre humain
pût ſe multiplier & ſe perpétuer.

CE n'eſt pas que je prétende que chacun s'abſtint alors ſcrupuleuſement de
tout ce qui pouvoit troubler l'ordre de
cette ſociété primitive ; & que les hommes n'eurent aucune ſorte d'aſſociation
pour leur ſûreté commune : nous devons au-contraire ſuppoſer des crimes,
parce que leur germe qui eſt en nous, a
été le même dans tous les temps ; nous

n'avons fait que lui donner plus d'activité , par les écarts dans lesquels notre ignorance nous a fait tomber : nous devons supposer aussi des associations , parce qu'elles sont une suite naturelle du besoin que nous avons les uns des autres ; besoin impérieux , que notre premier âge ne nous permet pas de méconnoître , & qui paroît ne s'affoiblir en nous , que pour être remplacé par notre sensibilité pour les plaisirs d'attrait dont la nature a rendu notre union susceptible pour nous.

CETTE société naturelle , générale & tacite , qui a dû *nécessairement* précéder l'établissement des sociétés particulieres , n'a point été détruite par leur institution ; elle n'a fait que se distribuer en différentes classes , prendre ainsi une forme nouvelle pour se donner plus de consistence , pour consolider parmi les hommes les devoirs & les droits essentiels & réciproques qui étoient inséparables de l'humanité. C'est donc dans ces devoirs & ces droits primitifs qu'il faut aller puiser les devoirs & les droits que les nations ont respectivement entre elles ; c'est le moyen de les mettre en

évidence, de les juger fans aucune forte
de prévention , & de nous convaincre
qu'ils ne comportent rien d'arbitraire.

O LECTEUR ! qui que vous foyez,
faites attention aux vérités fimples que
je viens de mettre fous vos yeux ; elles
ne vous annorcent que ce que vous fa-
vez , que ce que vous voyez vous-même : pénétrez chez les peuples les moins
connus , les moins fréquentés ; préfen-
tez-vous à eux dans un état qui ne puiffe
les allarmer ; fi des expériences fâcheu-
fes ne leur ont point appris à fe défier
des autres hommes , vous trouverez
chez eux un afyle & des fecours ; vous
les reconnoîtrez pour être naturellement
& tacitement en fociété avec votre nation , dont peut-être ils n'ont aucune
idée. Regardez auffi cette multitude de
peuples qui ont entre eux des relations
de commerce ; voyez comme , malgré
les diftances prodigieufes qui les fépa-
rent , ce lien commun les rapproche les
uns des autres ; voyez comme ils ref-
pectent tous & ces devoirs & ces droits
réciproques qui les tiennent unis les uns
aux autres pour leur avantage commun;
ces devoirs & ces droits par le moyen

desquels la société se perpétue , & embrasse tou...s les parties de la terre habitée.

Les sociétés particulieres ne sont donc véritablement que différentes branches d'un même tronc dont elles tirent leurs subftances ; que différentes claffes de la fociété naturelle , générale & tacite qui a précédé leur inftitution. Nous pouvons même les regarder comme ayant été , dans leur origine, des fociétés errantes , mais devenues fédentaires par la néceffité de demeurer attachées à tel territoire en particulier pour le cultiver. Chaque nation n'eft ainfi qu'une province du grand royaume de la nature ; auffi feroient-elles toutes gouvernées par les mêmes loix, par des loix qui, dans ce qu'elles ont d'effentiel , feroient parfaitement femblables , fi toutes ces nations s'étoient élevées à la connoiffance du jufte & de l'injufte abfolus; à la connoiffance de cet ordre immuable , par lequel l'Auteur de la nature s'eft propofé que les hommes fuffent gouvernés dans tous les lieux & dans tous les temps , & auquel il a attaché leur meilleur état poffible.

L'idée de cette société générale toujours exiſtante eſt antérieure à l'établiſſement du Chriſtianiſme : ce rayon de lumiere brilloit dans les ténebres du paganiſme , & pluſieurs Philoſophes de l'antiquité païenne en ont parlé avec force & dignité *. Cette vérité philoſophique cependant n'a point été ſuffiſamment approfondie ; & nous voyons qu'elle ne s'eſt préſentée que très-confuſément à ceux qui ſe ſont propoſé d'en faire une maxime politique : faute de remonter aux premiers principes de cette ſociété générale , ils ne ſe ſont pas apperçus que cette même ſociété générale qu'ils déſiroient d'établir , exiſtoit déja ; qu'elle étoit l'ouvrage de la nature même ; qu'il ne s'agiſſoit pas de la former , mais de l'entretenir, de ne pas la troubler , de connoître *évidemment* les loix qui conſtituent ſon ordre eſſentiel, afin de nous y aſſujettir par la ſeule force des avantages *évidents* qu'on trouve à s'y conformer. L'établiſſement de cet ordre politique parmi les nations , ou plutôt ſon

* Voyez le dernier Chapitre de cet Ouvrage.

obſervation doit même paroître encore
une chimere à tous ceux qui ne ſeront
pas convaincus par l'évidence , qu'il
n'eſt autre choſe que l'*ordre évidemment*
le plus avantageux à chaque nation , *com-*
me il l'eſt à chaque Souverain & à chaque
homme en particulier , par-conſéquent
qu'il ſuffit que ce même ordre ſoit connu pour être obſervé.

On peut dire que juſqu'ici chaque
nation a pris pour baſe de ſa politique ,
le deſſein de s'enrichir ou de s'agrandir aux dépens des autres : quand les traités entre quelques nations confédérées
n'ont pas eu pour objet des conquêtes
communes , leur but a du-moins été de
ſe ménager de grands profits par le
moyen du commerce : aucune d'elles
ne s'eſt peut-être jamais demandé qui
eſt-ce qui paieroit les profits qu'elles ſe
propoſoient de faire : aucune d'elles n'a
jamais ſongé que l'état reſpectif de leurs
intérêts factices & arbitraires pouvoit
changer d'un inſtant à l'autre ; que leurs
traités n'étoient ainſi que des Édifices éle-
vés pompeuſement ſur un ſable mou-
vant ; qu'il eſt phyſiquement impoſſible
qu'une politique qui bleſſe les intérêts

des autres nations , n'ait pas les autres
nations pour ennemies ; que cette fauſſe
politique nous fait payer bien cher de
prétendus avantages , qui , par les guerres qu'ils occaſionnent , compromettent
la sûreté d'un État , & qui , dès qu'on les
approfondit , non-ſeulement s'évanouïſ-
ſent , mais encore ſe convertiſſent en
privations, en pertes réelles pour les Nations & les Souverains que ces avantages illuſoires ont ſéduits.

La politique , ſcience dont l'obſcuri-
té fait la profondeur , & dont les contradictions n'oſent ſe montrer au grand
jour , a inventé dans notre continent ,
le ſyſtême de *la balance* de l'Europe ,
terme énigmatique dont le vrai ſens me
paroît impoſſible à définir. Mais ſans
vouloir approfondir ce myſtere , nous
pouvons dire que les effets de ce ſyſtème
en démontrent évidemment les inconſéquences : certainement il eſt peu propre à prévenir les guerres parmi les Puiſſances de l'Europe ; il ſemble plutôt leur
ſervir d'occaſion , ou de prétexte ; car
tous les jours elles ſe font la guerre pour
maintenir la balance ; les peuples ainſi
s'entr'égorgent , armés les uns contre

les autres par un syftéme imaginé pour les empecher de s'entr'égorger.

QUOI QU'IL en foit, diftinguons, dans ce plan politique, l'objet qu'il fe propofe, & les moyens qu'il emploie pour le remplir. Son objet, nous dit-on, eft la pacification de l'Europe ; d'arréter les entreprifes arbitraires du plus fort qui voudroit opprimer & dépouiller le plus foible ; de maintenir ainfi chaque nation dans la jouiffance paifible de ce qui conftitue fon état politique ; de ne pas permettre enfin qu'aucune puiflance puiffe acquérir un tel degré de forces, qu'il ne foit plus poffible de lui en oppofer de fupérieures, dans le cas où des paffion effrénées la porteroient à vouloir étendre fa domination fur d'autres peuples.

CE projet eft affurément bien louable ; tous applaudiffent avec raifon à fa fageffe, à fa juftice ; mais il n'en eft pas ainfi des moyens de l'exécuter ; c'eft un article fur lequel une politique factice, une politique féparée de fes vrais principes tient les nations divifées ; & l'expérience ne nous a que trop appris combien nous devons redouter les fuites fu-

neftes & naturelles de cette divifion. Il
faut donc que la théorie de la politique
ne foit pas exacte à cet égard, puifqu'elle
s'égare dans la pratique , & qu'elle ne
peut arriver à fon but.

CEPENDANT le fyftême de la balance de l'Europe , quelque mal combiné
qu'on puiffe le fuppofer , nous fournit
de grands arguments pour prouver que
toutes les nations de cette partie de la
terre fe regardent comme une feule &
même fociété formée par un intérêt
commun , par un intérêt qui doit *néceffairement* réunir toutes leurs forces particulieres, pour leur donner une feule
& même direction , afin que leur fûreté
commune en foit le réfultat. La bafe de
ce fyftême eft la perfuafion où l'on eft
que chaque nation veut naturellement
fa fûreté perfonnelle ; que toutes celles
dont la fûreté perfonnelle eft directement ou indirectement menacée , font
naturellement décidées, par ce danger
commun, à s'unir pour lui oppofer une
réfiftance commune ; qu'ainfi leur confédération , fans être même ni prévue
ni convenue par aucuns traités anté-
rieurs , doit *nécessairement* embraffer

toutes les nations qui ont à craindre d'ê-
tre tôt ou tard enveloppées dans le même danger.

Une confédération générale de toutes les Puissances de l'Europe n'est donc
point une chimere , comme bien des
gens l'ont imaginé ; elle est même tellement dans l'ordre de la nature , qu'on
doit la supposer toujours faite, ou plutôt toujours existante sans l'entremise
d'aucunes conventions expresses à cet
égard , & par la seule force de la nécessité dont elle est à la sûreté politique de
chaque nation en particulier. Le système
de la balance de l'Europe n'a pu s'établir sur un autre fondement que sur l'e-
xistence de cette confédération naturelle
& nécessaire ; & la maniere de régler les
procédés qui devoient en résulter, a été
le seul point dont la politique a dû s'occuper.

Si ce système , vu dans le principe
dont il est émané, dans l'ordre naturel
des intérêts des nations & des procédés
que ces intérêts leur suggerent, nous
montre que tous les peuples de l'Europe
ne forment naturellement qu'une seule
& même société, ce même système en-

vifagé dans les mauvais effets dont il eſt
ſuivi , nous offre encore une ſeconde
preuve de cette vérité , pour peu que
nous voulions remonter aux cauſes naturelles de ces mêmes effets : par lui-
même le projet d'entretenir la paix ne
peut jamais occaſionner la guerre , à
moins que pour l'exécution de ce projet, on n'ait choiſi des moyens qui ſoient
contradictoires avec la fin qu'on ſe propoſe : alors les cauſes de la guerre ſont
dans les moyens , & non dans le deſſein
projetté : ainſi par la raiſon que le ſyſtême de la balance de l'Europe ne la
préſerve point de la guerre, nous devons conclure avec certitude que ce
point de vue politique pêche dans les
moyens de l'exécuter.

DEUX circonſtances peuvent rendre
vicieux ces moyens : ils le ſont, s'ils
tendent à *diviſer* les Puiſſances de l'Europe , pour les mettre en contre-forces
& en oppoſition les unes aux autres; ils
ſont vicieux encore s'ils bleſſent les intérêts naturels & légitimes de quelques
nations : eſſayons maintenant de nous
développer.

Sɪ pour établir un équilibre entre
elles ,

elles , les Puissances de l'Europe forment des confédérations particulieres & se divisent , il est impossible qu'elles parviennent à leur but ; & quand elles y parviendroient , il seroit impossible que cet équilibre pût se conserver.

SUPPOSONS , par exemple , la masse générale des forces égale à 12: pour trouver l'équilibre, en les divisant seulement en deux parties , il faut les composer chacune de 6 ; mais cette égalité de forces devient *nécessairement* égalité de danger pour chacune de ces deux divisions ; & par ce moyen leur sûreté respective est fort équivoque. Cette égalité parfaite est donc une position inquiétante & périlleuse , que chaque Puissance a grand intérêt d'éviter , & qui naturellement doit la décider à se confédérer de maniere qu'elle ait pour elle la supériorité des forces.

RIEN de plus simple que l'argument qu'on propose ici contre la division des Puissances : en supposant leurs forces dans l'équilibre le plus parfait, chacune d'elles se trouve réellement en danger; car si deux forces égales s'attaquent ,

rien de plus incertain que l'événement.
Comment donc peut-on se flatter d'établir ou de conserver ce même équilibre
parmi des Puissances dont il n'en est pas
une qui ne doive le redouter ?

Cependant si dans le cas que nous
venons de supposer, une seule Puissance,
pressée par cet intérêt majeur, se détache de son parti pour se réunir à l'autre,
voilà que celui-ci se trouve être 7 contre 5 , alors plus d'équilibre ; il faut que
toutes les autres branches du parti qu'elle
vient d'abandonner, suivent son exemple, auquel cas la confédération devient
générale ; ou que la guerre s'allume entre les deux divisions , soit parce que
celle qui se croit supérieure en forces ,
peut être tentée d'en abuser , soit parce
que l'autre , qui redoute cette supériorité , doit se proposer de faire les plus
grands efforts pour la dissiper : aussi
dans ces circonstances , la politique épuise-t-elle toutes ses ressources pour faire
naître de nouveaux intérêts qui puissent
faire changer l'état des confédérations ;
& de-là , les méfiances , les jalousies ,
les haines nationales , les guerres enfin

qui ne se terminent que par des traités faits par force, & destinés à être rompus si tôt qu'on croira pouvoir le faire avec quelque avantage.

IL est encore une autre raison à rendre de l'impossibilité de pouvoir compter sur un équilibre parfait entre les Puissances de l'Europe, en les divisant pour les opposer les unes aux autres : il est certain que pour établir cet équilibre il faudroit pouvoir calculer & garantir de toute variation, un genre de puissance qui est tout à la fois incalculable & sujet à des révolutions qui le changent du tout au tout. Les forces physiques d'une nation n'ont, pour ainsi dire, d'autre valeur, que celle qu'elles acquièrent par la maniere de les employer : de-là s'ensuit que le génie, les talents, l'art, en un mot, de faire valoir les forces physiques d'une nation, font une grande partie de sa puissance ; or, ces avantages ont une si grande influence dans les opérations pour lesquelles on cherche à balancer les forces, *qu'un homme de plus* fait pencher cette balance. Ajoutez que ces mémes avantages font re-

connus pour être si inconstants, si passa-
gers, qu'on ne peut jamais savoir de
quel côté se trouvera *cet homme de
plus.*

Le projet de diviser des Puissances
pour les forcer, les unes par les autres,
à vivre en paix, renferme donc une contradiction évidente entre la fin & les
moyens. Mais observez que cette idée
chimérique tient essentiellement au second vice qui peut se trouver dans les
pratiques par lesquelles on croit pouvoir
maintenir la balance de l'Europe : toutes fois que les intérêts naturels & légitimes de quelques nations seront blessés,
il y aura *nécessairement* division entre elles ; ce schisme politique ne cessera même de changer de forme & d'état, jusqu'à ce que l'arbitraire ait été banni des
prétentions.

Si dans les confédérations on se rap-
pelloit que tous les peuples ne forment
entre eux qu'une même société générale;
si d'après cette premiere vérité, on exa-
minoit de bonne foi les droits essentiels
dont chacun d'eux doit invariablement
jouïr dans cette même société ; qu'on

évitât avec soin de préjudicier à ces droits;
que les traités ne fussent que l'expression
de cet ordre naturel, fidele & immuable
dont il ne nous est pas possible de nous
écarter sans être injustes, toutes les nations regarderoient comme avantageux
pour elles d'accéder à ces mêmes traités;
au moyen de quoi la confédération deviendroit naturellement & *nécessairement*
générale. Ainsi quand le système de la
balance laisse subsister cette division,
nous devons être certains qu'elle est le
fruit de ses inconséquences, des injusti-
ces qui se trouvent dans les moyens qu'il
emploie; ainsi lorsque cette division
devient une occasion de guerre, c'est
par une suite naturelle & nécessaire de
cette même injustice; ainsi, considéré
dans son principe ou dans ses mauvais
effets, ce système est également une preuve qu'une confédération générale est l'é-
tat naturel de l'Europe; & que tous les
peuples de notre continent, divisés *dans*
le fait, & par des méprises, ne forment
cependant *dans le droit*, qu'une seule &
même société.

Au fond, ce qu'on entend par la
balance de l'Europe ne peut être qu'une

forte de ligue défensive , dans laquelle
les engagements auxiliaires font condi-
tionnels & relatifs aux différents événements qui peuvent troubler la paix. Sous
ce point de vue , il eft encore évident
que le fyftême de cette balance ou ne
peut produire l'effet qu'on en attend ,
ou fuppofe une confédération générale.
De quelque côté que vienne l'orage ,
la confédération ne doit-elle pas avoir
lieu ? Quelle que foit la puiffance qui
veuille former des entreprifes , ne com-
promet-elle pas la fûreté de toutes les
autres ? Par-conféquent toutes les autres
ne doivent-elles pas fe réunir pour faire
force contre elle ? Ainfi par la raifon
qu'on ne fait pas quel fera l'ennemi commun qu'on pourra dans la fuite avoir à
combattre , la confédération , fi elle n'é-
toit pas générale , ne pourroit maintenir l'équilibre dans tous les cas.

NON-feulement le fyftême de la balance , fous quelque face qu'on l'envifage , nous montre que depuis long-temps
on a regardé les nations de l'Europe
comme ne formant qu'une feule & même fociété ; mais cette vérité eft encore
confacrée par des pratiques qui feroient

pour nous d'excellentes leçons, si nous leur donnions toute l'attention qu'elles méritent de notre part. Les Rois sont dans l'usage de se traiter réciproquement de *freres :* cette qualification qu'ils se donnent mutuellement entre eux, est un titre précieux dont je réclame ici l'autorité. Les Rois n'emploient cette expression que dans les actes où ils parlent en Rois, en chefs des nations qu'ils représentent : ce n'est donc point précisément une *fraternité* personnelle qu'ils veulent désigner par cette maniere d'écrire ou de parler, c'est au-contraire une *fraternité* nationale : comme Rois ils se reconnoissent pour *freres*, parce que chaque peuple, chaque État doit se reconnoître pour *frere* d'un autre peuple, d'un autre État.

PAR quelle fatalité voudroit-on donc que cette *fraternité* ne fût qu'un nom ? Par quelle fatalité ce nom si saint, si cher, seroit-il fait pour frapper nos yeux ou nos oreilles, sans nous peindre aucune idée sensible que nos esprits puissent comprendre, & dont nos ames puissent être affectées ? Si jamais nous sommes assez heureux pour nous dégager des préjugés qui nous aveuglent sur nos

véritables intéréts , & chercher dans l'é-
tabliffement de l'ordre naturel des fociétés , le meilleur état poffible des Souverains , des Nations , de chaque homme en particulier , la politique changera
de fyftcme & de langage ; au terme de
balance elle fubftituera celui de *fraternité*; alors il lui fera facile de n'être plus
inconféquente ; de ne plus faire contraf-
ter fon langage & fes procédés ; les objets qu'elle fe propofe & les effets qu'elle
produit ; l'intérét commun des puiffances & un fyftéme qui, pour les accorder , les tient défunies.

La *fraternité* des nations n'eft donc
point une vérité nouvelle ; il y a long-
temps qu'elle eft découverte par les
hommes ; mais ils ne l'ont vue ni dans
fa véritable fource , ni dans fes rapports effentiels ; & voilà pourquoi
les plans mal combinés d'une politique
factice & arbitraire nous ont fi fouvent
donné la guerre , en fe propofant de
nous donner la paix. Mais puifque cette
vérité nous eft connue ; puifque nous
fommes forcés d'avouer cette *fraternité*
naturelle , qu'elle eft même un dogme
fondamental de notre religion ; regar-
dons-la.

dons-la donc comme étant le point fixe d'où la faine politique doit *néceffaire-ment* partir , pour fixer l'ordre & la nature des procédés refpectifs qui doivent être adoptés par toutes les Nations.

SI-TÔT que nous prendrons pour bafe de notre politique la *fraternité* naturelle des nations , nous examinerons ce qui appartient à l'effence de cette *fraternité* , & nous trouverons que *de nation à nation la nature a établi les mêmes devoirs & les mêmes droits qu'entre un homme & un autre homme* : nous trouverons que le meilleur état poffible de chaque homme en particulier eft attaché à la plénitude de fon droit de propriété & de la liberté qui en eft un attribut effentiel. Or dès-que nous connoiffons ce qui conftitue le meilleur état poffible de chaque homme en particulier , nous connoiffons auffi ce qui conftitue le meilleur état poffible de chaque nation ; car enfin l'intérêt public , l'intérêt général d'une nation n'eft autre chofe que le produit des divers intérêts particuliers de fes membres.

A PEINE avons-nous faifi ce premier apperçu , que la politique ceffe d'être un

myſtere ; elle ne cherche plus les ténebres pour cacher ſa difformité ; elle n'a plus beſoin d'artifices pour étayer ſa foibleſſe chancelante ; loin de ſe couvrir d'un voile épais, elle ſe met en évidence, ſe place au milieu des nations , & d'un front ſerein leur tient à toutes ce langage : « Le meilleur état poſſible
» d'une nation conſiſte dans la plus
» grande abondance poſſible de ſes ré-
» coltes annuelles, jointe à la plus gran-
» de valeur vénale poſſible de ſes pro-
» ductions. Ces deux avantages réunis,
» parce qu'ils doivent l'être *néceſſaire-*
» *ment*, lui aſſurent, en raiſon de ſon
» territoire, la plus grande richeſſe poſ-
» ſible, la plus grande population poſ-
» ſible, la plus grande induſtrie poſſi-
» ble, la plus grande conſiſtence poſſi-
» ble parmi les autres nations. Pour ar-
» river ainſi à ſon plus haut degré poſſi-
» ble de proſpérité dans tous les gen-
» res, elle n'a qu'une ſeule choſe à fai-
» re, c'eſt de protéger chez elle le droit
» de propriété, de lui procurer la plus
» grande ſolidité poſſible & la plus gran-
» de liberté : voilà ſon premier devoir
» eſſentiel, devoir qui détermine tout-

» à-la-fois ceux qui font réciproques
» entre fes fujets, & ceux dont elle eft
» tenue envers les autres nations.

» PAR la raifon qu'*il n'eft point de
» droits fans devoirs, que les devoirs font
» la mefure des droits*, & qu'un homme,
» qui prétend qu'on refpecte fes pro-
» priétés, ne peut l'exiger qu'en vertu
» de l'obligation qu'il s'impofe de ref-
» pecter celles des autres, une nation
» auffi ne peut établir folidement fes
» droits de propriété & fa liberté, que
» fur le devoir qu'elle fe fait de ne ja-
» mais attenter fur les droits de pro-
» priété & fur la liberté des autres peu-
» ples. De ces vérités réfulte qu'un in-
» térêt capital, un intérêt évident, &
» commun à toutes les nations, les tient
» toutes naturellement & *néceffairement*
» confédérées entre elles pour confoli-
» der le droit de propriété & la liberté
» par une garantie commune : cette
» confédération naturelle & générale,
» qui eft la même que celle qui fubfifte
» entre les membres d'une fociété par-
» ticuliere, impofe à chaque nation le
» devoir de concourir au maintien des
» droits des autres nations ; mais auffi

» par ce devoir elle achete le droit de
» s'approprier à fon tour les forces des
» autres nations pour la défenfe de fes
» propres droits.

» Ainsi vos devoirs & vos droits
» refpectifs font établis les uns fur les
» autres ; & leur proportion eft déter-
» minée par un ordre effentiel dont
» vous ne pouvez vous écarter qu'à vo-
» tre préjudice ; ainfi vous n'avez rien
» à régler entre vous , que la forme ex-
» térieure des procédés , dans le cas où
» quelque nation aura befoin du fecours
» des autres. Ce cas même ne fera jamais
» problématique ; car les entreprifes
» qu'une nation peut faire à force ou-
» verte fur les fujets d'une autre nation,
» n'ont rien d'équivoque ; & c'eft-là le
» feul défordre que votre confédéra-
» tion doive fe propofer d'arrêter.
» D'ailleurs laiffez chaque peuple met-
» tre , comme il le voudra , fon com-
» merce extérieur à la gêne ; plaignez
» en cela fon aveuglement , mais ne lui
» en faites point un crime par rapport
» aux nations qu'il prive de la liberté
» de commercer dans fes États ; c'eft à
» lui-même qu'il préjudicie ; un tel def-

» ordre porte *néceſſairement* ſa punition
» avec lui. Mais vous devez reſpecter
» juſqu'à ſon erreur, parce que vous ne
» pouvez lui faire violence, ſans offen-
» ſer ſes droits de propriété & ſa liberté:
» gardez-vous ſur-tout d'uſer vis-à-vis
» de lui de repréſaille ; ſes mépriſes
» alors vous deviendroient communes,
» & elles vous cauſeroient les mêmes
» dommages.

» NE ſe permettre aucun entrepriſe
» ſur une autre nation, s'unir & faire
» foice pour contenir les autres dans le
» même devoir, voilà l'ordre eſſentiel
» de votre ſociété générale, comme ce-
» lui des ſociétés particulieres ; il eſt
» tout entier renfermé dans ces deux
» maximes ; leur ſimplicité, ou plutôt
» l'évidence de leur juſtice & de leur
» néceſſité vous annonce même que cet
» ordre eſt fait pour aſſurer de proche
» en proche, & dans toutes les parties
» de la terre, la paix & le bonheur de
» l'humanité. »

CE qui prouve bien la ſageſſe & la
vérité de la politique ainſi ramenée à ſes
premiers principes, c'eſt qu'elle convient
aux intérêts particuliers de chaque na-

tion, indépendamment des systèmes contraires que les autres nations pourroient
adopter. Il importe assurément à une nation que ses procédés à l'égard des étrangers s'accordent avec la forme de son
gouvernement intérieur , pour annoncer une politique exclusive de ces projets ambitieux que les autres nations ne
peuvent soupçonner sans s'allarmer , &
sans chercher à les prévenir ; or elle ne
peut trouver cet avantage que dans l'é-
tablissement de l'ordre naturel & essentiel des sociétés , parce que cet ordre est
le seul qui mette en évidence l'intérêt
personnel que les Souverains ont à conserver la paix, & qui permette ainsi à cette évidence *d'enchaîner l'arbitraire* dans
les motifs qui peuvent les porter à déclarer la guerre , & dans l'usage des
moyens dont ils ont besoin pour la soutenir.

En même-temps qu'une nation inspire cette confiance, il est important
pour elle aussi de porter ses forces à leur
plus haut degré possible , afin de jouïr
de toute la considération à laquelle elle
peut prétendre parmi les autres puissances. Enfin , elle ne peut ni conserver

ni même acquérir au-dehors une grande confiſtence, qu'autant qu'elle jouït
au-dedans d'une grande proſpérité ; or,
le germe de cette proſpérité eſt cette
même politique que l'ordre eſſentiel des
ſociétés vient de nous indiquer : reſpecter les propriétés & la liberté des
autres nations ; donner chez elle à ces
mêmes droits toute l'extenſion & toute
la ſolidité dont ils ſont ſuſceptibles ;
d'après ces principes, & ſans avoir aucun égard aux entraves que les étrangers peuvent mettre à leur commerce
extérieur, accorder à celui qu'elle fait,
la plus grande liberté poſſible ; s'aſſurer par ce moyen une grande richeſſe,
une grande population , une grande
puiſſance, voilà la vraie politique, une
dans ſes principes & dans ſes effets. Il
eſt évident qu'une nation peut l'adopter pour elle indépendamment des autres nations : le droit de propriété peut
devenir pour ſes ſujets un droit ſacré,
ſans qu'il le ſoit pareillèment chez tous
les étrangers ; l'ordre eſſentiel dont ce
droit eſt la baſe & le principe, peut
gouverner deſpotiquement chez elle ,
ſans gouverner deſpotiquement chez

X iv

les autres ; enfin, pour rendre le commerce pleinement libre dans tous les pays de sa domination, il n'est pas nécessaire qu'il le soit également sous les dominations étrangeres ; & c'est ce que je me propose de démontrer dans les Chapitres suivants. Il est évident encore que cette politique ne comporte rien d'arbitraire ; qu'elle n'est qu'une conséquence naturelle de l'ordre essentiel des sociétés, qu'elle s'établit naturellement & *nécessairement* avec lui ; qu'ainsi toute nation qui fera régner chez elle cet ordre essentiel, doit être au-dehors & au-dedans dans son plus haut degré de puissance & de splendeur ; dans l'état le plus florissant, le plus tranquille, le plus heureux que le Souverain & les sujets puissent espérer.

CHAPITRE XXXVI.

Du commerce. Premieres notions qui conduisent à reconnoître la nécessité de sa liberté. Tout acheteur est vendeur, & tout vendeur doit être acheteur. Les sommes de ces deux opérations doivent être égales entre elles. Les ventes, même en argent, ne sont que des échanges de valeurs égales. Erreurs & préjugés contraires à ces premieres notions.

J'AI dit dans le Chapitre précédent qu'il étoit dans l'ordre naturel & essentiel des sociétés, par-conséquent dans les intérêts communs du Souverain & de la Nation, qu'on donnât au commerce extérieur la plus grande liberté possible : il s'agit maintenant de porter jusqu'à l'évidence la démonſtration de cette vérité. Pour y parvenir, il ſuffit de préſenter d'une maniere ſimple & claire les premieres notions du commerce ; de fixer ainſi la véritable ſignification des expreſſions dont on ſe ſert journellement, ſans les entendre ; de donner, par ce moyen, du corps, pour ainſi dire, & de la préciſion à des idées abſtraites & vagues qui prêtent à tous les différents ſyſtemes, nourriſſent l'illuſion & les préjugés, juſques dans ceux mêmes qui de bonne foi cherchent à s'en garantir.

Si je ne parle point ici du commerce intérieur, c'eſt que je me perſuade qu'on eſt d'accord aujourd'hui ſur la néceſſité de le faire jouïr de la plus grande liberté. *La conſommation eſt la meſure de la reproduction ;* car des productions qui reſteroient ſans conſommation, dégénéreroient en ſuperflu ſans utilité, ſans valeur ; & dès-lors on ceſſeroit de faire les avances de leur culture. Mais il n'eſt pas poſſible de reconnoître cette vérité, ſans reconnoître auſſi que le commerce intérieur étant le moyen par lequel la conſommation s'opere, la liberté dont il jouit est toute à l'avantage de la reproduction.

CEPENDANT en même-temps qu'on s'éclaire sur cet objet, on ne s'achemine que lentement vers l'établissement de cette même liberté : ses progrès sont retardés par quelques préjugés qui subsistent encore : on se persuade que les profits faits *sur une Nation* par ceux qui dans son intérieur, achetent d'elle & lui revendent, sont néanmoins une augmentation de richesse pour cette nation. Cette erreur évidente n'auroit aucun inconvénient, si elle ne décidoit pas les gouvernements, non-seulement à mettre des entraves aux consommations, par les impôts qu'ils établissent sur les consommateurs, en croyant les établir sur ceux qui ne font que leur vendre leur ministere, mais encore à sacrifier souvent la liberté du commerce intérieur aux intéréts particuliers des revendeurs, par les privileges qu'on leur accorde au détriment de cette même liberté : l'effet de ces privileges, qui diminuent la concurrence, est de faire passer dans des mains *stériles*, une portion des richesses qui pourroient servir à l'augmentation des dépenses *produéli-ves;* opération qui néceſſairement devient deſtructive de la reproduction.

De quelque maniere que ſe faſſe le commerce, il n'eſt qu'un échange de marchandiſe pour marchandiſe. L'action de vendre ou d'acheter n'eſt que l'action *d'échanger,* lors même que cette action s'opere par l'entremiſe de l'argent; car l'argent n'eſt qu'une marchandiſe. Le but de cet échange eſt la jouiſſance, la conſommation: de ſorte que le commerce peut être défini ſommairement *l'échange des choſes uſuelles pour parvenir à leur diſtribution dans les mains de leurs conſommateurs, de ceux enfin auxquels la jouiſſance en eſt deſtinée.*

Il eſt important de ſe former une idée préciſe du commerce; de bien ſaiſir qu'il n'eſt *qu'un échange pour parvenir à une conſommation.* Cette premiere notion nous apprend à ne pas confondre le commerce avec le mouvement & les frais du commerce; à ne voir dans chaque opération de commerce, que deux hommes & deux valeurs: deux hommes, dont l'un eſt premier vendeur, & l'autre, dernier acheteur ou conſommateur;

deux valeurs, dont une part de ce premier vendeur pour arriver à ce dernier acheteur confommateur ; tandis qu'une autre valeur, en échange de la premiere, part à fon tour de celui-ci pour arriver à celui-là. C'eft dans cet échange uniquement que le commerce confifte , & qu'il faut le confidérer pour juger de fon importance. Si cet échange pouvoit être fait immédiatement & fans frais , il n'en feroit que plus avantageux aux deux échangeurs : auffi fe trompe-t-on bien lourdement quand on prend pour le commerce même , les opérations intermédiaires qui fervent à faire faire le commerce.

CETTE méprife cependant eft très-ordinaire : avant qu'une chofe commerçable foit rendue à fa derniere deftination, fouvent elle éprouve plufieurs reventes , fait beaucoup de circuits & de frais ; le commerce en cette partie produit l'effet des glaces difpofées pour réfléchir en même-temps , & dans différents fens, le mêmes objets; comme elles, il femble les multiplier, & trompe ainfi les yeux qui ne le voient que fuperficiellement : ils croient appercevoir un grand commerce, lorfqu'en réalité ce n'eft qu'un commerce très-médiocre, mais qui occafionne un grand mouvement & de grands frais. Cependant pour peu qu'on veuille y faire quelque attention, on ne peut plus être dupe de cette multiplication illufoire; il devient évident que par la répétition des ventes & des reventes, la chofe commercée ne gagne rien en volume ou en quantité; que quelques circuits qu'elle fafie, quelques changements de main qu'elle éprouve, lorfqu'elle arrive à fa derniere deftination, elle fe trouve n'être que ce qu'elle étoit en partant.

IL eft vrai, me dira-t-on, qu'une marchandife ne fe multiplie point par les reventes qui en font faites; mais elle augmente de valeur vénale, & cette augmentation de valeur eft une augmentation de richeffes pour l'État. Si cette maxime eft vraie, nous pouvons aifément nous rendre auffi riches que nous le voudrons: ne permettons pas qu'aucune marchandife foit confommée fur le lieu de fa production, à moins qu'elle n'ait fait le tour du Royaume; défendons les tranfports par eau; imaginons encore

d'autres polices qui grossissent les frais,
& renchérissent les marchandises pour les
consommateurs ; notre commerce intérieur & nos richesses vont doubler,
vont décupler : je laisse à juger de l'absurdité du principe par l'absurdité des
conséquences.

IL en est qui pressés par l'évidence de
cette même absurdité, abandonnent une
partie du système, & se tiennent comme
retranchés dans l'autre partie. Nous re-
connoissons, disent-ils, que le voiturier & le simple revendeur n'augmentent
point la masse des richesses nationales ;
qu'ils ne font que des instruments servant à la consommation : mais il n'en est
pas ainsi du manufacturier, des artistes
qui avec des matieres premieres d'un
prix médiocre, font des ouvrages d'une
grande valeur. Ceux-là multiplient donc
réellement les richesses ; ils les triplent,
les quadruplent, & plus encore ; toute
faveur ainsi doit leur être acquise dans
l'intérieur de l'État.

JE pardonne aux hommes d'avoir pris
pour des réalités, les faux produits de
l'industrie ; mais je ne leur pardonne
point leurs contradictions ; ils auroient

dû , d'après leur illufion , défendre chez
eux l'ufage de tout ouvrage qui n'exigeoit pas la main- d'œuvre la plus chere:
au moyen de cette police , ils fe feroient
ménagé le brillant avantage de ne confommer que des chofes d'un grand prix.
Oh ! qu'ils auroient été riches , s'ils
avoient été conféquents ! Cette courte
réflexion pourroit peut-être fuffire pour
montrer que cette feconde erreur n'eft
pas moins évidente que la premiere :
mais comme elle eft plus féduifante , j'en
traiterai dans un Chapitre particulier,
où j'efpere achever de la démafquer.

Si les hommes avoient bien compris
que le commerce n'eft qu'un échange ,
ils ne fe feroient laiffés féduire ni par les
dehors impofants des ventes & des reventes qui fe fuccedent les unes aux autres , ni par l'éclat trompeur des renché-
riffements fimulés que caufent les frais
de la main-d'œuvre : ils n'auroient point
cru voir un accroiffement de richeffes &
de commerce, dans ce qui n'eft qu'une
dépenfe onéreufe au commerce. Autant
vaudroit juger de l'utilité d'une mécha-
nique par la complication de fes mouvements , & par les frais de fon entretien ,

fans

fans avoir aucun égard à l'effet qui en réfulte : on verra dans la fuite combien
cette comparaifon eft jufte dans tous fes
points.

COMME il n'eft point ici queftion de
la vente des biens fonds, mais feulement de celle des effets mobiliers & fufceptibles de tranfport, je dirai que nous
ne connoiffons que deux efpeces de chofes commerçables ; les productions en
nature ou les matieres premieres , & les
travaux de la main-d'œuvre ou les ouvrages de l'induftrie. Ces deux fortes de
marchandifes ont donné lieu à diftinguer
deux fortes de commerce ; mais dans
l'un comme dans l'autre , acheter c'eft
vendre , & vendre c'eft acheter ; car
acheter ou vendre c'eft *échanger.*

ON appelle *vendre* échanger une marchandife contre de l'argent ; & les hommes attachent un fi grand intérêt à cette
façon de commercer, qu'ils voudroient
pouvoir toujours vendre & ne rien acheter en argent. Cet intérêt eft une manie
inconcevable , fous quelque face qu'il
foit confidéré. Mais fans m'arrêter à parcourir ici tous fes rapports , je vas l'attaquer dans fon principe , & faire voir

que les ventes qu'on se propose de faire
en argent , ne peuvent constamment
avoir lieu , qu'autant qu'à son tour on
achete en argent ; qu'il est d'une nécessité absolue que les vendeurs & les acheteurs se rendent alternativement par
leurs achats l'argent qu'ils ont reçu par
leurs ventes.

Un homme salarié , quel qu'il soit ,
vend sa main-d'œuvre , son talent , &
du prix de ses salaires il paye ce qu'il
consomme. Le cultivateur vend les productions qu'il récolte ; donne une partie
du prix qu'il reçoit au Souverain & au
propriétaire foncier , & du surplus paye
ce qu'il consomme. Le Souverain & le
propriétaire foncier doivent être aussi
regardés comme vendeurs de productions par l'entremise du cultivateur ; du
prix de ces ventes ils payent ce qu'ils
consomment. Le rentier touche un revenu qui est le fruit d'une richesse qu'il
a vendue pour un temps ou à perpétuité,
& avec ce revenu il paye ce qu'il consomme. Le propriétaire d'une maison
vend la jouissance annuelle des dépenses
qu'il a faites pour l'acquérir , & qu'il est
obligé de faire encore pour l'entretenir;

la vente de cette jouissance annuelle est ce qui lui donne annuellement les moyens de payer ce qu'il consomme.

AINSI en considérant le commerce comme une multitude de ventes & d'achats faits en argent, *personne n'est acheteur qu'autant qu'il est vendeur* ; & comme acheter c'est payer, *personne ne peut acheter qu'en raison de ce qu'il vend*, parce que ce n'est qu'en vendant qu'il se procure l'argent pour payer ce qu'il achete.

DE ce que tout acheteur doit être vendeur, & ne peut acheter qu'autant qu'il vend, il résulte évidemment un deuxieme axiome ; c'est que *tout vendeur doit être acheteur, & ne peut vendre qu'autant qu'il achete ; qu'ainsi chaque vendeur doit, par les achats qu'il fait à son tour, fournir aux autres l'argent pour acheter les marchandises qu'il veut leur vendre.*

N'EST-IL pas évident que si les ventes que nous nous faisons l'un à l'autre, se soldent en argent, je ne peux acheter de vous qu'autant que vous achetez de moi ; qu'entre vous & moi la somme de nos ventes & celle de nos achats alternatifs doivent être égales entre elles : si

Y ij

après m'avoir vendu pour 100 francs ; vous voulez ne m'acheter que pour 50, comment ferai-je pour vous payer ? Et quand je le pourrois une fois , comment pourrai-je continuer de toujours vous donner plus d'argent que je n'en reçois ? Un troisieme achetera de moi peut-être ; mais qui est-ce qui achetera de lui ? Et comment peut-il acheter s'il ne vend? Prolongez tant qu'il vous plaira la chaîne des vendeurs & des acheteurs en argent, il faudra toujours que chaque achat soit payé par le produit d'une vente ; qu'ainsi chacun soit alternativement acheteur & vendeur en argent pour des sommes égales. Dès que l'argent devient le moyen unique dont on peut se servir pour acheter, tout seroit perdu s'il cessoit de circuler ; il est d'une nécessité absolue qu'il ne fasse que passer dans chaque main.

Je conviens cependant que cette balance peut bien n'être pas exacte dans les ventes & les achats que fait chaque homme en particulier ; mais si l'un vend plus qu'il n'achete & s'enrichit, un autre se ruine en achetant plus qu'il ne vend ; & par l'opposition qui regne entre ces

deux fortes de défordres, l'équilibre fe
rétablit dans la maffe générale des ventes & des achats.

QUE *la confommation foit la mefure
de la reproduction*, c'eft une vérité que
perfonne aujourd'hui ne révoque en doute , & c'eft par cette raifon que j'en ai
parlé fi fuccinctement. Pour peu qu'on
médite un moment cet axiome, on trouvera qu'il nous dit en d'autres termes,
que chacun doit vendre en proportion
de ce qu'il achete , & acheter en proportion de ce qu'il vend.

LA confommation ne peut s'opérer que
par deux fortes de perfonnes; les unes qui
font premiers propriétaires des productions, & les autres qui ne le font pas :
ces dernieres ne peuvent confommer ,
qu'autant qu'elles payent en valeurs factices , les productions qu'elles achetent,
& qu'ainfi ces valeurs factices font ache-
tées ou prifes en échange par les vendeurs des productions. Si dans ces doubles opérations de ventes & d'achats alternatifs , vous voulez ne voir que des
échanges , vous appercevez tout d'un
coup que la fomme des valeurs factices
échangées contre les productions , & la

fomme des productions échangées contre les valeurs factices doivent être *néceffairement* égales entre elles. Mais fi
au-lieu de fimplifier les chofes en fuppofant ces échanges faits en nature ,
vous admettez l'argent comme un *moyen
commun d'échange*, comme *un gage intermédiaire* qui facilite ces mêmes opérations, vous devez fentir qu'il eft d'une
néceffité abfolue que ce *gage* circule perpétuellement ; qu'il revienne fans ceffe
dans les mains dont il eft parti pour en
.effortir encore ; fans quoi l'ufage de
cet *intermédiaire* cefferoit d'avoir lieu ,
attendu qu'on ne peut le reproduire
comme on peut reproduire les valeurs
naturelles ou factices qu'il repréfente.

CETTE vérité n'eut jamais été con-
teftée , fi les termes de vente & d'achat,
ainfi que l'ufage de l'argent *monnoie*,
n'avoient jetté dans les idées une telle
confufion , qu'il n'a plus été poffible aux
hommes ni de s'entendre , ni de s'accorder fur leurs intérêts communs. Qu'eft-
ce donc que vendre ? *c'eft échanger.*
Qu'eft-ce donc que l'argent confidéré
comme monnoie ? *C'eft une marchandife
dont la valeur a la faculté d'être répréfen-*

tative d'une valeur égale en toute autre espece de marchandises. Au moyen de cette faculté qu'une convention, ou du-
moins un usage presque universel lui attribue, les ventes en argent ne font que
de véritables échanges d'une marchandise pour une autre marchandise. Cependant comme il n'est point une chose
usuelle, & que celui qui le reçoit en vendant, ne peut s'en servir qu'autant qu'il
le rend en achetant, on ne l'emploie que
dans le cas où quelqu'un veut acheter
les marchandises des autres, sans avoir,
en nature, les choses que ceux-ci dési-
rent de recevoir en échange : alors l'argent peut être regardé comme *un gage
intermédiaire*, par le moyen duquel l'é-
change se commence entre l'acheteur &
ces vendeurs, pour ensuite être consommé par eux avec d'autres hommes, qui
sur ce gage commun, fournissent les
marchandises que le premier acheteur
n'avoit pas dans sa possession.

Proscrivons pour un moment l'u-
sage de l'argent *monnoie*, ainsi que les
termes de vente & d'achat, pour leur
substituer celui d'échanges, & supposons
ceux-ci réellement faits en nature : n'est-

il pas évident que fi je veux me procurer votre marchandife, il faut que j'en
aye une d'une valeur égale à vous donner, & qu'en cela, *je fois vendeur pour*
être acheteur ? N'eft-il pas évident auffi
que fi je veux trouver le débit de ma
marchandife, il faut que je prenne en
échange quelqu'autre marchandife d'une
femblable valeur, & qu'en cela, *pour*
être vendeur je fois acheteur.

MAIS vous avez la chofe qui me convient, & celle que j'ai ne vous convient
pas ; alors rappellons l'argent que nous
venons de bannir ; employons-le entre
nous comme un *gage intermédiaire*,
comme une valeur repréfentative pour
vous de la chofe que je ne peux vous
donner en échange ; dans ce cas, comme je ne cueille point l'argent, il faut
que je m'en procure par un autre échange de ma chofe contre ce même argent ;
de-là réfulte que je fais deux échanges
au-lieu d'un, & que le votre côté vous
en faites autant, en portant mon argent
à un autre vendeur qui vous donne la
marchandife que vous defirez. Il eft
donc évident qu'au fonds l'opération eft
toujours la même : on peut bien acheter

avec

avec de l'argent fans avoir dans le moment même, une chofe ufuelle à vendre; mais pour avoir cet argent il faut avoir vendu.

TELLE eft pourtant cette vérité fi fimple en elle-même qu'une infinité de gens n'ont pas voulu voir: j'aurois honte de m'y etre arrêté fi long-temps, fi notre aveuglement fur cet article ne nous avoit fait adopter des fyftémes monftrueux, au point qu'on s'eft perfuadé qu'on pouvoit toujours vendre en argent à quelqu'un qui ne vendroit rien. Cette idée telle que je la préfente ici, paroît fans doute être le comble de l'extravagance: cependant je ne charge point le tableau; car c'eft d'après elle qu'on a pofé comme des principes inconteftables, qu'il importoit à une nation de faire un grand commerce d'exportation; de vendre beaucoup en argent & d'acheter peu, fe perfuadant que par ce moyen le commerce l'enrichiroit. Dans ces prétendus principes autant de termes, autant d'héréfies, qui toutes proviennent de ce qu'on ne s'eft pas apperçu qu'on ne peut abfolument donner de l'argent pour des marchandifes, à moins d'avoir commencé par donner des marchandiſes pour de l'argent.

AVEC de l'argent on achete des marchandiſes , & avec des marchandiſes on achete de l'argent ; ainſi vendre ou acheter , c'eſt toujours , comme je l'ai dit , échanger une valeur quelconque contre une autre valeur quelconque : que l'une de ces deux valeurs ſoit argent, ou qu'elles ſoient toutes deux marchandiſes uſuelles , rien de plus indifférent en ſoi, ſi ce n'eſt que celui qui reçoit l'argent eſt moins avancé que s'il avoit reçu immédiatement les choſes en nature dont , avec ce même argent , il compte ſe procurer la jouïſſance.

CHAPITRE XXXVII.

Définition du Commerce vu dans tous ses rapports essentiéls. De la maniere dont il peut enrichir une Nation : fausses idées des hommes à cet égard. Son utilité est dans les rapports qu'il a avec les intérêts de la culture. Le Commerce extérieur n'est qu'un pis-aller & un mal nécessaire.

Il est facile à présent de donner du commerce une définition dans laquelle on embrasse tout à la fois les choses qui entrent dans le commerce ; les intérêts qui l'occasionnent ; les hommes qui font le commerce entre eux ; les objets qu'ils se proposent en commerçant , & les moyens qu'ils emploient souvent pour commercer. Le commerce est *un échange de valeurs pour valeurs égales , prati-*

Z ij

qué par le moyen d'agents intermédiaires ou sans ces agents , pour l'intérêt commun des échangeurs qui fournissent ces valeurs, & les échangent entre eux pour les consommer. Ainsi après une telle opération chacun d'eux n'est ni plus riche ni plus pauvre qu'il n'étoit , quoiqu'il ait en la possession une chose qui lui convient mieux que celle qu'il avoit auparavant.

Un homme qui possede beaucoup de vin & point de bled , commerce avec un autre homme qui a beaucoup de bled & point de vin : entre eux se fait un échange d'une valeur de 50 en bled , contre une valeur de 50 en vin. Cet échange n'est accroissement de richesses ni pour l'un ni pour l'autre ; car chacun d'eux , avant l'échange , possédoit une valeur égale à celle qu'il s'est procurée par ce moyen. Cet échange néanmoins leur est également utile : sans lui , chacun de ces deux hommes seroit dans le cas de ne pouvoir jouïr d'une partie de sa récolte, & par cette raison , chacun aussi diminueroit sa culture.

On voit ici bien clairement dans quel sens on doit entendre que le commerce enrichit une nation : il ne lui procure point, par lu.-même, un accroiffement de richeffes ; mais il eft pour elle, *une reffource qui lui permet de les augmenter par la culture.* Plufieurs cependant fe perfuadent qu ne nation *gagne* fur une autre nation ; ils ne voient pas que par rapport au commerce, une nation n'eft qu'un corps compofé de plufieurs hommes qui tous féparément ne peuvent payer le prix de ce qu'ils achetent qu'avec le prix de ce qu'ils vendent ; que des millions d'hommes réunis en corps de nation ne trouvent point, à la faveur de leur nombre, le moyen de s'élever au-deffus de l'*impoffibilité de donner ce qu'on n'a pas ;* qu'ainfi les loix naturelles & fondamentales du commerce, les conditions effentielles fans lefquelles il ne peut fe foutenir, font entre une nation & une autre nation, les mêmes qu'entre un homme & un autre homme ; qu'une nation enfin ne peut vendre qu'autant qu'elle achete, ne peut acheter qu'autant qu'elle vend.

QUELLE que foit la nation qui, par le moyen du commerce, fe propofe de *gagner* fur les autres nations, qu'elle me dife donc comment elle pourra *gagner*

ſi les autres ne *perdent* rien , ou comment elles pourront *toujours perdre*. Toutes les nations commerçantes ſe flattent
également de s'enrichir par le commerce ; mais, choſe étonnante ! elles croient
toutes s'enrichir *en gagnant* ſur les autres. Il faut convenir que ce prétendu
gain, tel qu'elles le conçoivent, doit être
une choſe bien miraculeuſe; car dans cette
opinion , chacun *gagne* & perſonne ne
perd. Comme le myſtere d'un *gain* ſans
perte n'eſt point un article de foi , nous
pouvons bien dire que la contradiction
évidente qu'il renferme , en démontre
l'abſurdité.

Un homme , ou une nation ; car encore une fois le nombre ne change rien
à l'ordre eſſentiel des choſes dans l'eſpece dont il s'agit. Un homme donc commence par prélever ſur ſes productions,
la quantité qu'il peut & doit en conſommer en nature, & vend le ſurplus : pourquoi cet homme a t-il fait des dépenſes
pour ſe procurer , par la culture , une
maſſe de productions qui excede ſes conſommations ? C'eſt qu'il ſavoit bien
qu'en raiſon de leur utilité , elles ont
dans le commerce une valeur vénale ,

un prix qui leur eft habituellement attribué , & qu'il a compté trouver à ce
prix , le débit de cet excédent. Faites
difparoître une de ces deux conditions ,
un de ces deux points de vue qui entrent dans l'efpoir du cultivateur ; faites
perdre à ces productions leur valeur
vénale ou leur débit : certainement la
culture qui les faifoit renaître, va ceffer,
ou tout au-moins fe rétrécir au point de
ne plus en donner que la quantité néceffaire aux confommations que ce cultivateur fait perfonnellement.

Quand on dit que *la confommation*
eft la mefure de la reproduction , on doit
entendre par le terme de *confommation* ,
celle qui eft faite par des confommateurs en état de payer la valeur courante
des chofes, qu'ils confomment. C'eft
dans cet axiome confidéré fous ce point
de vue , qu'il faut aller chercher la ma-
nie·   ont le commerce extérieur 'enri-
chi .ne nation , ou plutôt *lui préfente*
des occafions dont elle peut profiter pour
multiplier les richeffes que fon territoire
peut lui fournir. Le commerce offre à
cette nation des confommateurs qu'elle
ne trouve pas chez elle ; cette augmen-

tation de confommateurs procure le débit des productions nationales ; ce débit leur affure, & leur conferve toute la valeur vénale qu'elles doivent avoir parmi les chofes commerçables ; le cultivateur trouve ainfi cette valeur vénale & ce débit, dont l'efpoir l'a déterminé à faire les avances de la culture, pour obtenir des récoltes dont l'abondance pût excéder la confommation nationale. On peut dire en deux mots que par le moyen du commerce, la confommation n'a plus de bornes connues : de-là s'enfuit que l'abondance des productions ne peut jamais devenir à charge aux cultivateurs; avantage ineftimable pour ceux qui fans lui feroient dans le cas de redouter cette même abondance, parce qu'elle ne peut plus fervir qu'à faire tomber la valeur vénale de leurs productions, & rendre leur débit infuffifant.

MAINTENANT il eft aifé d'expliquer l'énigme, & de voir comment le commerce enrichit une nation : il en enrichit une comme il les enrichit toutes ; non en les mettant dans le cas de *gagner* les unes fur les autres ; car ou ces *gains* feroient alternatifs & conféquemment *nuls* , ou bientôt ils ne pourroient plus avoir lieu ; mais il les enrichit en ce que , procurant le débit de toutes les productions nationales *au meilleur prix possible* , il fait passer dans les mains des cultivateurs tout le produit sur lequel ils ont dû compter. L'effet direct de cette opération est que les richesses consacrées à la reproduction reviennent *avec profit* à la classe productive ; que cette classe se trouve avoir ainsi tour à la fois *plus de moyens* pour améliorer ses cultures , & *plus d'intérêt* à s'occuper de ces améliorations.

NE croyez pas que le cultivateur , proprement dit , soit la seule & unique classe d'hommes que le commerce enrichisse : ce nom ne doit point être pris ici dans un sens étroit , littéral , & par opposition à tous les autres hommes , comme il est d'usage à plusieurs égards. Premiérement par le terme de classe productive , j'entends non-seulement les entrepreneurs de culture , mais aussi les propriétaires fonciers qui en cette qualité sont spéci alement chargés de diverses dépenses nécessaires à la reproduc-

tion, soit pour l'entretenir, soit pour
l'améliorer. En second lieu, je parle du
cultivateur, parce que sa richesse personnelle est la source principale de toutes les richesses, & que pour augmenter
la masse des richesses nationales, il faut
nécessairement rendre leur source plus
abondante. Mais aussi nous devons considérer ensuite la maniere dont l'abondance se partage dans les autres classes
que cette source arrose : nous devons
voir que le Souverain & les autres co-
propriétaires du produit net profitent
de cette même abondance, & que sans
s'arrêter dans leurs mains, elle continue son cours, pour se répandre sur la
classe industrieuse, ou plutôt sur toute
la nation.

Observez que le commerce extérieur, considéré comme moyen d'enrichir une nation, ne peut absolument
avoir une autre marche ; que celle-ci est
dans l'ordre physique même, & que
vous ne pouvez vous en écarter, que
vous n'en soyez puni : disposez le commerce de maniere qu'il enleve aux cultivateurs une partie du prix auquel ils de-

vroient vendre leurs productions ; tout
change de face en un inftant : la culture n'a plus ni les mêmes motifs d'en-
couragement , ni les mêmes moyens
pour fructifier ; non-feulement vos productions ont moins de valeur vénale ,
mais encore vous en avez une moindre
quantité ; vous perdez ainfi de tous côtés ; alors les revenus du Souverain &
ceux des propriétaires fonciers fe trouvant plus foibles , leurs dépenfes diminuent à proportion ; par-conféquent
moins de falaires à diftribuer , moins
d'hommes occupés & entretenus : le
commerce extérieur n'enrichit plus une
nation , il l'appauvrit ; & fi ce défordre
continuoit , il parviendroit à la ruiner ,
à l'anéantir.

DE ces premieres notions nous devons conclure que le commerce extérieur peut être nuifible , comme il peut
être avantageux ; que fon utilité confifte entiérement dans celle dont il eft
à la reproduction ; qu'ainfi cette utilité
réfulte non du commerce précifément ,
mais de la façon dont le commerce fe
fait.

Une autre conséquence encore, c'est que le commerce extérieur n'est *qu'un pis-aller* ; qu'il suppose toujours qu'une nation manque au-dedans d'un nombre suffisant de consommateurs en état de mettre un bon prix à ses productions ; que par cette raison elle est obligée d'aller chercher au-dehors d'autres consommateurs, dont l'éloignement ne peut lui être qu'onéreux. Ne m'alléguez point qu'elle peut être réduite à cette nécessité par le physique, par le climat dans lequel elle est placée : cela peut être ; mais c'est un malheur, & ce malheur ne prouve rien, si ce n'est que par-tout l'ordre physique est l'ordre sur lequel il faut nécessairement calquer celui de la société ; d'où je conclus que de tels peuples ont encore plus de besoin que tous les autres, d'une grande liberté. Regle générale : plus on est contrarié par le physique, & plus la liberté devient importante à la prospérité d'une nation.

Je conviens donc que le commerce extérieur peut être indispensable, par-rapport à quelques productions étrange-

res qu'une nation ne peut obtenir de
fon territoire, & dont cependant elle
a befoin : fous ce point de vue, nous
devons dire que le commerce extérieur
eft *un mal néceffaire* ; car fi cette nation avoit l'avantage de trouver chez
elle les mêmes productions qui lui manquent, elle ne prendroit pas la peine
de faire de gros frais pour les aller chercher chez les autres. Je crois que cette
derniere propofition eft évidente par
elle-même : tout le monde fait que les
productions qui viennent de loin, doivent être plus cheres que celles qui croif-
fent autour de nous, & qu'il faut que
le confommateur paye les frais de tranfport, foit par l'augmentation du prix
de ces productions étrangeres, foit par
la diminution du prix de celles qu'il
donne en échange ou en paiement ; en
un mot, que l'intérêt de la reproduction
eft d'être voifine du lieu de la confommation, & que l'intérêt de la confommation eft d'être voifine du lieu de la
reproduction. Je laiffe le Lecteur médi-
ter ces vérités, en attendant que je les
lui préfente dans un nouveau jour,

& dans un degré d'évidence qui ne lui permette ni de douter des principes, ni de rejetter les conséquences qui en résultent en faveur de la liberté.

CHAPITRE XXXVIII.

De l'intérêt du Commerce. Ce qu'on doit entendre par cette façon de parler : il n'est point chez un peuple de Commerçants le même que chez une Nation agricole. Véritable idée du Commerçant. Ce sont les consommateurs & non les Commerçants, qui font le Commerce. Opposition entre les intérêts particuliers des Commerçants & l'intérêt commun des autres hommes.

QUE le commerce extérieur , selon qu'il se comporte bien ou mal , enrichisse une nation ou l'appauvrisse , c'est une vérité que personne ne peut révoquer en doute , mais qui se truove tellement dénaturée par la façon bisarre de

l'interpréter, que les hommes ne peuvent convenir entre eux de l'idée qu'on
doit fe former de l'*intérêt du commerce :*
je fais qu'en général ce qu'on nomme
l'intérêt du commerce eft l'intérêt de ceux
qui *font* le commerce ; car le commerce
n'eft point un être particulier. Mais qui
font ceux qui *font* le commerce ? Voilà
ce que les politiques auroient dû nous
expliquer, pour nous mettre d'accord.
Ils conviennent uniformément cependant que par *l'intérêt du commerce*, on
doit entendre *l'intérêt de la nation ;* mais
demandez-leur enfuite ce que c'eft qu'u-
né nation confidérée comme corps politique ; de quels hommes elle eft effentiellement compofée, & quels font les
liens qui les tiennent unis entre eux ; demandez-leur fi *l'intérêt de la nation*, vu
dans le commerce, eft un intérêt commun à tous fes membres, ou s'il n'eft
qu'un intérêt propre à une claffe particuliere ; alors vous voyez les opinions
fe divifer, & les contradictions qu'elles
préfentent, les armer les unes contre les
autres ; chacun, d'après l'idée qu'il fe
forme d'une nation, & des intéréts d'u-
ne nation par rapport au commerce, fabrique

brique des principes , & fur ces principes factices établit un fyftême dont il
prétend qu'on ne peut s'écarter , que
tout ne foit perdu.

La méprife la plus commune fur ce
qui conftitue *l'intérêt du commerce*, celle
même dans laquelle font tombés des
hommes à grande réputation , c'eft de
de confondre l'intérêt *commun* de la nation relativement au commerce , avec
l'intérêt *particulier* des commerçants nationaux , qui pourtant ne font que les
inftruments du commerce : en conféquence, on n'a plus jugé de l'importance & de l'utilité du commerce , que par
les fortunes de ces commerçants ; fans
examiner aux dépens de qui ces fortunes font acquifes, ni pour qui elles font
difponibles ; on s'eft bonnement perfuadé que la nation s'enrichiffoit quand on
voyoit ces mêmes commerçants s'enrichir ; ce n'eft que dans leurs opérations
qu'on a confidéré le commerce ; & c'eft
à leur intérêt perfonnel exclufif , pré-
fenté comme étant l'intérêt général ,
qu'on a facrifié les intérêts communs de
tous *les membres effentiels* d'une nation.

UN des moyens les plus puissants dont on se sert pour fortifier & entretenir cette illusion, c'est d'aliéguer des exemples ; d'attacher nos regards sur quelques peuples de commerçants enrichis par le commerce seulement ; de les présenter comme des modeles à suivre par toutes les nations. On s'est laissé séduire par ces prétendus exemples, sans faire aucune attention à la différence qui doit se trouver entre les intérêts de ceux qui *trafiquent* les productions des autres, & les intérêts des propriétaires de ces mêmes productions : & qui ne voit pas que ces deux positions n'ont rien de commun ; que leurs intérêts sont diamétralement opposés entre eux ; que la maniere dont les *salariés* s'enrichissent, n'est point la même que celle qui enrichit ceux qui les payent ? Par quel excès d'aveuglement a-t-on donc pu confondre, & prétendre assujettir aux mêmes polices, les intérêts de ces peuples de commerçants, qui ne trouvent point chez eux les productions qu'ils trafiquent, & les intérêts des nations agricoles & productives, qui cueillent sur leurs propres territoires , toutes les productions qu'elles commercent entre elles ?

IL est très-différent de *servir* le commerce ou de *faire* le commerce : il est très-différent encore de *trafiquer* ou de *commercer*. Le voiturier , soit par mer, soit par terre, *sert* le commerce , mais ne le *fait* pas ; le commissionnaire, qui ne fait qu'exécuter les ordres qu'on lui donne , *sert* le commerce , mais ne le *fait* pas ; le commerçant, qui achete & revend à ses risques & pour son compte, *sert* le commerce , mais ne le *fait* pas. Ce dernier cependant fait quelque chose de plus que les deux premiers : il *trafique*, & les autres ne *trafiquent* point ; mais *trafiquer* n'est pas *commercer*. On *trafique* quand on *achete & revend* les marchandises dont d'autres hommes sont premiers propriétaires ; on *commerce* quand on tire de son propre fonds, les marchandises qu'on échange contre des valeurs quelconques, en autres marchandises ou en argent. Ainsi celui qui *trafique* n'est qu'une espece de *salarié*, qui, par son industrie , parvient à s'approprier une portion des richesses des autres hommes ; & ceux qui *commercent,* ne font en cela que *jouïr de leurs propres richeſſes.*

En prenant le terme de *commerce* dans la plus grande étendue qu'on puiſſe lui donner, nous avons vu qu'il n'en eſt que deux eſpeces, celui des productions ou matieres premieres, & celui de l'induſtrie ou travaux de main-d'œuvre. Ces deux ſortes de commerce ſont utiles l'un à l'autre ; mais ils different entre eux, en ce que le ſecond ne peut abſolument exiſter ſans le premier, au-lieu que le premier peut exiſter ſans le ſecond, dont il eſt le germe & l'aliment.

Il feroit à ſouhaiter qu'on ne perdît jamais de vue les rapports eſſentiels qui ſe trouvent entre ces deux eſpeces de commerce, & que jamais on ne voulût renverſer l'ordre immuable de leur *génération :* il feroit à ſouhaiter qu'on ſentît que pour multiplier les enfants, il faut *néceſſairement* commencer par féconder la mere dans le ſein de laquelle ils prennent naiſſance, & du ſein de laquelle ils ſe nourriſſent après qu'ils ſont nés ; qu'on ne ſe propoſât point d'aug-

menter la maſſe des travaux de l'induſtrie par des moyens propres à diminuer
néceſſairement l'abondance des matieres
qui donnent occaſion à ces mêmes travaux, & ſervent encore à les payer.

JE n'inſiſte point quant à préſent ſur
ces inconſéquences ; j'en parlerai dans
un autre moment : revenons à l'idée
qu'on doit ſe former du commerce & des
commerçants. Le commerce n'eſt *qu'un
échange de valeur pour valeur égale ;* ainſi
il ne peut *ſe faire* qu'entre les propriétaires de ces valeurs ; & les commerçants eux-mêmes ne *font* véritablement
& réellement le commerce, qu'en proportion des valeurs en induſtrie qu'ils
échangent contre des valeurs en autres
marchandiſes propres à leurs conſommations. Gardons-nous donc de nous
tromper ſur l'idée que nous devons attacher au nom de *commerçant ;* ce nom
ne déſigne point les hommes qui *font* le
commerce ; car alors il deviendroit
commun à tous les conſommateurs, vu
que tous les conſommateurs *font* le commerce, étant tous dans la néceſſité d'être
alternativement acheteurs & vendeurs.

Mais par le nom de *commerçants* nous ne devons entendre autre chose que *des hommes consacrés au service immédiat du commerce.*

POINT de doute assurément que les opérations du commerce, pour peu qu'elles deviennent multiples & compliquées, n'ayent besoin d'une classe particuliere d'hommes qui s'en occupent : mais le commerce ainsi organisé renferme quatre objets qu'il ne faut pas confondre. Ces quatre objets font, 1°. Les caufes du commerce ; 2°. La matiere du commerce ; 3°. La fin du commerce; 4°. Les moyens du commerce. Les confommateurs confidérés comme premiers vendeurs & comme derniers acheteurs, font les caufes du commerce ; car ce font eux qui le provoquent & l'occafionnent. La matiere du commerce eft la maffe de toutes les chofes commerçables fournies par les confommateurs. La fin du commerce eft la confommation de ces mêmes chofes commerçables; & les moyens du commerce font tous les inftruments, tous les agents par les procédés defquels on parvient à cette consommation. Ce n'est donc qu'en qualité de *moyens*, que les commerçants tiennent à cet ensemble que nous appellons commerce; il est évident que les consommateurs, qui sont les causes du commerce, qui fournissent les matieres du commerce, & dont l'utilité réciproque est la fin du commerce, sont ainsi ceux qui *font* véritablement le commerce.

ON regardera peut-être comme un pointillage, comme une dispute de mots, ce que je viens d'observer sur les termes dont nous nous servons. C'est cependant pour y avoir attaché des idées vagues & superficielles, que nous nous sommes égarés au point de prendre les effets pour les causes, & le voiturier pour le premier propriétaire même des marchandises qu'il transporte. Quand on oppose à des préjugés établis, des vérités importantes & rigoureuses, on ne peut mettre trop de précision dans les idées qu'on attache aux termes dont on fait choix : ces vérités ne sont susceptibles ni de plus ni de moins : à cet égard, le plus ou le moins ne seroit qu'erreur & contradiction.

Il en eſt du commerce comme des procès : ce ne ſont point les officiers ſubalternes de la juſtice qui les *font*, à moins qu'ils n'en ayent en leur propre & privé nom ; dans tous les autres cas ils ne ſont que les inſtruments des procès : il eſt vrai qu'ils peuvent bien les ſuſciter, les multiplier, en groſſir les frais ; mais enfin les procès, lors même qu'ils les occaſionnent, ſont toujours entrepris par les parties & pour les parties : les prétentions & les intéréts de celles-ci forment la matiere des procès ; ce ſont donc elles qui les *font* ; auſſi eſt-ce par elles que les frais en ſont payés. Nous devons dire la même choſe des agents du commerce : ils ſont pour le commerce des inſtruments dont chaque conſommateur ſe ſert au beſoin, pour pratiquer les échanges qu'il ſe propoſe ; mais lors même qu'on emploie leur miniſtere, ce ne ſont point eux qui *font* commerce des choſes qui entrent dans ces échanges ; ce ſont au-contraire les conſommateurs qui le *font* réellement entre eux par l'entremiſe de ces agents ;

& ces

& ces derniers, en les servant ainsi, ne font véritablement d'autre commerce que celui de leurs travaux qu'ils échangent contre des salaires.

CEUX qui prétendent que par l'intérêt du commerce nous devons entendre l'intérêt de ceux qui font le commerce, ont donc raison dans le principe ; & ils auroient raison encore dans les conséquences, s'ils n'avoient pas mis les commerçants à la place des consommateurs ; s'ils avoient voulu voir que ce font ceux-ci, & non-ceux-là, qui font le commerce. Il est donc à propos de leur faire connoître le point fixe dans lequel ils se font mépris.

LA conséquence qui résulte de ces observations, c'est qu'il n'y a que deux sortes d'hommes qui soient essentiels au commerce, le premier vendeur & le dernier acheteur consommateur ; aussi commercent-ils souvent entre eux directement & sans agent intermédiaire : les circuits que fait une marchandise, les changements de main qu'elle éprouve, les reventes qu'elle occasionne ne font point le commerce, quoique le commerce foit leur objet : ces opérations ne font en elles-mêmes qu'un *mouvement inter-médiaire entre le lieu de la production & celui de la confommation, entre le premier vendeur & le dernier acheteur confomma-teur.* Ce mouvement intermédiaire eft celui de la chofe commercée, qui part toujours de celui-là pour arriver à ce-lui-ci , & qui, comme je l'ai déja dit , fait des frais fur la route , mais n'ac-quiert point une nouvelle valeur.

Au premier coup d'œil , les intérêts de ces deux hommes paroiffent être en-tre eux en oppofition, & cela parce que le vendeur veut vendre cher , & le con-fommateur acheter à bas prix : mais un ordre naturel , un ordre immuable a pourvu , & pour toujours , à la concilia-tion de leurs intérêts , quelque nom-breufe que puiffe être la multitude des vendeurs & des acheteurs.

Chaque marchandife jouït dans le commerce d'un prix qui lui eft propre , & qui eft principalement déterminé par l'utilité ou l'agrément dont elle eft , & par les dépenfes que fa reproduction ou fa main-d'œuvre exige. Ce prix doit être aussi *nécessairement* relatif aux facultés des consommateurs ; mais que signifie cette derniere façon de parler ? Elle veut dire que le prix d'une marchandise ne pouvant être payé que par le prix d'une autre marchandise, & chaque consommateur ne pouvant acheter qu'en proportion de ce qu'il vend, il s'établit *nécessairement* , ainsi que je l'ai dit en parlant de l'impôt, un équilibre entre les valeurs vénales de toutes les choses commerçables ; équilibre qui fait que le prix de l'une est mesuré sur le prix des autres ; qu'ainsi la somme des choses à vendre est *habituellement* balancée par la somme des moyens que les consommateurs ont pour les payer.

CET équilibre ne peut être dérangé qu'*accidentellement* : si le prix d'une marchandise s'élevoit au-dessus de son niveau, il n'y auroit plus assez de consommateurs en état de l'acheter ; d'ailleurs tous les hommes s'empresseroient de profiter de sa faveur, & se feroient à l'envi vendeurs d'une telle marchandise; on la verroit donc bientôt perdre tout son avantage, par un effet nécessaire de la concurrence , dont le propre est de vendre au rabais.

D'APRE'S toutes les différentes cir-constances qui concourent à fixer les valeurs vénales des choses commerçables, la concurrence assigne naturellement à chaque espece & qualité de marchandise, le plus haut prix auquel chaque vendeur puisse se proposer de vendre, & le plus bas prix auquel chaque acheteur puisse se proposer d'acheter. Il existe ainsi naturellement une puissance despotique qui marque le prix auquel chaque consommateur peut acheter, parce qu'elle marque le prix auquel il peut vendre : chaque vendeur ne peut donc parvenir à renchérir *habituellement* ses marchandises, qu'en se soumettant aussi à payer *habituellement* plus cher les marchandises des autres vendeurs ; & par la même raison, chaque consommateur ne peut parvenir à payer *habituellement* moins cher ce qu'il achete, qu'en se soumettant aussi à une diminution semblable sur le prix des choses qu'il vend.

REMARQUEZ ici combien sont vaines les spéculations de ceux qui dans une

nation se proposent de faire parvenir
une espece de production à son plus haut
prix possible, & à son dernier degré
possible d'abondance, sans songer à procurer les mêmes avantages aux autres
productions dont les valeurs doivent
opérer la consommation & le paiement
de celle qu'on veut favoriser. Un tel
projet est précisément celui de vouloir
établir plus de vendeurs que d'acheteurs,
plus de choses à vendre, que de moyens
pour les payer. En-vain on se flattera
de trouver un débit suffisant chez les
étrangers : certainement dans l'ordre
général de la nature ils ne sont point
ceux qui sont destinés à consommer la
majeure partie des productions de votre
territoire ; leur consommation a des
bornes naturelles, parce que les moyens
qu'ils ont pour acheter nos productions
sont bornés comme leur population.
D'ailleurs ils ne peuvent nous payer
qu'en nous échangeant des productions
de leur crû ; ainsi chaque fois que vous
voulez augmenter chez vous, l'abondance d'une de vos productions, &
vous en assurer le débit à son plus haut
prix possible, il faut *nécessairement que*
B b iij

vous mettiez votre nation en état de faire plus de consommations, soit de ses propres productions, soit de celles des autres nations. Mais pour cet effet il faut aussi que vous vous occupiez également de l'abondance & du bon prix de toutes les autres productions nationales ; par-conséquent que vous ayez grande attention de faire cesser tout ce qui peut être contraire aux intérêts des cultivateurs. A cette condition, vous verrez toutes les valeurs qui doivent être échangées les unes contre les autres, se multiplier en même-temps, & s'acheminer d'un pas égal vers leur meilleur prix possible ; vous verrez aussi l'industrie nationale & la population croître en raison de votre abondance, qui par ce moyen trouvera toujours dans l'intérieur de la nation un nombre suffisant de consommateurs en état de mettre un bon prix aux choses qu'ils consomment : c'est dans l'ensemble que réside la perfection de l'ordre qui procure à chaque partie son meilleur état possible. Si vous perdez de vue la chaîne des rapports, vous ne pouvez plus vous promettre de grands succès : quelque fages que foient vos opérations à quelques égards, dès qu'elles n'embraf-fent pas le tout, elles ne vous ferviront que foiblement ; encore feront-elles fu-jettes à des inconvénients.

Qu'on ne m'objecte point que les hommes qui vendent & achetent, ne fe conduifent pas fur ces fpéculations phi-lofophiques ; j'en conviens ; mais auffi, comme dit Pope, voyons-nous que l'Auteur de la nature a greffé fur un fauvageon un arbre qui porte des fruits excellents : la cupidité, qui divife le vendeur & l'acheteur dans leurs projets, eft précifément ce qui les rapproche & les concilie dans la pratique : c'eft cette cupidité, ce defir de jouïr qui devient l'ame de la concurrence, & la met en état de donner defpotiquement des loix aux vendeurs comme aux acheteurs.

Il n'eft point ici queftion de rendre les hommes philofophes & profonds pour qu'ils puiffent garder toutes les pro-portions qui doivent fe trouver dans les échanges qu'ils font entre eux ; ces pro-portions s'établiffent d'elles-mêmes, parce qu'il eft phyfiquement impoffible qu'elles ne s'établiffent pas ; parce qu'il est physiquement impossible que la somme des ventes excede habituellement celle des moyens que les consommateurs ont pour acheter ; parce qu'il est physiquement impossible qu'une partie des marchandises renchérisse , & soit néanmoins consommée en totalité , si l'autre partie des marchandises , dont le prix sert à payer la premiere , ne renchérit à proportion ; parce qu'il est physiquement impossible qu'alors le manque de débit ne fasse pas cesser le renchérissement , & ne rétablisse pas l'équilibre dans les valeurs.

LORSQUE je veux vous vendre pour 100 francs de marchandises , qui sans votre consommation deviendroient superflues , & ne seroient pour moi d'aucune utilité, mon intérêt est que vous ayez une valeur quelconque de 100 francs à me donner en échange ou en paiement : supposons donc que vous soyez en possession de cette valeur , mais aussi que vous n'ayez rien au-delà : si je prétends doubler le prix de cette marchandise que vous devez consommer , vous ne pouvez plus en acheter que la moitié , à moins que je ne consente qu'en me vendant, vous doubliez auffi le prix de la vôtre, auquel cas il n'eft pour vous & pour moi ni perte ni gain. Mais fi des circonftances paffageres me permettent de vous faire la loi, il en réfulte que vous perdez la moitié des jouïffances que vous devriez avoir pour votre argent, & que moi, je n'y gagne rien, puifque dans notre fuppofition, je ne peux tirer aucun parti de ce qui me refte : de-là s'enfuit qu'un tel commerce entre nous ne peut fubfifter, parce que je vous mets dans la néceffité de faire enforte qu'il ne fubfifte plus. C'eft ainfi que je me prépare des pertes & des privations par une voie qui paroiffoit me conduire à l'augmentation de ma richeffe.

UNE fois que l'argent a été inftitué le figne repréfentatif de toutes les valeurs, il eft devenu la mefure commune dont on s'eft fervi pour les énoncer & les peindre d'une maniere fenfible : on ne s'informe point du rapport que la valeur vénale d'une marchandife peut avoir avec celle de telle ou telle autre marchandife : Combien *vaut-elle* en argent ? Quelle fomme d'argent faut-il pour la

payer ? Voilà tout ce qu'on demande à
favoir : nous fommes fi peu dans l'habitude de fuivre le fil des liaifons que les
chofes ont entre elles , que fans nous
mettre en peine du rapport que cette
même fomme d'argent peut avoir avec
les autres marchandifes , nous croyons
gagner beaucoup en donnant moins d'argent pour les chofes que nous achetons,
ou en recevant plus d'argent pour les
chofes que nous vendons. Il eft pourtant naturel de ne *prifer le figne qu'à raifon de la chofe qu'il repréfente.*

Un homme qui ne cueille que du vin
en augmente le prix en argent de 25
p. $\frac{c}{o}$; tandis que toutes les autres productions font renchéries de 50 : cet
homme alors n'eft-il pas moins riche
avec un revenu plus confidérable en argent ? Changeons l'hypothéfe, & difons que le prix en argent de toutes les
chofes commerçables eft diminué de 50
p. $\frac{c}{o}$, & que celui du vin n'eft diminué
que de 25 ; dans ce cas , ce même hom-
me n'eft-il pas plus riche avec un revenu
moins confidérable en argent ?

L'Argent n'eft qu'un gage , n'eft
qu'un figne repréfentatif des chofes

usuelles : c'est donc une bien forte méprise que de le prendre pour ces choses
mêmes & de ne pas voir que les valeurs
numéraires , les valeurs en argent ne sont
que des noms, des termes que les hommes emploient pour se communiquer
leurs idées, & parvenir à faire entre eux
des échanges dont ils conviennent par
le moyen de ces mêmes termes. Aussi,
comme je l'ai déja dit, faut-il ramener
toutes ces différentes idées à celle de l'é-
change en nature, & c'est le moyen de
ne pas tomber dans cette méprise inconcevable, qui pourtant n'est que trop
commune parmi nous.

SITÔT que nous ne verrons plus dans
le commerce que des échanges en nature, nous regarderons les prétentions au
renchérissement d'une marchandise ,
comme autant de chimeres,& les renchérissements eux-mêmes comme des mots
& rien de plus : toujours faudra-t-il que
chacun reçoive *telle* quantité de telle ou
telle marchandise, pour *telle* quantité de
celle qu'il donne en échange : à vous permis de donner un grand nom à la valeur des marchandises que vous possé-
dez ; cela m'est absolument indifférent ,

pourvu que dans la réalité, les échanges des choses commerçables entre nous se trouvent toujours faits dans la même proportion.

LE nom des valeurs *numéraires* peut changer pour les marchandises, comme il change pour l'argent même : qu'un Prince double la valeur *numéraire* de ses monnoies ; en résultera-t-il qu'on pourra se procurer le double des marchandises pour la même quantité réelle d'argent ? C'est ainsi que quand on laisse les mots pour s'attacher aux choses, on trouve que malgré les changements qui surviennent dans les dénominations, la réalité se trouve toujours être la même ; que les échanges des choses commerçables se font dans une proportion qui n'a rien d'arbitraire ; que la concurrence enfin ne permet à personne de s'en écarter *habituellement*, & cela par des raisons qu'il seroit inutile de répéter.

VOILA comment les prétentions du vendeur & de l'acheteur, quoiqu'elles soient opposées entre elles, se concilient cependant parfaitement ; voilà comment chacun d'eux est obligé de se soumettre à la loi qu'il reçoit de la concur-

rence ; comment leur intérêt particulier
fe borne à profiter , tant en vendant
qu'en achetant, des prix qu'elle a réglés:
cela pofé , il devient évident qu'ils font
liés par un intérêt commun ; qu'il leur
importe à l'un & à l'autre , que leurs
échanges occafionnent le moins de frais
qu'il eft poffible ; car il eft de toute néceffité que ces frais foient à leur charge;
auffi leur intérêt commun eft-il tout l'oppofé de l'intérêt particulier des commerçants , qui profitant d'une partie de ces
frais , doivent naturellement chercher à
les augmenter , du-moins dans la partie
deftinée à refter dans leurs mains.

CHAPITRE XXXIX.

Suite du Chapitre précédent. Par qui font payés immédiatement les profits ou les falaires des Commerçants ? Erreurs relatives à cette queftion. Comment l'intérêt particulier des Commerçants fe concilie , par le moyen de la liberté , avec l'intérêt des autres hommes. La profeffion des Commerçants eft cofmopolite : rapports de cette vérité avec la néceffité d'une grande liberté de commerce. Différences effentielles & plus détaillées entre un peuple de Commerçants & les Nations agricoles & productives. Quel eft chez elles le véritable intérêt du commerce : befoin qu'il a de la liberté.

JE COMMENCERAI ce Chapitre par

l'examen d'un *rien* de grande importance aux yeux des politiques ; d'une question qui parmi eux est débattue avec chaleur , partage leurs opinions , & pourtant ne porte que sur des mots qu'on n'entend pas. Les uns prétendent que les profits des commerçants sont payés par les consommateurs ; d'autres soutiennent que ces profits sont faits sur les premiers vendeurs : quant à moi , je dis que les deux partis ont tout à la fois tort & raison ; que séparément elles ne considerent qu'une portion d'un tout qu'on ne peut diviser , & qui souffre également , quelle que soit la partie dans laquelle il se trouve blessé.

LES profits des commerçants doivent être placés dans la classe des frais ; par cette raison , ils concourent à fixer le prix que les marchandises doivent avoir dans le commerce. Un commerçant achete ici pour revendre dans d'autres lieux avec un bénéfice qu'on ne peut lui refuser : au moyen de ce bénéfice à faire par cet intermédiaire , le prix courant des marchandises qu'il trafique , est plus foible pour les premiers vendeurs ,

& plus fort pour les acheteurs-confom-
mateurs ; la différence qui fe trouve entre ces deux prix, eſt préciſément la
fomme qui doit en reſter dans les mains
du commerçant pour fes falaires & les
frais de fes opérations. La queſtion fe
réduit donc à favoir fi dans le cas où
il ne retiendroit pas cette fomme, le vendeur vendroit plus cher , ou fi le
confommateur acheteroit à meilleur
marché. Mais cette recherche n'a aucun
objet, aucune forte d'intérêt : chaque
confommateur n'eſt-il pas alternativement acheteur & vendeur pour des fommes *égales?* Et ne doit-il pas toujours
régner la même proportion entre toutes
les valeurs vénales , afin que *les vendeurs*
fourniſſent aux acheteurs même les moyens
d'acheter ?

Le prix courant de ce que je vends
100 francs devient 110 livres pour
vous qui le confommez, & le prix courant de ce que vous vendez 100 francs
devient 110 livres auſſi pour moi qui
le confomme ; il eſt évident que vous
& moi nous perdons chacun 10 francs
à ce marché, & qu'il eſt fort inutile
d'examiner

d'examiner fi c'eft en vendant ou en achetant que nous faifons cette perte. Ce qu'il y a de certain, c'eft que fans cette différence entre le prix du premier vendeur & celui du dernier acheteur, ou nous payerions chacun 10 francs de moins en achetant, ou nous recevrions 10 francs de plus en vendant; par conféquent votre confommation & la mienne fe trouveroient plus fortes d'un dixième.

Nous échangeons vous & moi 100 mefures de votre vin contre 100 mefures de mon bled: des circonftances nous obligent de placer entre nous, un agent intermédiaire, qui pour les fervices qu'il nous rend, retient fur votre vin, 10 mefures, & autant fur mon bled. Sur lequel de nous deux prend-il les 10 mefures de bled, fur lequel prend-il les 10 mefures de vin? Belle queftion! ce fera fur qui l'on voudra; mais toujours eft-il vrai qu'il s'approprie la dixieme partie de ce que, fans lui, votre vin vous permettroit de confommer en bled, & la dixieme partie de ce que mon bled me permettroit de confommer en vin.

TELLE eft pourtant au fond cette queftion importante aux yeux d'un grand nombre de politiques, qui, pour la plupart, l'ont décidée de maniere qu'ils fe font perfuadé que les agents du commerce gagnent tout fur les étrangers, & rien fur la nation dont ils trafiquent les productions. C'eft une telle chimere qui a fait éclore les privileges exclufifs & les autres polices que chaque nation adopte pour donner des entraves à fon commerce extérieur, & favorifer l'accroiffement des profits de fes agents nationaux.

COMME toutes les erreurs s'entre-touchent & fe tiennent, il a bien fallu que pour étayer leur fyftéme, ces mêmes politiques regardaffent les bénéfices faits par les agents nationaux du commerce, comme étant des bénéfices faits par l'Etat ; & qu'ils donnaffent aux intérêts particuliers de ces agents, le nom d'*intérêt du commerce*, ou plutôt, le nom impofant d'*intérêt général de l'Etat*. Je ne crois pas qu'il foit poffible de fe tromper plus lourdement, car il n'y a rien de plus oppofé à l'intérêt général

de l'Etat que l'intérêt perſonnel de ces
mêmes agents, lorſque pour les favoriſer, on les ſépare des commerçants étrangers, & qu'on renonce à la concurrence
de ces derniers en leur donnant l'exclu-
ſion.

Les frais pour parvenir à la conſommation, qui eſt la fin que tout commerce
ſe propoſe, ſe partagent néceſſairement
entre tous les conſommateurs, parce
qu'ils ſont alternativement acheteurs &
vendeurs, & qu'ainſi *ce ſont les vendeurs*
qui fourniſſent aux acheteurs les moyens
d'acheter. Ces frais ſont une dépenſe
commune à laquelle chacun d'eux contribue en raiſon de ce qu'il achete ou de
ce qu'il vend ; ils ont donc tous un intérêt commun à diminuer cette dépenſe
autant qu'il eſt poſſible ; au lieu que
ceux qui profitent de cette même dépenſe, ont tous intérêt de l'augmenter.

Ainsi par rapport au commerce, la
ſociété générale des hommes ne doit ſe
diviſer qu'en deux claſſes ; l'une eſt celle
des conſommateurs qui ſont entre eux
des échanges auxquels nous avons don-

né le nom de commerce ; l'autre eſt celle des agents intermédiaires qu'ils emploient ſouvent dans ces échanges , & auxquels nous avons donné le nom de commerçants , c'eſt-à-dire , *d'hommes ſervant le commerce.*

RIEN de plus facile préſentement que de fixer la véritable idée qu'on doit ſe former de l'intérêt du commerce , ou de l'intérêt général de l'Etat vu dans le commerce. 1°. On ne peut le chercher dans l'intérêt particulier des commerçants nationaux ; car il ne ſeroit plus général. 2°. Cet intérêt ne peut être autre choſe que l'intérêt commun des conſommateurs , car ce ſont eux qui font le commerce , & ce n'eſt que pour eux que le commerce ſe fait ; d'ailleurs ce n'eſt que dans leur claſſe qu'on peut trouver les hommes qui conſtituent réellement l'Etat.

CE qu'on nomme l'Etat eſt un *corps politique compoſé de différentes parties unies entre elles par un intérêt commun qui ne leur permet pas de s'en détacher ſans ſe préjudicier à elles-mêmes.* Cette définition nous fait voir que l'Etat ne réfide *effentiellement* que dans le Souverain qui en eft le chef, dans les propriétaires du produit net, & dans les entrepreneurs de culture; car leur profeffion eft locale; ils ne peuvent fe propofer d'aller l'exercer dans un autre Pays, attendu que chaque Pays ne comporte qu'un certain nombre de cultivateurs, qui déja font en poffeffion du fol : d'ailleurs leurs effets mobiliers ne font pas tranfportables comme l'argent, & ils ne pourroient, fans perte, les convertir en argent.

Il n'en eft pas ainfi d'un commerçant confidéré comme commerçant feulement, & abftraction faite des propriétés foncieres qu'il peut avoir : chez quelque nation commerçante qu'il veuille s'établir, il trouvera place pour fa perfonne & pour fa profeffion; fon émigration eft même d'autant plus facile, qu'il n'eft étranger dans aucun des lieux où s'étendent les relations de fon commerce, & fouvent fa fortune eft répandue beaucoup plus au-dehors qu'au-dedans.

Le commerçant, en fa qualité de fu-

jet du commerce, d'homme *attaché au service du commerce*, n'appartient exclusivement à aucun Pays en particulier ; il est *nécessairement* cosmopolite , parce qu'il est impossible que sa profession ne le soit pas : en effet , le commerce extérieur se fait toujours entre plusieurs nations ; ainsi le commerçant , comme instrument du commerce, est *nécessairement* aux gages de plusieurs nations à la fois , & son utilité est commune à toutes celles entre lesquelles se fait le commerce dont il est l'agent : qu'il soit Anglois , François , ou Hollandois , les échanges entre les nations qu'il sert en même-temps , doivent toujours se faire aux mêmes conditions pour elles , & leurs avantages réciproques doivent à cet égard être toujours les mêmes, pourvu qu'il ne leur vende pas plus cher , ou qu'il n'achete pas leurs productions à meilleur marché que ne feroient d'autres commerçants : aussi une grande liberté de commerce est-elle nécessaire pour mettre à l'abri de cet inconvénient.

Quand un commerçant achete, il

ne confidere point de quel Pays font fes
vendeurs ; quand il revend il ne confidere pas plus de quel Pays font fes acheteurs : il n'eft, & ne doit être occupé
que de deux objets, du prix de fes
achats, fes frais compris, & du prix de
fes reventes : tous les acheteurs & tous
les vendeurs font, & doivent être égaux
à fes yeux ; de quelque nation qu'ils
foient, fa profeffion les traite, & doit
les traiter tous de la même maniere ;
aucun d'eux ainfi n'eft par rapport à lui,
comme commerçant, ni plus ni moins
étranger que les autres ; il eft donc,
comme commerçant, véritablement cofmopolite, homme pour qui nulle nation
n'eft étrangere, & qui n'eft étranger
pour aucune nation.

UNE autre preuve que les commerçants nationaux ne font point, en cette
qualité, partie des hommes qui confti-
tuent l'Etat, c'eft que leurs richeffes mobiliaires & occultes, ne font jamais *corps*
avec les richeffes de l'Etat, & même ne
s'accroiffent qu'aux dépens de celles de
l'Etat. Il n'y a que les productions annuellement renaiffantes dans l'Etat, qu'on

puiſſe regarder comme richeſſes *pour* l'Etat, en raiſon de la valeur vénale qu'elles ont dans le commerce. Cette ſorte de richeſſes eſt la ſeule qui devienne diſponible, & qui puiſſe contribuer aux charges de l'Etat : impoſſible d'établir des impôts ſur les ſalaires ou bénéfices des commerçants : un tel impôt n'eſt pour eux qu'une augmentation de frais, dont il faut qu'ils ſoient indemniſés comme des loyers de leurs magaſins, & des autres dépenſes qu'ils ſont obligés de faire. Mal-à-propos s'imagine-t-on qu'un impôt ſur eux diminue leurs bénéfices : ceux-ci ſont réglés par la concurrence ; ſubſiſtent ainſi *néceſſairement* & indépendamment des frais dont ils ne peuvent ſe diſpenſer : s'ils ſe reſſentent d'un tel impôt, ce ne peut être qu'autant qu'ils augmentent tellement leurs frais que les conſommations en ſoient ſenſiblement diminuées : ils gagnent moins alors, parce qu'il y a moins de conſommateurs en état de les employer.

Je ne m'arrêterai pas plus long-temps ſur cette vérité que j'ai déja démontrée dans les Chapitres où j'ai traité de l'impôt :

de l'impôt : j'ai fait voir que ces fortes
d'impôts *indirects* retombent toujours &
nécessairement fur les produits de la culture ; mais ce que je dois ajouter ici,
c'eft que fi des befoins urgents mettoient
l'Etat dans la néceffité de chercher des
reffources en argent, il n'auroit aucun
moyen pour fe procurer l'argent de fes
commerçants nationaux à meilleur compte que celui des commerçants étrangers : ces deux richeffes en argent ne
lui appartiennent donc pas plus l'une
que l'autre ; au-lieu que dans un tel cas
les revenus des propriétaires fonciers lui
préparent des fecours qu'ils ont intérêt
de ne pas lui refufer, parce qu'il importe à la fureté de leur propriété de
les accorder.

Nous avons vu précédemment que
le produit net des terres eft la feule richeffe difponible dans une nation : l'intérêt commun du Souverain & de cette
nation eft donc d'avoir le plus grand
produit net poffible ; or, ils ne peuvent
obtenir cet avantage, qu'en retirant le
plus grand prix poffible de leurs productions. Le commerçant, au-contraire,

quoique national, a un intérêt tout opposé; car ce qu'il gagne est en diminution
de ce même prix, & par conséquent du
produit net qui fait la richesse unique du
Souverain & de la nation.

LE commerçant, considéré relativement à la nature de ses richesses, est
donc cosmopolite, comme il l'est à raison de sa profession. Le terme de cosmopolite ne doit point être regardé
comme une injure : je parle ici des choses & non des personnes ; de la profession du commerçant, & point du tout
de ceux qui l'exercent ; il se trouve souvent parmi eux d'excellents patriotes,
nous en avons des exemples, & j'en ai
même quelquefois été témoin, tandis
qu'il s'en trouve de très-mauvais parmi
les hommes attachés au sol par un droit
direct ou indirect de propriété, ainsi
que par leur profession. La bigarrure des
sentiments, des affections purement morales ne doit être ici d'aucune considération : nous sommes partis de l'ordre physique, & nous n'envisageons les hommes que dans les rapports physiques
qu'ils ont entre eux, parce que ces rap-

ports font les feuls qui foient évidents, qui ne varient point, & qu'on puiffe calculer avec sûreté.

LE nom de cofmopolite que je donne ici aux commerçants doit également convenir à un militaire confidéré comme militaire uniquement ; à un favant confidéré comme favant ; à tout homme dont la profeffion peut s'exercer partout. Celle du commerçant differe feulement des autres, en ce qu'il lui eft impoffible de fervir une nation fans en fervir une autre en même-temps, & que fes opérations font naturellement & *néceffairement* établies fur les territoires étrangers comme fur celui de fa nation.

QU'ON ne m'impute donc point de vouloir déprimer les commerçants : non-feulement je crois toutes les profeffions utiles ; mais j'honore même la leur en particulier ; elle eft peut-être la feule où l'on puiffe trouver les grands procédés de la bonne foi ; cette franchife qui ne fe dément jamais ; cette confiance fi refpectable, qui fait que la parole eft un contrat ; qui tient lieu de gages, de sûreté ; qui par les facilités qu'elle met dans

les négociations, accélere & multiplie
nos jouiſſances. Auſſi cette profeſſion eſt-
elle précieuſe à raiſon des talents qu'elle
exige, des vertus morales qu'elle ſuppoſe, des ſervices qu'elle rend à l'humanité : c'eſt par ſon entremiſe que toutes les parties de la terre s'entre-touchent ; que chaque climat parvient à
s'approprier les productions & l'induſtrie des autres climats ; que les hommes
ſe ſentent unis les uns aux autres par le
lien de leur intérêt commun ; que la ſociété générale enfin développe tous ſes
avantages, & nous fait jouïr de tout le
bonheur qui nous eſt deſtiné.

TELLE eſt l'idée que nous devons
nous former des vrais commerçants :
mais en même-temps que je rends à cette
profeſſion l'hommage qui lui eſt dû, je
me fais un devoir, pour elle-même, de
ne point dénaturer ſes intérêts, de ne
point les faire ſortir du rang où cet ordre immuable, l'ordre eſſentiel des ſociétés les a placés ; ce ſeroit leur rendre un mauvais office : au-lieu d'être
les amis & les aſſociés des autres hommes, ils deviendroient leurs ennem.s

Je dis donc que malgré l'utilité dont ils font, ils ne forment dans la société générale qu'une classe d'hommes salariés par tous les autres hommes, & servant toutes les nations indistinctement, tous les premiers propriétaires des choses commerçables. Dans cette position il est évident que les intérêts particuliers des commerçants nationaux ne sont point cet intérêt majeur que nous nommons l'intérêt du commerce ; que ce dernier au-contraire consiste principalement dans l'intérêt commun de ces premiers propriétaires, les seuls qui dans chaque nation forment essentiellement le corps politique de l'Etat, parce que tous les avantages de leur *existence sociale* font attachés à la conservation de l'Etat, & des liens qui les tiennent unis à l'Etat.

Si le commerce extérieur étoit institué de maniere que l'intérêt de ces premiers propriétaires fût sacrifié à celui des commerçants nationaux, la masse des reproductions, & par-conséquent des choses commerçables, diminueroit progressivement ; le commerce alors altéré

dans fon principe, feroit lui-même l'in-
ftrument de fa ruine, & les commerçants
enveloppés *néceffairement* dans ce défordre général, deviendroient bientôt les
victimes de leurs intérêts mal enten-
dus.

Si au-contraire le commerce favorife, comme il le doit, l'intérêt de ces mêmes propriétaires, on peut compter fur
les plus grands efforts poffibles pour féconder la reproduction, par conféquent
fur la plus grande abondance poffible
des chofes commerçables ; les moyens
de confommer fe multipliant ainfi de
toutes parts, chaque nation s'affure le
plus grand commerce poffible ; & dans
ce cas les profits des commerçants doivent fe multiplier comme les confommations. Tel eft donc l'avantage ineftimable de l'ordre, qu'il n'eft dans la fociété aucune claffe d'hommes dont l'intérêt particulier, quand il eft bien entendu, ne faffe partie de l'intérêt général, ou plutôt dont l'intérêt particulier,
pour être bien entendu, ne doive être
parfaitement d'accord avec l'intérêt
commun de toutes les autres claffes.

PLUS vous creuferez cette réflexion, & plus vous trouverez que l'ordre de la nature ramene à l'unité toutes les fociétés particulieres, & même toutes les claffes particulieres de chaque fociété ; qu'elles peuvent fe différencier par les fonctions, mais jamais par les intérêts ; que fur ce dernier article les hommes font tous affociés par une néceffité naturelle & impérieufe à laquelle ils ne peuvent fe fouftraire ; qu'il eft dans cet ordre immuable qu'ils foient tous utiles les uns aux autres, qu'ils jouïffent tous les uns par les autres , qu'ils fe fervent tous mutuellement pour l'augmentation commune de leurs jouïffances : fi quelques-uns d'entre eux veulent s'écarter de cet ordre effentiel, fe féparer de cette fociété générale, ifoler leurs intérêts particuliers, les détacher de l'intérêt commun des autres hommes, tous leurs intérêts alors s'entre-choquent, & fe nuifent réciproquement : troublés par les contradictions dans lefquelles ils tombent à chaque pas, ils ne fe propofent plus de remédier à un défordre que par un autre défordre; bientôt l'art de s'entre-nuire devient l'étude dont chacun croit devoir s'occuper ; & de cette étude on voit naître des principes politiques qui ne peuvent servir qu'à augmenter la confusion & les maux qui en résultent nécessairement.

LA maniere dont l'intérêt bien entendu des commerçants tient à l'intérêt commun des autres hommes, sappe par les fondements tout système qui tend à concentrer le commerce d'une nation dans une classe particuliere de commerçants, pour en exclure toutes les autres classes ; par ce moyen vous diminuez la concurrence, vous l'énervez ; elle n'a plus assez de force pour obliger les agents de votre commerce de tenir au rabais leurs salaires ou leurs profits : de-là s'ensuit que les consommateurs nationaux achetent plus cher & vendent à plus bas prix. Ainsi la plus grande liberté possible du commerce est évidemment le moyen unique de concilier l'intérêt particulier des commerçants nationaux avec l'intérêt commun de la nation : sans cette liberté ces deux intérêts sont toujours & *nécessairement* en oppo-

fition ; dès-lors l'intérêt particulier fe
détruit lui même en détruifant l'intérêt
commun.

Qu'on ne dife donc plus aux puiffances *foncieres*, aux nations agricoles &
productives : « Voyez tel & tel peuple ;
» voyez comme ils s'enrichiffent par le
» commerce ; & que leur exemple vous
» apprenne que l'intérêt du commerce
» eft dans l'intérêt de vos commerçants. »
Nous pouvons déformais leur répondre : il eft naturel que chez un Peuple
qui n'eft compofé que de commerçants,
l'intérêt du commmerce ne foit vu que
dans l'intérêt particulier de ces mêmes
commerçants ; puifque ces peuples n'ont
d'autres revenus, que les falaires qui
leur font payés par les nations qui fe
fervent d'eux pour commercer entre elles, toute leur politique, toutes leurs
vues doivent fe tourner vers l'augmentation de ces falaires ; mais chez les nations agricoles & productives, l'intérêt
du commerce eft *l'intérêt de la reprodu-*
Etion ; car c'eft par le moyen de la reproduction, & pour la reproduction,
que le commerce eft inftitué ; c'eft fur

elles-mêmes que font pris les falaires ou
les bénéfices des commerçants ; la diminution de ces mêmes falaires, eft donc
ce qu'elles doivent fe propofer, parce
que cette diminution devient pour elles
augmentation de richeffes.

De tels peuples different des puiffances *foncieres*, en ce qu'ils ne forment
point de véritables corps politiques, au-
lieu que ces puiffances ont une confiftence *phyfique*, & dont rien ne peut
ébranler les fondements. En effet, chez
ces peuples un commerçant ne tient à
l'Etat par aucun lien qu'il ne puiffe rompre *aifément* ; par-tout ailleurs il peut
être également commerçant, faire les
mêmes opérations & les mêmes profits.
Il n'en eft pas ainfi des hommes *vrai-
ment nationaux* ; leurs intérêts les tiennent *attachés* au fol, de maniere qu'ils
ne peuvent que perdre en s'expatriant.
D'ailleurs un peuple de commerçants
n'exifte que par le commerce qu'il fait
des productions étrangeres ; commerce
qui demain peut lui être enlevé par d'autres nations. Son exiftence politique dépend de quelques préférences qu'il peut

perdre d'un inſtant à l'autre ; ainſi le propre d'une puiſſance de cette eſpece eſt de pouvoir être détruite ſans coup férir, & ſans injuſtice.

UNE autre différence encore c'eſt qu'un peuple de commerçants, quels que ſoient leurs profits, ne peut jamais former un Etat riche, parce que la richeſſe des particuliers n'eſt point du tout celle de l'Etat : il eſt ſenſible qu'ils ne peuvent s'enrichir que par leurs économies ; or, l'autorité publique d'un Etat ne peut rien prendre ſur le produit des économies ; car on n'économiſe que pour jouïr ; & *néceſſairement* vous devez ceſſer d'économiſer , dès que les économies ceſſent de reſter à votre profit. Ce n'eſt pas cependant que chez un peuple de cette eſpece, la richeſſe des particuliers ne puiſſe quelquefois permettre à l'Etat de faire de grands efforts ; mais cela ne peut avoir lieu que dans des temps d'une grande efferveſcence , d'un grand enthouſiaſme : ces ſortes d'événements, qui ſont des jeux de l'opinion , & qui tiennent à l'arbitraire, n'ont rien de commun avec un ordre immuable

qui renferme en lui-même le principe de
la durée.

IL n'y a donc que les nations agricoles & productives qui, en raison de leur
territoire, puissent fonder une grande
puissance, une puissance solide : chez
elles la richesse de chaque particulier
n'est point un bénéfice fait sur un autre
particulier de la même nation ou sur un
étranger ; elle ne peut croître que par
une plus grande abondance ou par une
plus grande valeur vénale de ses productions ; cet accroissement par conséquent
ne peut avoir lieu, que la richesse personnelle du Souverain, ainsi que la richesse commune & disponible de la nation, ne croissent en même-temps. L'intérêt du commerce est donc pour une
telle nation l'intérêt de la culture ; c'est-
là le seul & véritable objet qu'elle doive
se proposer dans son commerce extérieur, si elle veut le faire servir à l'accroissement de sa richesse & de sa population. Or, il est évident que pour remplir cet objet, la plus grande liberté
possible est celle qui convient à son commerce extérieur; que ce n'est qu'à la fa-

veur de cette grande liberté, que le cultivateur peut être assuré du plus grand débit possible & au meilleur prix possible ; conditions sans lesquelles la plus grande abondance possible des productions ne peut jamais avoir lieu, ni donner à aucune nation & à son Souverain, la plus grande richesse possible.

CHAPITRE XL.

Du meilleur état possible d'une nation ; en quoi il consiste ; besoin qu'il a de la plus grande liberté possible dans le commerce. Fausses idées sur l'argent & sur la richesse d'une nation : sa véritable richesse n'est qu'une richesse en productions. Une richesse en argent n'est que l'effet de la premiere, & ne s'entretient que par la premiere. Différences essentielles entre ces deux sortes de richesses.

LE COMMERCE n'est qu'un *échange de valeur pour valeur égale.* De cette définition a résulté 1°. qu'il n'y a que les premiers propriétaires des valeurs échangées qui fassent le commerce ; 2°. que l'intérêt du commerce n'est autre chose que l'intérêt commun de ces premiers propriétaires ; 3°. que leur intérêt commun confifte à faire entre eux leurs échanges à moïns de frais qu'il eft poffible ; à profiter ainfi, tant en vendant qu'en achetant, des prix que la concurrence fixe à chaque chofe commerçable.

CES premieres notions du commerce rapprochées de la véritable idée qu'on doit fe former du meilleur état poffible d'une nation, de celui qui convient le plus aux intérêts perfonnels du Souverain & à ceux de fes fujets, démontrent fans replique, la néceffité dont il eft que le commerce jouïffe de la plus grande liberté. Vous ne pouvez trouver ce meilleur état poffible, que dans *la plus grande richeffe poffible.* J'entends ici par le terme de *richeffe*, une maffe de valeurs *difponibles*, de valeurs qu'on puiffe confommer au gré de fes defirs, fans s'appauvrir, fans altérer le principe qui les reproduit fans ceffe.

LE meilleur état poffible eft évidemment celui auquel eft attaché la plus grande fomme poffible de jouïffances, & la plus grande fûreté ; il confifte donc dans la plus grande maffe poffible de

valeurs *disponibles* ; car ce font les feules dont nous puiffions toujours jouïr ,
& fur lefquelles la fûreté puiffe s'établir.
Je dis que la maffe des richeffes difponibles eft dans chaque nation la mefure de
la fûreté politique , parce que c'eft toujours en raifon de cette maffe , que croif-
fent l'induftrie , la population , & de
plus cet intérêt que chacun prend à la
confervation du corps politique ; intérêt qui naît naturellement de l'aifance
dont nous jouïffons , & qui nous rend
capables de tous les facrifices , de tous
les efforts néceffaires à fa confervation.

LE fens dans lequel on doit prendre
ici le terme de *richeffe* étant ainfi déterminé , il devient évident que la plus
grande richeffe poffible ne peut être que
le réfultat de la *plus grande abondance
poffible des productions nationales , jouïffant conftamment de leur meilleur prix
poffible* ; prix qui ne peut régner dans
une nation , que par le moyen de la
plus grande liberté poffible dans fon
commerce. Prénez garde que je ne dis
pas que le bon prix des productions ne
peut s'établir que par un grand commerce ; mais bien *par une grande liberté*
de

de commerce, cette obfervation eft importante ; car le commerce n'a lieu qu'après que les prix ont été fixés par une concurrence qui ne peut réfulter que de la liberté. Ainfi ce bon prix peut très-bien exifter avec une grande liberté fans un grand commerce extérieur, mais jamais avec un grand commerce extérieur fans liberté.

Le *bon prix* des productions eft une condition doublement effentielle pour fe procurer une grande richeffe : au moyen de ce que c'eft lui qui fait que les productions nous enrichiffent, il fe trouve que nous lui fommes encore redevables de leur abondance : il eft évident que fans un *bon prix* , les cultivateurs manqueront tout-à-la-fois de moyens & de bonne volonté pour provoquer l'abondance , dès que fon produit net ne répondra point à la fomme de leurs avances & de leurs travaux. Ainfi par les effets que le *bon prix* produit, nous pouvons juger de quelle importance eft la liberté qui procure ce *bon prix*.

Je voudrois bien que mes lecteurs donnaffent à cette vérité toute l'attention qu'elle mérite : je voudrois bien qu'ils faiſiſſent que la richeſſe ne conſiſte que dans les valeurs *diſponibles*, qu'on peut conſommer ſans aucun inconvénient ; par conſéquent, qu'il n'y a que le produit net des cultures qui ſoit richeſſe, parce qu'il eſt, dans la maſſe des reproductions, la ſeule partie dont nous puiſſions diſpoſer pour nos jouiſſances : le ſurplus de cette maſſe n'eſt pas *diſponible* pour nous ; il appartient à la culture; c'eſt elle qui tous les ans doit le conſommer ; nous ne pouvons le lui dérober, que nous n'en ſoyons punis par l'extinction de nos richeſſes.

RIEN de plus ſimple donc que l'enchaînement des vérités qui naiſſent ici les unes des autres : le ſeul produit net eſt richeſſe ; mais ſans le *bon prix* & l'abondance, point de produit net ; or ſans la liberté, point de bon prix, point d'abondance ; ainſi ſans la liberté, point de produit net, point de richeſſe.

IL ne faut pas confondre cependant le *bon prix*, avec la cherté ; une marchandiſe eſt *chere* quand ſon prix eſt au-deſſus de ſon niveau, quand il excede la meſure qu'il doit avoir, en proportion du prix des autres marchandiſes. J'ai

déja fait voir que ce défordre ne peut
être qu'accidentel & momentané. Ce
qu'on appelle *cherté* ne peut donc être
l'objet de nos fpéculations ; elle contrafte avec un ordre inftitué pour ne jamais varier, parce qu'il n'admet aucuns
profits faits par les uns aux dépens des
autres. Une marchandife peut être très-
chere quoique fon prix foit médiocre en
lui-même ; elle peut auffi n'être pas *che-*
re , quoiqu'elle foit d'un grand prix.
La *cherté*, qui n'eft auffi *qu'un prix dé-*
mefuré , commence par être à charge
aux acheteurs , & retombe enfuite fur
le vendeur ; il ne peut plus trouver le
débit de fa marchandife.

LE *bon prix* eft tout l'oppofé de la
cherté : il eft précifément le prix qui naturellement & *néceffairement* fe trouve
attribué par la concurrence à chaque
marchandife , & en raifon de ceux des
autres marchandifes. Ainfi quel qu'il
foit, il eft toujours proportionné , &
jamais démefuré ; il eft enfin ce qu'il
doit être pour l'intérêt commun des vendeurs & des acheteurs.

L'ABONDANCE habituelle & conftante fuppofe toujours le bon prix; le bon

prix habituel & conſtant amene toujours l'abondance ; les deux forment enſemble ce qui conſtitue le meilleur état poſſible d'une nation. Il n'eſt point de vérités plus ſenſibles, plus évidentes par elles-mêmes ; & je ne crois pas qu'un homme raiſonnable puiſſe élever quelque doute à cet égard. Mais ces principes admis, vous ne pouvez plus en rejetter les conſéquences ; elles ſont également marquées au coin de l'évidence : vous ne pouvez plus vous diſpenſer de convenir de la néceſſité dont il eſt de procurer au commerce la plus grande liberté poſſible, afin que la plus grande concurrence poſſible vous faſſe jouïr du meilleur prix poſſible tant en vendant qu'en achetant.

Qu'est-ce que c'eſt que l'intérêt du commerce ? C'eſt l'intérêt de ceux pour qui ſe fait le commerce.

Qu'est-ce que c'eſt que la liberté du commerce ? C'eſt la liberté de ceux qui font le commerce, & qui ſont les mêmes que ceux pour qui le commerce ſe fait.

Pourquoi cette liberté leur eſt-elle néceſſaire ? Pour acheter & vendre au

prix qui convient le mieux à leurs intérêts.

QUEL est-il ce prix qui convient le
mieux à leurs intérêts ? C'est celui que
la concurrence assigne à chaque chose
commerçable, & qui ne peut être établi
que par la concurrence.

PAR quelle raison ce prix est-il le
plus avantageux à tous ceux qui commercent entre eux ? Parce qu'il est celui
sans lequel les marchandises ne pourroient plus *s'entre-payer*, s'échanger les
unes contre les autres ; au moyen de
quoi bientôt les acheteurs manqueroient
de vendeurs, & les vendeurs manqueroient d'acheteurs.

QUI sont donc ceux qui font le commerce, & pour qui le commerce se fait ?
Ce sont les premiers propriétaires des
choses commerçables, ceux qui concourent à les faire renaître annuellement
pour les échanger entre eux.

COMMENT enfin, le bon prix qu'ils
retirent des productions, est-il un objet
si important ? C'est que ce prix est *nécessairement* la mesure des efforts qu'ils
feront pour accroître leurs cultures, les
améliorer, les féconder ; il décide par

conféquent , de l'abondance des repro-
duétions futures , de la richeffe du Souverain & de la Nation : effayez maintenant de rompre la chaîne que ces vérités
forment entre elles.

EN général , on n'a qu'une idée très-
fauffe de la richeffe , & conféquemment
du meilleur état poffible d'une nation.
Nombre de gens , par le terme de richeffe , n'entendent autre chofe que de
l'argent ; ils fe perfuadent que l'argent
eft *le principe & la mefure de la profpérité d'une nation*. Il eft pourtant vrai , &
je l'ai déja fait obferver , qu'avec plus
d'argent on peut être plus pauvre. On
ne confomme point l'argent en nature ;
une richeffe en argent ne fe réalife que
par l'échange qu'on en fait contre des
chofes ufuelles : cette richeffe n'eft donc
point une richeffe *abfolue* , une richeffe
par elle-même ; elle n'eft au-contraire
qu'une richeffe *relative* , une richeffe
dont la valeur dépend abfolument de la
quantité des chofes ufuelles qu'on peut
fe procurer en échange pour fon argent.

UNE autre preuve encore que l'argent
n'eft ni le principe , ni la mefure de la
profpérité d'une nation , c'eft que *l'ar-*

gent ne multiplie point les choses usuelles ;
mais les choses usuelles multiplient l'ar-
gent , ou du moins lui impriment un
mouvement qui tient lieu de sa multiplication : *un seul écu* qui change de main
100 fois , équivaut à 100 écus , &
rend les mêmes services ; car il est parvenu successivement à représenter une
valeur de 100 écus en marchandises.
Qu'a-t-il donc fallu pour que les ventes
de ces 100 parties de marchandises
ayent eu lieu ? Il a fallu ces 100 parties
de marchandises , la liberté du mouvement nécessaire à leur consommation ,
& *un seul écu.* L'emploi qu'on a fait de
ce *seul écu,* à l'occasion de ces 100 différentes ventes successives, pouvoit même se répéter pour 1000 , pour beaucoup plus encore ; & son utilité sera
toujours la même , tant qu'il se trouvera dans le cas de servir de *gage intermé-*
diaire aux consommateurs qui auront
des marchandises à échanger entre eux.
Au moyen de ce *seul écu* & de 100 parties de marchandises , il s'est fait 100
ventes , 100 consommations , qui toutes ensemble ont valu 100 écus. Qu'on
me dise à présent en quoi consistoit la

richesse des 100 consommateurs qui ont
fait ces consommations ; si c'étoit dans
le *seul écu* qu'un d'entre eux possédoit,
qui existe encore parmi eux , & qui n'a
servi qu'à faciliter leurs échanges par sa
circulation , ou si c'étoit dans les 100
parties de marchandises dont ils ont
joüi, & qui avoient pour eux une valeur réelle de 100 écus.

Si vous êtes embarrassé pour décider
cette question , changez l'espece ; donnez à ces consommateurs , 100 écus
avec une seule des 100 parties de marchandises supposées ; calculez maintenant combien vaudra leur consommation : en-vain ferez-vous passer d'un
acheteur à un autre , cette partie de
marchandise ; certainement elle ne gros-
sira point en changeant de main ; après
100 ventes & reventes , elle ne sera
qu'une marchandise d'un écu , & ne
pourra jamais occasionner qu'une consommation de la valeur d'un écu. Faites plus encore : supprimez cet écu ;
laissez renaître annuellement les 100 parties de marchandises ; disposez les choses de maniere qu'elles puissent être
échangées en nature, & dites-moi si la
valeur

valeur de la consommation annuelle ne
sera pas de 100 écus.

Qui ne sait pas que l'argent n'est qu'un
moyen d'échange ? Que tous les jours
même on le supplée par le crédit & le
papier, de maniere que les plus grandes
affaires dans le commerce se font sans
argent ? Mais tandis qu'il est divers expédients qui suppléent l'argent, il n'en
est aucun pour suppléer les productions:
quelle est donc la véritable richesse, ou
de la chose dont on se passe très-bien,
ou de celle dont on ne peut se passer ?

Voyez maintenant combien vous
vous tromperiez grossiérement, si vous
vouliez juger de la richesse d'une nation
par la multitude des ventes & des reventes qui se font dans son intérieur, & par
le plus ou le moins d'argent qu'elle peut
posséder. Qui dit *richesse*, dit *moyen de
jouïr* ; & cette définition vous montre
évidemment qu'il n'y a de *richesse* qu'un
produit net, un produit disponible ; car
il n'y a que ce produit qui puisse être
consommé par nos jouïssances.

Dans ces climats fortunés où des
millions d'hommes vertueux & véritablement hommes, ont été inhumaine-

Tome II.   F f

ment égorgés par des monstres qui se
croyoient plus saints , plus parfaits ;
ou des furieux ont employé le fer & le
feu , pour établir une religion qui n'est
que de grace & d'amour , dans ces climats , dis je , l'or & l'argent n'étoient
point une *richesse*, parce qu'ils n'étoient
point *des moyens de jouir* , des valeurs
représentatives des choses qui servent à
nos jouïssances : il est vrai qu'ils le font
devenus parmi nous ; mais lorsque nous
les considérons comme une *richesse* , il
ne faut point , dans nos idées , les détacher de leur ensemble ; les séparer de
la véritable source qui nous donne les
moyens de les acquérir , & de la maniere
dont nous pouvons en jouïr.

Qu'on me permette de répéter ici
que l'argent ne pleut point dans nos
mains , ne croît point dans nos champs
en nature : pour avoir de l'argent, il
faut l'acheter ; & après cet achat , on
n'est pas plus riche qu'on l'étoit auparavant ; on n'a fait que recevoir en argent,
une valeur égale à celle qu'on a donnée
en marchandises. Une nation agricole
est très-riche , nous dit-on , quand on
lui voit beaucoup d'argent ; on a raison.

fans doute de le dire ; mais on a tort de ne pas voir auffi qu'avant d'acquérir cet argent, elle étoit également riche, puif-qu'elle poffédoit les valeurs avec lefquel-les elle a payé cet argent ; elle ne peut même jouïr de cette richeffe en argent, fans la faire difparoître pour toujours, à moins qu'elle ne l'entretienne par la reproduction des valeurs dont la vente ou plutôt l'échange lui ont procuré une richeffe en argent. Cette richeffe en ar-gent n'eft ainfi qu'une richeffe feconde & repréfentative de la richeffe premiere à laquelle elle eft fubftituée.

IL eft donc évident que ceux qui, pour apprécier la richeffe d'une nation, ne font attention qu'à la quantité d'ar-gent qu'elle poffede, prennent l'effet pour la caufe ; car une richeffe *en argent n'eft que l'effet d'une richeffe en produc-tions, converties en argent par le moyen des échanges*. Entre ces deux fortes de richeffes il eft une grande différence : la richeffe en argent féparée de la fource qui la reproduit pour vous, fe diffipe par vos dépenfes, de forte que vous ne pouvez en jouïr, fans vous ap-pauvrir ; elle n'eft ainfi que paffagere ;

au-lieu que la richeſſe en produ&ions
ſe nourrit & ſe perpétue par la conſommation même ; tant que cette conſommation n'eſt point de nature à altérer
les cauſes naturelles de la reprodu&ion.

UNE autre différence encore ; c'eſt
que par la raiſon qu'on ne peut faire de
l'argent le même uſage qu'on fait des
produ&ions ; qu'il ne nous ſert , qu'autant que nous l'échangeons contre les
choſes qui , par elles-mêmes & immédiatement , ſatisfont à nos beſoins, il
ſe trouve que *plus une nation a de pro-
du&ions , & moins elle a beſoin d'argent
pour jouïr ;* plus au-contraire elle a d'argent , & plus elle a beſoin de productions pour le convertir en jouïſſances.
Ainſi celles qui recueillent chez elles
beaucoup de produ&ions , & dont le
commerce tant intérieur qu'extérieur ſe
fait avec une grande liberté, auront toujours aſſez d'argent ; tandis que celles
qui ne recueillent qu'une quantité médiocre de produ&ions, ſont obligées,
pour jouïr , de faire le ſacrifice de leur
argent.

JE ſais bien cependant que par leurs
grandes économies , diſons le mot , *par*

leurs privations , des peuples dépourvus
de productions , & ne faifant commerce
que de leur main-d'œuvre , de leur induftrie, peuvent parvenir à théfaurifer ,
à fe former une grande richeffe pécuniaire ; mais *impoffible à eux de la conferver* , *s'ils veulent en jouïr :* en effet
qu'eft ce qui leur aura procuré cette richeffe pécuniaire ? *Les privations* auxquelles ils fe feront foumis : fi donc les
privations ceffent , voilà la fource de
leur richeffe abfolument tarie ; il faut *néceffairement* que leurs jouiffances les appauvriffent. La finguliere richeffe , que
celle dont on ne peut jouïr qu'on ne
l'anéantiffe fans retour ! telle eft pourtant une richeffe en argent , quand elle
fe trouve ifolée , & féparée d'une richeffe en productions annuellement renaiffantes : auffi , tout peuple qui ne poffede qu'une richeffe en argent , doit-il
régler fes dépenfes avec une écono-
mie qui ne convient point aux nations
agricoles & productives : ceux-là s'enrichiffent *en ne confommant point ;* &
celles-ci fe procurent , par la voie de la
reproduction , une richeffe *difponible*

qu'elles perpétuent *par la confommation
même* qu'elles en font.

.UN homme a gagné par fon induftrie
100 mille francs : que fait-il pour en
jouïr ? Il les échange contre une autre
efpece de richeffe qui puiffe lui donner
une reproduction annuelle de 4 ou 5
mille livres ; par ce moyen, il fait tous
les ans , & fans jamais s'appauvrir , une
confommation de 4 ou 5 mille livres.
Cet ufage conftant nous montre bien
qu'une richeffe en argent n'eft point
une véritable richeffe , n'eft point une
richeffe dont on puiffe jouïr fans inconvénient , à moins qu'elle ne foit l'effet
d'une richeffe en productions.

CHAPITRE XLI.

Suite du Chapitre précédent. Erreurs contraires aux vérités qui y sont démontrées. Balance du Commerce. Fausseté des systémes établis à cet égard : leurs contradictions, & les préjudices qu'ils ccusent à une Nation & à son Souverain. Fausses spéculations sur l'accroissement annuel de l'argent en Europe ; comme cet accroissement doit nécessairement se partager entre les Nations commerçantes. Nécessité de la libre circulation de l'argent. Comment sa masse peut grossir dans une Nation & en indiquer la richesse.

JE l'ai déja dit , & je le redis encore : les erreurs forment entre elles une chaî-

ne comme les vérités : c'eſt parce qu'on
a pris l'argent pour le principe & la meſure de la proſpérité d'une nation, que
les politiques ont adopté comme une
maxime d'Etat, que le commerce extérieur n'étoit avantageux qu'autant qu'il
faiſoit entrer beaucoup d'argent chez
une nation ſans l'en faire reſſortir : de-
là, le ſyſtême de toujours vendre & de
ne jamais acheter, du moins, de vendre beaucoup & d'acheter peu des étrangers; de-là, l'invention de ce qu'on a
nommé la balance du commerce ; de
cette maniere de comparer la ſomme
des ventes en argent avec celle des achats
en argent, pour juger, par le réſultat
de cette comparaiſon, à qui reſtoit l'a-
vantage du commerce ; de-là, pour tout
dire enfin, cette idée chimérique de
commercer avec les autres nations pour
gagner ſur elles, pour s'approprier une
partie de leur argent. Mais que dis-je ?
Une partie ? C'eſt la totalité que cette
fauſſe politique doit ſe propoſer de dé-
vorer ; car un tel ſyſtême n'a point de
bornes; perſonne ne peut marquer le
point fixe auquel ſes ſpéculations doivent s'arrêter : dès qu'on admet qu'il eſt

utile de *gagner* fur les autres nations,
cette utilité doit *néceſſairement* être toujours la même ; il faut donc étendre *néceſſairement* auſſi cette ſpéculation juſqu'à faire paſſer chez vous tout l'argent
qu'elles ont chez elles ; il faut en un
mot, que dahs votre ſyſtême, elles ne
ceſſent de perdre, juſqu'à ce que vous
les ayez réduites à une *impuiſſance abſolue* d'alimenter vos profits en argent.

EH bien, aveugle & cupide politique, je vas combler vos vœux : je vous
donne toute la quantité d'argent qui cir-
culoit chez les nations avec qui vous
commerciez : la voilà raſſemblée chez
vous ; que voulez-vous en faire ? Je vois
déja que vous avez perdu autant de conſommateurs étrangers que vous en avez
ruiné : vous en aviez beſoin cependant ;
& faute de ces conſommateurs, qui ne
peuvent ſe remplacer pour vous, il va
ſe faire un vuide dans la conſommation
de vos productions ; une partie doit reſter invendue, & dégénérer en ſuperflu ;
dès-lors vos cultivateurs vendent, non-
ſeulement en moindre quantité, mais
encore à moindre prix ; car l'effet de la
ſur-abondance eſt de faire diminuer les

prix ; elles ne renaîtront plus pour nous ces productions qui font réduites à manquer de débit.

Voila donc le défordre dans la claffe qui chez vous reproduit les valeurs difponibles ; voilà qu'une portion de vos terres va refter en friche ; que la diminution de la maffe de vos productions va en occafionner une proportionnelle dans votre population ; avec une plus groffe maffe d'argent, vous allez avoir moins de valeurs renaiffantes, moins de travaux, moins d'hommes entretenus, moins de revenus réels, moins de moyens de jouïr pour le Souverain & pour les propriétaires fonciers ; quel avantage l'accroiffement de cette maffe d'argent vous aura-t-il donc procuré ? Celui d'être obligé d'employer 100 écus pour payer ce qui ne fe vendoit que 10 ; mais en cela je ne vois qu'un fardeau de plus, qu'un embarras de plus dans votre commerce intérieur.

Il eft pourtant encore d'autres inconvénients attachés à cette révolution : 1°. Votre nouvelle opulence invite toutes les nations à venir reprendre fur vous par la force, ce que vous leur avez enlevé par votre politique fpoliatrice. En fecond lieu, la cherté exceffive de tout ce qui fe vend dans votre intérieur, eft garante que malgré toutes les précautions que vous pourrez prendre, il entrera chez vous une grande quantité de marchandifes étrangeres, qui ne feront point échangées contre les vôtres, parce que les vôtres font trop cheres, mais bien contre votre argent, parce qu'il eft à bas prix. Par cette voie, votre argent, tel qu'une riviere, qui ne pouvant plus être contenue dans fon lit, s'éleve au-deffus des digues qu'on lui oppofe, fe déborde, & répand fes eaux de tous côtés, votre argent, dis-je, refluera chez tous les étrangers qui ne cefferont d'introduire clandeftinement chez vous des marchandifes; ce même argent alors ne reviendra plus à votre claffe productive; celle-ci verra fes ventes diminuer d'autant; nouvel échec dans les revenus du Souverain & des propriétaires fonciers; nouvelle caufe de dépériffement de votre agriculture; nouvelle diminution dans la maffe de vos productions & dans votre population: tel eft l'ordre de la nature, que vous ne pou-

vez le violer qu'à votre propre préjudice.

JE ne finirois point fi je voulois parcourir tous les inconvéniens inférapa-
bles de la prétendue fortune que vous
venez d'acquérir par votre commerce
extérieur, ou plutôt dont je viens de
vous faire un préfent funeste; il me fuffit de vous faire obferver qu'à peine
eft-elle faite, qu'elle fe change en appauvriffement; que votre ruine eft une
fuite néceffaire de vos fuccès : ils font
donc des défordres, puifqu'ils portent
avec eux leur punition.

POUR combattre d'une maniere plus
victorieufe encore les idées bifarres
qu'on s'eft formées de la balance du
commerce, & des avantages qu'on a cru
trouver à rendre aux étrangers moins
d'argent qu'on n'en reçoit d'eux, perdons de vue la brillante & chimérique
hypothèfe que je viens de préfenter, fui-
vons pas à pas les fyftémes de la politique à cet égard, & voyons s'ils ne feroient point impoffibles dans leur exécution.

LE commerce extérieur ne peut faire
entrer chez une nation plus d'argent

qu'il n'en fait reffortir, qu'autant qu'elle porte aux étrangers plus de marchandifes que d'argent, & qu'en retour elle en reçoit plus d'argent que de marchandifes. Mais fi chaque nation policée ou foi-difant, adopte la même politique, il n'eft plus poffible qu'il fe faffe entre elles aucun commerce ; toutes n'auront que des marchandifes à vendre pour de l'argent, & aucune ne voudra donner fon argent en échange des marchandifes des autres. Comme une telle politique eft contre nature, comme elle fait violence au penchant naturel qui porte les hommes à vendre pour acheter & jouïr, qu'ainfi elle ne peut s'établir qu'en détruifant toute liberté ; chaque gouvernement fera valoir fa politique par les prohibitions & la force qu'il emploiera pour les faire obferver : dans cette pofition refpective, la fociété des nations n'exifte plus ; les voilà rivales, jaloufes, ennemies les unes des autres ; bientôt des guerres cruelles & deftructives viendront les punir de leurs contraventions à l'ordre effentiel de cette fociété.

PLUS nous analyferons cette politique, & plus fes contradictions fe mul-

tiplieront à nos yeux : nous venons de
la voir anéantissant tout commerce,
quoique son but soit de faire de grands
profits en argent par le commerce ; examinons présentement dans le détail,
quels moyens elle emploie pour se ménager ces mêmes profits.

LE commerçant, agent intermédiaire
du commerce extérieur, est un homme
qui doit être indemnisé de tous ses frais ;
il lui est dû en outre, des salaires, &
des intérêts pour toutes les sommes qu'il
est dans le cas d'avancer : lorsqu'en retour des productions exportées, il rapporte des marchandises étrangeres, toutes les reprises de ce commerçant lui
sont payées *en commun*, par la nation
dont il exporte les productions, & par
les étrangers dont il fait consommer
aussi les marchandises. Mais lorsqu'en
échange des productions exportées, il
ne rapporte que de l'argent, ces productions deviennent le seul objet sur lequel ses reprises puissent s'exercer : quoique ses voitures ou ses vaisseaux reviennent à vuide, il n'en fait pas moins les
mêmes frais pour leur retour, si vous
en exceptez ceux qui sont particuliére-

ment occafionnés par les chargements & les déchargements, & ce font des articles peu importants. Ce n'eft donc que fur le prix de ces mêmes productions exportées, qu'il peut prendre tout ce que fes opérations lui donnent le droit d'exiger. Cela pofé, il eft de toute nécef-fité qu'il achete d'autant moins cher les productions qu'il exporte ; car il ne peut les revendre chez les étrangers qu'au prix courant du marché général : ainfi le propre de cette façon de commercer eft de faire baiffer *néceffairement* le prix de ces productions dans l'intérieur de la nation cultivatrice qui en eft premiere propriétaire.

CET inconvénient ne frappe pas fur les feules productions exportées, il af-fecte encore toutes celles qui fe confom-ment chez cette nation, 1°. Parce qu'u-ne même efpece & qualité de marchan-dife n'a qu'un même prix courant pour tous les acheteurs ; 2°. Parce qu'il re-gne habituellement un équilibre nécef-faire entre les valeurs vénales de toutes les productions d'une nation : ainfi par la feule raifon que les productions ex-portées perdent une partie du prix qu'el-

les devroient avoir dans les mains des
premiers vendeurs, toutes les autres productions, quoiqueconfommées dans l'intérieur de la nation, font contraintes de
fubir le même fort. Jugez maintenant
quelle doit être la diminution des revenus communs du Souverain & des propriétaires fonciers : heureux encore fi
cette perte étoit la feule que cette fauffe
politique leur fait éprouver, mais nous
en découvrirons d'autres dans un moment.

VOICI donc que, déduction faite des
reprifes des commerçants, la valeur des
productions exportées revient en argent : il s'agit de favoir ce qu'il va devenir.

QUELLE que foit cette fomme d'argent, elle n'eft que le repréfentant d'une
valeur femblable en productions cueillies fur le territoire de la nation qui les
vend, & confommées par l'étranger qui
les achete. Cet argent fe diftribue donc
à tous les premiers propriétaires de ces
productions : ainfi par le moyen de cet
échange, s'il pouvoit fe renouveller
tous les ans, il fe trouveroit que l'étranger feroit affuré d'un revenu annuel en
productions.

productions, quoiqu'il n'en cueillît point, & que la nation supposée ne se verroit qu'un revenu annuel en argent, quoiqu'elle cueillît ces mêmes productions. Qu'on me dise donc de quelle utilité lui sera ce revenu en argent, si elle ne le convertit pas en choses usuelles, en choses propres à procurer des jouïssances. Mais si elle veut faire cette conversion, comment pourra-t-elle y parvenir, puisque les choses usuelles ne se trouvent plus chez elle, & qu'elle ne veut point acheter de celles qui sont chez l'Etranger ?

PEUT-être me demandera-t-on pourquoi il ne se trouve plus dans cette nation une quantité de choses usuelles dans l'achat desquelles elle puisse dépenser son revenu en argent ; mais la raison en est bien simple : puisqu'elle a vendu aux étrangers une portion de marchandises pour de l'argent, cela fait qu'il se trouve chez elle plus d'argent & moins de marchandises ; qu'ainsi la somme d'argent qu'elle a reçue de l'étranger, ne peut plus trouver à s'employer. Développons cette vérité, car elle est d'une grande importance.

Tome II.   G g

Distraction faite de la portion des denrées que le Souverain, les propriétaires fonciers & les cultivateurs consomment en nature, divisons les productions en deux parties, dont l'une est vendue aux étrangers, & l'autre à la classe industrieuse. Sur la partie que cette classe achete, elle doit prendre toutes fes consommations, & le surplus doit être revendu par elle en argent, aussi cher qu'elle l'a payé. Si elle le revend moins, elle se ruine, & ce commerce ne pourra bientôt plus avoir lieu ; si elle le revend plus, elle s'enrichit aux dépens du Souverain & des propriétaires fonciers ; elle diminue la masse du produit net, & altere un des principes de la reproduction. Ainsi pour que personne ne soit lésé, l'ordre veut que l'argent déboursé par la classe industrieuse lui revienne, mais aussi qu'il ne revienne que la même somme, & que par ce moyen il se fasse une circulation qui ne puisse jamais être interrompue.

Les premiers propriétaires des productions vendues à la classe industrieuse doivent donc avoir dans leurs mains, l'argent qui suffit à payer les ouvrages

que cette claſſe ſe trouve à ſon tour
avoir à leur vendre ; par-conſéquent celui que ces propriétaires reçoivent de
l'étranger, ne peut plus trouver à s'employer dans la nation. Dans une telle
poſition il eſt moralement impoſſible
qu'ils n'achetent pas à l'envi les ouvrages de la claſſe induſtrieuſe, & qu'ils ne
les faſſent pas renchérir fort au-deſſus
du prix que ces ouvrages devroient naturellement avoir ; car dans le cas ſuppoſé toute autre jouïſſance leur eſt in-
terdite, & la concurrence des vendeurs
étrangers ne vient point donner des loix
à la cupidité des vendeurs nationaux de
ces mêmes ouvrages.

DEUX effets doivent alors *néceſſai-*
rement réſulter de ce renchériſſement :
une double diminution dans la richeſſe
& les jouïſſances du Souverain & des
propriétaires fonciers, & l'enrichiſſe-
ment de la claſſe induſtrieuſe à leur préjudice. Ces conſéquences paroiſſent peut-
être un peu précipitées ; mais voici le
développement méthodique & graduel
des liaiſons qu'elles ont avec leur principe.

LE renchériſſement des travaux de la

main-d'œuvre ne produit-il pas le même effet qu'une diminution réelle du revenu des propriétaires fonciers & du
Souverain ? Voilà donc déja une premiere perte. Mais ce renchériffement
peut-il avoir lieu fans frapper auffi fur
les cultivateurs, & par-contre-coup, fur
les avances de la culture ? Voilà donc encore une feconde perte ; car de cette
charge indirecte fur les avances de la
culture, réfulte une diminution dans la
maffe des productions ; diminution qui,
comme nous l'avons déja fait voir, doit
être entiérement fupportée par les co-
propriétaires du produit net.

Le réfultat d'un tel fyftéme eft donc
tel que je viens de le préfenter : il doit
opérer l'appauvriffement du Souverain
& des propriétaires fonciers, & l'enri-
chiffement de la claffe induftrieufe à
leurs dépens. Mais comme tout fe tient,
& qu'il n'eft point de défordre qui n'ait
fes contre-coups, il nous faut encore
examiner qui font ceux de ce dernier
inconvénient. Je demande donc quel
ufage la claffe induftrieufe fera de l'argent qu'elle gagne ainfi chaque année
fur les premiers propriétaires des produ-

ctions : certainement elle ne l'emploiera
point en acquifitions de terres ; car dans
notre hypothèfe, l'état du propriétaire
foncier eft un mauvais état, au-lieu d'ê-
tre le meilleur état poffible. Il faudra
donc que les agents de l'induftrie, à mefure qu'ils auront fait fortune, aillent
avec leur argent s'établir chez l'étranger.

EN derniere analyfe ; que gagnez-
vous donc à vouloir toujours vendre
aux étrangers fans rien acheter de leurs
marchandifes? Vous leur échangez vos
confommations, vos jouïffances pour de
l'argent que vous ne pouvez conferver,
& qui reffortira de vos mains fans qu'il
ait pu vous être utile. Cependant pour
acheter ce trifte & ridicule avantage,
vous commencez par enlever à vos productions une portion de la valeur vénale
qu'elles devroient avoir; vous aggravez
cette perte pour leurs premiers vendeurs, en faifant renchérir le prix qu'ils
font obligés de mettre aux ouvrages de
la main-d'œuvre ; vous altérez ainfi la
maffe des reproductions en faifant fupporter aux avances de la culture une

partie du poids de ce renchériſſement ;
comptez-bien ; vous allez trouver le
Souverain & les propriétaires fonciers
grévés de trois manieres ; ils le ſont par
la diminution du prix des productions ;
ils le ſont par une autre diminution dans
leurs récoltes ; ils le ſont par le renchériſſement d'une partie des choſes qu'ils
ſont obligés d'acheter. Livrez-vous à
tous les jeux de votre imagination ; choi-
ſiſſez entre toutes les ſuppoſitions que
vous pourrez inventer ; je vous défie
d'en trouver une qui puiſſe vous mettre à l'abri de tous ces inconvénients à
la fois.

Toutes les différentes diſpoſitions
auxquelles l'imagination puiſſe ſe préter
un moment, ſe réduiſent aux deux que
voici : que les ouvrages de l'induſtrie
ne renchériront point , ou que s'ils renchériſſent , les productions renchériront
à proportion.

Si les ouvrages de l'induſtrie ne renchériſſent point, l'argent provenant des
ventes faites à l'étranger eſt donc deſtiné à reſter oiſif dans les mains des premiers propriétaires des productions , à

ne leur procurer aucunes jouïffances.
Mais dans ce cas pourquoi veut-on qu'ils
achetent, *par des privations*, un argent
qui doit n'être pour eux d'aucune utilité ? Un tel argent n'eft plus une richeffe, dès qu'il n'eft plus un *moyen de jouïr ;*
cet état au-contraire eft un appauvriffement très-réel ; car *être pauvre c'eft être
privé des moyens de jouïr.*

L'AVARE, cet efclave d'une paffion
qui le laiffe manquer de tout pour en-
fouir fon argent, eft très-véritablement
pauvre : nous plaignons fon aveuglement, & cependant le fyftème de ce malheureux n'eft en petit que ce que votre
fyftème politique eft en grand ; car s'il
eft bien que les co-propriétaires du produit net fe privent du quart ou du tiers
de leurs jouïffances pour s'enrichir en
argent, il fera mieux encore qu'ils fe
privent de la totalité pour augmenter
chez eux ce même argent. D'après les
impulfions des mobiles qui font en
nous, les hommes ne font avides des
richeffes en argent, que parce qu'ils font
avides des jouïffances qu'on obtient par
le moyen de ces richeffes : tous defirent

ainfi de s'enrichir pour jouïr ; mais dans le fyftême factice de notre politique , il faut renoncer à jouïr pour s'enrichir ; cette feule contradiction fuffit pour caractérifer fon abfurdité.

VOTRE feconde reffource eft de fuppofer que l'augmentation du prix des productions fuivra celle du prix de la main-d'œuvre : ne vous égarez pas ici dans de vains raifonnements ; cette fuppofition eft phyfiquement impoffible : vous avez befoin des étrangers pour operer la confommation totale de vos productions puifque vous leur en vendez tous les ans une partie ; mais vous ne pouvez les leur vendre au deffus du prix courant du marché général, & fur ce prix , il faut que les commerçants prélevent toutes les reprifes qu'ils ont à faire ; car les étrangers , qui ne vous vendent rien , ne payent pour vos productions , que le prix courant du marché général, & rien de plus. Or, il eft conftant que le confommateur national n'achetera pas dans fon propre Pays , plus cher que le confommateur étranger ; que fi ce dernier ceffe d'acheter, vous

manquez

manquez d'un débit suffisant pour vos productions ; & que toutefois que la re-production excede la consommation, le prix de la marchandise sur-abondante doit diminuer au-lieu d'augmenter. Cette supposition renferme ainsi deux choses absolument contradictoires ; le renchérissement de vos productions, & néanmoins la continuation de leur vente aux étrangers.

Si je voulois analyser plus particuliérement cette même supposition, j'y trouverois encore d'autres contradictions ; mais celle-ci suffit : revenons donc à votre premiere hypothèse, & supposons, contre toute vraisemblance, que le produit en argent des ventes faites à l'étranger reste oisif dans les mains du Souverain, & des propriétaires fonciers, & qu'au moyen de son oisiveté, les ouvrages de l'industrie ne soient vendus qu'à leur prix naturel & nécessaire : dans ce cas même, le moins défavorable de tous, vos prétendus avantages ne seront pas de longue durée : par la raison que les étrangers ne vous vendent rien, leur richesse en argent diminue *nécessaire-*

ment ; bientôt ils sont forcés d'acheter une moindre quantité de vos productions, ou de vous en donner un moindre prix, ou plutôt même de faire les deux à la fois : de toute façon, la diminution du produit de vos ventes est un malheur inévitable pour vous ; & ce malheur est d'autant plus grand, qu'il entraîne après lui une autre perte bien plus grande encore ; il enleve à toutes les productions qui se consomment dans l'intérieur de la nation, une partie du prix courant qu'elles avoient ; car encore une fois, le prix courant est un prix commun pour tous les acheteurs, & toutes les valeurs vénales ont entre elles un équilibre habituel & nécessaire ; le prix des unes décide du prix des autres.

IL est donc évident que cette diminution de la valeur vénale & du débit de toutes vos productions doit être progressive ; ainsi pour peu qu'un tel désordre continuât, tout le territoire de votre Nation se trouveroit en non-valeur : alors il ne vous faudroit que des yeux pour voir évidemment que la maniere dont vous comptez vous enrichir aux dépens des autres nations, n'est qu'un secret pour ruiner le Souverain & l'E-tat.

UNE objection à laquelle je m'attends, c'est que la masse de l'argent croissant d'année en année dans notre continent, le systême en question peut, sans nul inconvénient, se réduire à s'approprier cet accroissement, du-moins pour la majeure partie : je le veux bien, mais à condition que ce sera pour en *jouir* ; car enfin, *jouir* est le motif & l'objet ultérieur de tous nos travaux, de toutes nos spéculations : aussi voyons-nous qu'en général, si quelqu'un suspend ses jouissances, ce n'est que dans la vue d'augmenter ses jouissances à venir.

CEPENDANT si vous prétendez jouïr de cet accroissement d'argent, sans le faire repasser aux étrangers ; si vous comptez toujours qu'ils acheteront de vous beaucoup plus qu'ils ne vous vendront; si vous parvenez, en un mot, à augmenter la masse de votre argent bien au-delà de ce qu'elle augmente chez les autres nations, toutes proportions gardées, il

en réfultera que cet argent diminuera
chez vous de valeur vénale, tandis qu'il
confervera toujours fa méme valeur vénale dans les autres pays; je veux dire.
qu'à mefure que vos richeffes en argent
fe multiplieront, il en faudra donner
une plus grande quantité en échange des
chofes ufuelles; mais fitôt qu'il faudra
deux écus pour acheter de vous ce qui
ne fe vend qu'un écu chez les autres, ils
vendront, & vous ne vendrez plus; ainfi
vos marchandifes qui fe confommoient
au-dehors, refteront invendues : les fuites funeftes de cet engorgement vous feront bientôt connoître que ce que vous
avez regardé comme un bien, eft pour
vous le principe de beaucoup de maux;
qu'il eft une proportion naturelle, fuivant laquelle chaque nation commerçante doit participer à l'accroiffement
annuel de l'argent en Europe; que prétendre excéder cette proportion, eft
une fpéculation dont le fuccès ne peut
être ni durable ni avantageux.

Observez cependant qu'une nation
qui n'auroit que de l'argent à vendre,
formeroit une exception à la loi com-

mune, qui regle entre les nations commerçantes, le partage à faire dans l'accroiffement de l'argent. Plus l'argent fe
multiplie, & plus il perd de fa valeur
vénale, tandis que les autres marchandifes augmentent de valeur *par rapport
à lui :* cette contrariété de progreffion
dans les révolutions des valeurs feroit
évidemment au détriment de la richeffe
d'une nation qui ne *cueilleroit* chez elle
que de l'argent : obligée de le *cultiver*
par l'entremife des productions étrangeres, d'année en année les frais de cette
culture augmenteroient pour elle, tandis
que la valeur vénale de l'argent qu'elle
récolteroit diminueroit ; elle s'appauvriroit de jour en jour.

JE n'ai jamais conçu comment la politique pouvoit s'occuper férieufement
des moyens d'augmenter chez une nation la maffe de l'argent. Je conçois
bien moins encore, qu'elle puiffe fe propofer d'obtenir cette augmentation par
l'enchaînement de la liberté de fon commerce : l'accroiffement annuel de cette
maffe d'argent dans chaque nation commerçante, eft un effet naturel & nécef-

faire de cette liberté ; & ce n'eſt que par cette liberté qu'il peut s'opérei.

Les nations qui exploitent les mines d'or & d'argent, multiplient ces matieres dans notre continent. Cette exploitation les met dans le cas de faire une grande conſommation de productions étrangeres ; & quand elles ne ſeroient pas obligées d'envoyer ces productions dans les lieux d'ou elles tirent l'or & l'argent, il eſt évident que pour convertir ces matieres en jouiſſances, elles ſeroient encore dans la néceſſité de recourir aux autres nations, & d'en acheter les marchandiſes uſuelles.

Les nations d'Europe commerçantes ſe diviſent donc *naturellement* en deux claſſes ; les unes mettent dans le commerce plus de productions que d'argent, & les autres plus d'argent que de productions : ainſi, ce que vous appellez la balance du commerce, doit être *néceſſairement* chaque année au profit des premieres, à quelques variations près, qui ne peuvent être que momentanées.

Il ne faut donc point regarder comme le fruit d'une politique profonde, l'avantage d'augmenter chez une nation la maſſe de l'argent : cet accroiſſement s'opere de lui-même, quand on ne fait rien pour l'empêcher ; il eſt l'effet néceſſaire de la liberté, puiſque c'eſt par la liberté que ſe multipl nt les valeurs qui doivent être échangées contre l'argent, & que ce n'eſt qu'en raiſon de ces valeurs, que la maſſe de l'argent peut s'accroître chez tous les peuples qui font commerce de leurs productions.

L'ARGENT eſt une eſpece de fleuve ſur lequel on voiture toutes les choſes commerçables, & qui arroſe tous les lieux où s'étend le commerce. Voulez-vous vous en procurer une grande abondance? Multipliez, creuſez, élargiſſez les canaux qui le reçoivent ; mais diſpoſez-les auſſi de maniere que rien ne puiſſe ralentir ſon cours : il ne doit faire que paſſer ; & la liberté de ſa ſortie doit être égale à la liberté de ſon entrée ; car le volume qui entre perpétuellement, ſe meſure toujours, & néceſſairement ſur le volume qui ſort. Si pour le retenir chez vous, vous arrêtez ſon écoulement naturel, vous ceſſerez bientôt d'en

H h iv

recevoir la même quantité que la nature
vous avoit deſtinée ; en tout cas, ce que
vou n poſſédez ne pourra s'accroître
que pour vous occaſionner de grands
ravages par ſes inondations, tandis que
l'interception de ſon cours, ne vous permettant plus de vous en ſervir pour l'exportation de vos marchandiſes, vous
perdez ainſi toute l'utilité que vous de-
viez en retirer.

IL eſt ſenſible que les canaux déſignés
par cette comparaiſon, pour recevoir
l'argent, ſont toutes les productions territoriales qu'une nation peut vendre aux
étrangers, & que l'argent qui entre par
ce moyen, doit reſſortir par des achats
qu'elle fait chez eux pour des ſommes
égales à celles de ſes ventes. A meſure
que la maſſe de l'argent s'accroît, il perd
de ſon prix ; & conſéquemment il entre
en plus grande abondance ; vous en poſſédez ainſi toujours une plus grande
quantité, quoique vous en faſſiez reſſortir une plus grande quantité. La même
augmentation encore a lieu, ſi pour multiplier vos achats chez les étrangers,
vous parvenez à multiplier les ventes

que vous leur faites. Mais cet avantage alors suppose *nécessairement* la multiplication de vos productions, & en outre une grande liberté de vendre & d'acheter ; car richesse c'est *moyens de jouïr ;* ainsi sans la liberté de jouïr, les productions ne peuvent plus ni devenir de véritables richesses, ni se multiplier.

En considérant l'argent dans le point de vue où cette comparaison nous le présente, je conviens qu'on peut juger de la richesse d'une nation agricole par la quantité d'argent qu'on voit chez elle : cette quantité, qui sans cesse se renouvelle, est toujours proportionnée à la quantité & à la valeur vénale de ses productions, en un mot, au montant des ventes qu'elle est en état de faire annuellement aux autres nations. Mais ne nous y trompons pas : l'argent alors n'est que *le signe* de la richesse ; il *l'annonce & ne la fait point ;* au		it-ce d'après l'argent qui passe librement chez cette nation, & non d'après l'argent qui y demeure engorgé, que nous pouvons nous former une idée juste de sa véritable riches-

fe ; de celle qui eft *disponible* pour elle ;
dont elle peut jouïr annuellement fans
s'appauvrir ; difons plus , dont elle doit
néceſſairement jouïr , ſi elle veut la perpétuer.

CHAPITRE XLII.

Suite du Chapitre précédent. Fausse idée des produits de l'industrie. Erreurs résultantes de l'illusion que font ces produits apparents. Quand & comment l'industrie manufacturiere peut être utile au commerce des productions. Elle n'en augmente jamais les valeurs au profit de la Nation. Nécessité d'une grande liberté à tous egards pour rendre cette industrie utile à la Nation. Contradictions & inconvénients des systêmes opposés à cette liberté.

LE TERME de *richesse* a, dans notre langue, diverses significations : tantôt nous l'employons pour exprimer l'état *habituel* d'une personne ; & tantôt le

subftituant à celui de *valeurs*, nous le
donnons aux chofes, à raifon de l'utilité
dont elles font à nos jouïffances. Il eft
donc naturel qu'on ait regardé l'argent
monnoie comme une richeffe, puifqu'en
général, on peut, avec de l'argent, fe
procurer toutes les chofes qu'on défire,
pourvu que leur valeur vénale n'excede
pas celle de ce même argent.

L'argent figure dans le commerce
comme le repréfentant de toutes les marchandifes propres à nos jouïffances, fans
cependant être par lui-même aucune de
ces marchandifes. Les hommes éblouïs
par le brillant de cette faculté repréfentative, ont infenfiblement pris l'argent
pour les chofes ufuelles qu'il repréfente ;
ils ont perdu de vue que fon utilité n'eft
ni à lui, ni en lui ; qu'elle eft au-contraire
dans les chofes ufuelles qu'on fe procure
par fon moyen.

Cette illufion a produit deux effets ; le premier de nous empêcher de
voir que fi l'argent repréfente, dans nos
mains, les chofes que nous pouvons dé-
firer d'acheter, il y repréfente auffi les
chofes que nous avons vendues pour
avoir cet argent : le fecond eft de nous

accoutumer à confondre les différentes idées qu'on attache au terme de richesse ; à juger de la richesse *personnelle & habituelle* par la somme des valeurs en argent qu'on possede, sans examiner si les possesseurs ont ou n'ont pas les moyens de renouveller ce même argent, après qu'ils l'auront dissipé par leurs jouissances.

NOUS regarderions comme insensé tout homme qui, sans des raisons fort extraordinaires, feroit plus de cas d'une somme de 100 mille francs en argent, que d'un revenu annuel de la même valeur : telle est pourtant notre folie, lorsque nous ne prisons la richesse *habituelle* d'une nation, que par la quantité d'argent qu'elle possede, sans faire aucune attention à la différence énorme qui se trouve entre avoir ou n'avoir pas une reproduction annuelle, qui tous les ans lui restitue la même valeur en argent, & lui permette ainsi tous les ans de le dé‑penser en consommations.

PARMI les valeurs qui peuvent exister dans une nation, il faut toujours distin‑guer celles qui sont accidentelles, de cel‑les qui sont *habituellement* renaissantes :

les premieres, tant qu'elles exiftent, forment une richeffe; mais elles ne continuent d'être les mêmes qu'autant qu'on n'en jouït pas. Les fecondes au contraire, fe renouvellant conftamment chaque année, forment une richeffe *habituelle* qui eft la véritable richeffe, parce que chaque année on peut en jouïr fans s'appauvrir.

Il n'eft perfonne qui ne fente la néceffité de la diftinction que je viens de préfenter; perfonne qui ne fache combien une richeffe toujours renaiffante differe de celle que la jouïffance éteint fans retour. Comment donc la richeffe *habituelle* d'une nation peut-elle être envifagée féparément de la valeur vénale de fes reproductions annuelles ? Comment a-t-on pu perdre de vue que cette valeur eft l'unique richeffe qui lui permette de renouveller perpétuellement fes jouïffances; que l'argent ne peut jamais être une richeffe *habituelle*, qu'autant qu'il eft le prix & le repréfentant de cette même valeur ?

On me fera fans doute, une grande querelle fur ce que jufqu'ici je n'ai fait confifter la richeffe *habituelle* d'une na-

tion que dans l'abondance & la valeur
vénale de ſes reproductions annuelles,
ſans faire aucune mention des produits
de l'induſtrie. Il eſt reçu par-tout comme
article de foi que l'induſtrie donne des
produits, & de très-grands produits;
que c'eſt elle qui enrichit les nations, par
la maniere dont elle augmente les valeurs vénales des matieres premieres.
Cette erreur a coûté bien cher à l'humanité : combien de valeurs réelles, combien d'hommes ſacrifiés à ce préjugé! Je
vas donc eſſayer d'en démontrer tout le
faux; c'eſt un des ſervices les plus importants qu'on puiſſe rendre à ia ſociété.

Je commence par obſerver que le prix
des ouvrages de l'induſtrie n'eſt point
un prix arbitraire, qui puiſſe augmenter
au gré de l'ouvrier, ou diminuer au gré
des acheteurs : nous devons au-contraire
le regarder comme étant un prix *néceſſaire*, parce qu'il eſt *néceſſairement* déterminé par toutes les dépenſes dont il
faut que l'ouvrier ſoit indemniſé; dépenſes qui ſont elles-mêmes réglées par la
concurrence, de maniere que chaque ouvrier n'eſt pas libre de les augmenter ſe-

lon fa volonté. Le prix *néceſſaire* de chaque ouvrage n'eſt donc autre choſe
qu'une ſomme totale de pluſieurs dépenſes additionnées enſemble, & dont le
vendeur de l'ouvrage a droit d'exiger
des conſommateurs le rembourſement,
parce qu'il eſt réputé les avoir faites,
dès qu'elles n'excedent point la meſure
fixée par la concurrence des hommes de
ſa profeſſion.

Je demande préſentement d'où proviennent les choſes dont la conſommation forme la dépenſe *néceſſaire* de l'ouvrier, & le prix *néceſſaire* de ſon ouvrage ? Eſt-ce l'induſtrie elle-même qui en
eſt créatrice ? Ou bien eſt-ce la culture
qui les fournit par la voie de la reproduction ? Si c'eſt la culture, comme on
ne peut en diſconvenir, il eſt évident
que le prix *néceſſaire* d'un ouvrage de
main-d'œuvre, ſe proportionne toujours & *néceſſairement* au montant des
valeurs en productions conſommées par
l'ouvrier; que ce prix ne fait que repré-
ſenter dans une nation, une valeur égale
en productions qui n'exiſtent plus; qu'en
cela la richeſſe premiere de cette nation
n'a fait préciſément que changer de for-

me,

me, fans rien gagner à ce changement, si ce n'eft une facilité de plus pour étendre la confommation ; par-conféquent, que toutefois qu'elle pourroit vendre en nature aux étrangers, les productions que l'ouvrier confomme, & les leur vendre au même prix qu'il les paye, il eft très-indifférent pour elle, de les vendre fous une forme ou fous une autre, puifque de toute façon elle n'en reçoit que le même prix, & ne fe trouve avoir que la même richeffe.

L'OUVRIER ne peut-il donc pas vendre fes ouvrages à l'étranger plus cher que leur prix *néceffaire ?* À cela je réponds, 1°. Que la concurrence *générale* des autres vendeurs l'en empêchera ; 2°. Que cette cherté ne peut avoir lieu que dans le cas où un talent unique & fupérieur n'auroit point de concurrents ; mais qu'alors auffi cette cherté retombera fur la nation même, fur les premiers vendeurs des productions : ou ils fe priveront de la jouïffance d'un tel ouvrage, ou ils feront mis, comme l'étranger, à contribution par l'ouvrier qui en fera vendeur ; car l'étranger & la nation ne lui acheteront pas plus cher l'un que l'autre.

Ces deux manieres de commercer les productions nationales peuvent cependant différer entre elles, fuivant les circonſtances : il eſt des cas où la main-d'œuvre peut être néceſſaire pour procurer un plus grand débit : alors elle eſt utile ; mais il ne faut pas prendre ſon utilité pour la faculté de produire ou de multiplier les valeurs : cette utilité prend ſa ſource dans celle de la conſommation même qu'elle provoque : perſonne ne conteſte que la conſommation ne ſoit néceſſaire à la reproduction ; celle-là cependant eſt tout l'oppoſé de celle-ci.

Il arrive quelquefois encore qu'à l'aide de l'induſtrie qui manufacture les matieres premieres, on parvient à éviter de gros frais de tranſport, par conſéquent à procurer aux premiers vendeurs de ces matieres, un débit plus avantageux : dans ce dernier cas, l'induſtrie eſt encore utile, ſans cependant qu'on puiſſe lui attribuer aucune multiplication de valeurs ; on lui eſt ſeulement redevable de la ceſſation des obſtacles qui s'oppoſoient au débit des productions, & de la ſuppreſſion des frais qui les auroient privées d'une portion du prix qu'elles doivent avoir *suivant le cours du marché général*. Dans toutes ces circonstances, la somme des valeurs en ouvrages d'industrie n'est jamais que *la représentation* d'une somme égale de valeurs en productions consommées : ce sont, pour ainsi dire, des productions qu'on vend sous une forme nouvelle, & pour la même valeur qui leur étoit acquise avant qu'elles en changeassent ; ainsi toute nation qui vend, par exemple, pour 20 millions en ouvrages de son industrie, ne parvient à faire cette vente, que par une dépense de 20 millions en productions.

Si vous voulez voir cette vérité dans toute sa simplicité, réduisez à deux classes seulement, la société générale des hommes : vous en formerez une de tous les premiers propriétaires des productions, & l'autre de tous les agents de l'industrie : voyez maintenant s'il est une classe qui puisse porter constamment à l'autre plus de valeur en argent qu'elle n'en reçoit. Supposons que la classe propriétaire des productions en vende pour 100 mille francs aux agents de l'industrie ; n'est-il pas évident qu'ils ne peu-

vent à leur tour lui vendre que pour 100
mille francs d'ouvrages de main-d'œuvre ? S'ils vendoient moins ils se ruine-
roient, & ne pourroient plus continuer
d'acheter ; s'ils vouloient vendre plus,
la classe propriétaire ne pourroit les
payer ; n'ayant reçu que 100 mille
francs, elle ne peut leur rendre que 100
mille francs.

A quoi se réduisent donc les opérations de ces agents de l'industrie ? A
acheter pour 100 mille francs de productions ; à prendre sur cette masse leurs
consommations nécessaires ; à revendre
le surplus manufacturé, & pour le même prix auquel ils ont payé la totalité.
Ainsi après ces opérations, il se trouve
sous une forme nouvelle, une valeur de
100 mille francs *représentative* d'une valeur égale en productions *qui n'existent
plus*. La richesse premiere n'a donc fait
en cela que *changer de forme sans augmenter*.

Si l'argent ne venoit pas ici compli-
quer les opérations & les idées, vous
verriez que les agents de l'industrie, bien
loin d'enrichir la classe propriétaire des
productions, ne font pour elle qu'une

charge, qu'un fujet de dépenfe. De cette charge, direz-vous, il réfulte une utilité pour cette claffe propriétaire : oui fans doute ; & c'eft à raifon de cette utilité, qu'elle entretient les agents de l'induftrie ; elle cultive pour eux, afin qu'ils travaillent auffi pour elle : mais encore ne faut-il pas prendre une dépenfe pour une augmentation de richeffe; il faut du-moins voir qu'une augmentation de richeffe qui n'enrichit perfonne, eft une chimere : telle eft cependant celle qu'on attribue aux travaux de l'induftrie : la dépenfe *néceffaire* faite par l'ouvrier, eft ce qui fait le prix *néceffaire* de fon ouvrage ; & le prix des matieres qui entrent dans cet ouvrage, ne paroît augmenter, que par l'ufage où l'on eft d'apprécier en argent toutes les valeurs vénales.

DONNEZ à un tailleur du drap pour faire deux habits, & convenez avec lui qu'un des deux lui reftera pour fon falaire; trouvez-vous dans ce marché, une multiplication de valeurs, une augmentation de richeffe ? Je crois que vous ne difconviendrez pas que vous avez facrifié la moitié de votre drap pour jouïr plus agréablement de l'autre moitié. De ce facrifice réfulte pour vous une utilité; je le fais; mais enfin , vous achetez cette utilité par une dépenfe; & c'eft cette dépenfe que vous prenez bonnement pour une augmentation de richeffe , lorfque ces fortes de marchés fe font par l'entremife de l'argent, & que vous ne confiderez plus dans les ouvrages de l'induftrie , que leur valeur en argent, fans prendre garde aux valeurs en produ-ctions, dont ces mêmes ouvrages ont opéré, ou du-moins occafionné la confommation.

LA feule objection que vous puiffiez me faire, c'eft que fi l'induftrie ne multiplie point les valeurs pour la partie de fes ouvrages qui fe confomment dans l'intérieur d'une nation, cette multiplication paroît du-moins avoir lieu pour l'autre partie des mêmes ouvrages qu'elle vend aux étrangers. C'eft en effet cette illufion, fi univerfellement accréditée, qui a fait regarder le commerce de ces ouvrages comme propre à enrichir un État ; c'eft elle qui a fait éclore divers fyftêmes politiques pour encourager l'induftrie par l'augmentation de fes pro-

fits ; pour favoriser ainsi aux dépens de
l'Etat , les intérêts de ceux qui sont entretenus & payés par l'Etat ; qui vivent
dans l'Etat sans tenir essentiellement à
l'Etat , & sans que leurs richesses fassent
partie de celle de l'Etat.

LE prix *nécessaire* d'un ouvrage, prix
qui est le même pour tous les acheteurs ,
se forme des déboursés faits par l'ouvrier
pour l'achat des matieres premieres, &
du montant de toutes ses consommations pendant son travail. Lorsqu'il vend
cet ouvrage aux étrangers, il ne fait que
leur vendre sous une forme nouvelle ,
ce qu'il a acheté de sa nation sous plusieurs autres formes, en supposant néanmoins qu'elle lui ait tout fourni. Alors
de deux choses l'une : ou ce prix *néces-*
saire est de niveau au prix courant du
marché général, ou il ne l'est pas : s'il
est de niveau, l'ouvrier ne vend pas
plus cher aux étrangers qu'à la nation ;
car les étrangers n'acheteront pas à plus
haut prix que le cours du marché général ; s'il n'est pas de niveau, il faut qu'il
soit ou au-dessus ou au-dessous : au premier cas , les étrangers n'acheteront
point ; au second cas, ils pourront faire

renchérir l'ouvrage ; en le suppofant
ainfi, voyons fi c'eft un profit pour la
nation.

L'OUVRIER qui vend aux étrangers
fon ouvrage au-deffus de fon prix *nécef-*
faire, fait un bénéfice ; mais il ne le fait
pas fur les étrangers, puifqu'ils n'achetent pas plus cher que le prix courant
établi entre toutes les nations commerçantes. Le bénéfice de l'ouvrier eft donc
pris fur fa nation même, & voici comment. Le prix *néceffaire* d'un tel ouvrage
chez cette nation, n'eft inférieur au prix
néceffaire de pareils ouvrages chez les
autres nations, qu'autant que l'ouvrier
n'a pas été forcé de faire les mémes dépenfes que les ouvriers étrangers : mais
cette différence dans les dépenfes, ne
peut provenir que d'une autre différence
dans la valeur des productions employées & confommées par l'ouvrier ;
elles ont néceffairement coûté moins
cher à l'ouvrier qui a moins dépenfé ;
ces productions moins cheres ne font
donc pas à leur plus haut prix poffible,
au prix courant du marché général ; ainfi
l'ouvrier qui profite de ce bon marché
pour les revendre plus cher qu'il ne les
achete ;

achete, gagne fur ceux qui les lui ont vendues, & non fur les étrangers auxquels il les revend fous une forme nouvelle. Ce gain eft donc fait fur la nation, par un homme qui ne fait point *néceffairement* corps avec la nation, & qui, peut-être, n'eft lui-même qu'un étranger établi chez la nation.

UNE autre obfervation ; c'eft qu'une marchandife n'ayant qu'un même prix courant pour tous les acheteurs indiftinctement, fi les étrangers achetent l'ouvrage en queftion au-deffus de fon prix *néceffaire*, la nation fera forcée de fupporter le même renchériffement : fa léfion alors eft évidente ; elle eft en perte jufqu'à ce que fes productions foient parvenues au prix courant du marché général ; & que jouïffant ainfi de leur valeur naturelle, l'équilibre fe rétabliffe entre le prix des productions qu'elle vend à l'ouvrier, & le prix des ouvrages qu'elle achete de lui. Refte à examiner préfentement comment cette révolution falutaire peut s'opérer.

DANS l'hypothèfe où nous fommes, ce feroit une méprife impardonnable que d'attribuer à l'ouvrier le renchérif-

fement de fes ouvrages & celui de nos
productions. 1°. C'eft la concurrence
des confommateurs étrangers qui fait
monter le prix des ouvrages jufqu'au niveau de celui du marché général ; ainfi
cette augmentation de prix, occafionnée par la concurrence, eft le fruit de la
liberté. 2°. C'eft à la même concurrence
encore, & non à cet ouvrier, que nous
fommes redevables du renchériffement
de nos productions ; car ce renchériffement eft contraire aux intérêts de l'ouvrier, & s'opere *certainement* contre fa
volonté.

Saisissez bien cette derniere obfervation ; elle eft un des arguments les
plus victorieux qu'on puiffe propofer en
faveur de la liberté du commerce. Quiconque achete les productions d'une nation pour les revendre aux étrangers,
foit en nature, foit après les avoir manufacturées, ne connoît d'autre intérêt
que celui de les acheter à bon marché,
& de les revendre cher : quelle folie
donc de s'imaginer que c'eft un tel homme qui met le prix aux productions, &
qu'il les fait renchérir *à fon préjudice* !
n'eft-il pas évident au contraire, que fi

ce prix dépendoit de lui, bien loin de le faire augmenter, il le feroit diminuer ; aussi voyons-nous qu'il ne donne jamais que le prix le plus bas auquel il lui soit possible d'obtenir les productions.

Il faut avouer qu'il est bien étonnant que les hommes n'ayent pas fait cette observation, ou que d'après cette observation, ils ne se soient pas demandé, quelle est donc cette force majeure qui assujettit à des profits médiocres, celui dont le but est de faire les plus grands profits possibles ? Quelle est cette puissance despotique qui le contraint de donner aux vendeurs des productions, le prix qu'ils demandent ; de se prêter même à des renchérissements, qui ne peuvent que diminuer les profits qu'il se propose, & pour lesquels il agit ? Alors ils auroient facilement compris que la puissance qui enchaîne ainsi sous ses loix, les volontés de cet acheteur intermédiaire, est celle de la concurrence ; que la concurrence est le fruit de la liberté ; que par-tout où regne une grande liberté, la concurrence décide souverainement du prix auquel le marchand doit acheter, comme du prix auquel il doit revendre : éclairés par cette vérité , ils fe feroient bien gardés de rien faire qui pût altérer la concurrence en altérant la liberté.

Envain le préjugé auroit voulu ré-clamer ; envain il ⌐roit élevé la voix pour perfuader que les commerçants en-richiffent une nation , parce qu'ils pro-curent à fes productions leur plus haut prix poffible ; on lui auroit répondu , de quels commerçants voulez-vous par-ler ? De ceux fans doute qui achetent & vendent à la nation , au prix qui con-vient le mieux à fes intéréts ; car enfin il faut éviter de tomber dans les contra-dictions évidentes : fi vous prétendez que les commerçants nous enrichiffent en faifant valoir nos productions ; laiffez donc librement agir ceux qui pourront les faire valoir à plus haut prix : mais à quel figne les diftingueron:-nous , fi la concurrence ne nous les fait connoître d'une maniere *évidente ?* Si vous nous privez de cette concurrence ; fi vous rendez une claffe particuliere de com-merçants indépendante de cette puiffan-ce naturelle , la feule qui puiffe leur don-ner des loix; fi vous nous obligez de vendre à cette claſſe indépendante, & d'acheter d'elle, quel champ n'ouvrez-vous pas à la cupidité ?

NON, non, les hommes n'auroient plus été les victimes des préjugés qui ont fait adopter tant de privileges excluſifs en faveur de quelques agents du commerce en particulier ; ils auroient ceſſé de confondre le commerce avec les commerçants ; ils auroient reconnu que les bons effets de celui-là ſont des effets *naturels & néceſſaires*, qui n'ont beſoin que de la liberté ; par conſéquent qu'ils ne peuvent réſulter des opérations des commerçants, qu'autant que la liberté ne reçoit aucune atteinte ; que ſans elle enfin, *la néceſſité* qui enchaîne ces mêmes effets, diſparoît, fait place à l'arbitraire, & livre à la diſcrétion des commerçants privilégiés, les intérêts de ceux qui ſont forcés de ſe ſervir d'eux pour faire le commerce.

L'ILLUSION par rapport aux effets de l'induſtrie *manufacturiere* n'eſt pas moins inconcevable que celle qui nous a trompés ſur les effets de l'induſtrie ſimplement commerçante : le manufacturier a naturellement le même intérêt, le même fyſtêmé que les commérçants, & il tient *néceſſairement* la même conduite : l'objet unique de ſes ſpéculations eſt de faire dés profits ; de les faire les plus grands qu'il lui ſoit poſſible, par-conféquent d'acheter au plus bas prix poſſible, & de revendre au plus haut prix poſſible. En ſuppoſant donc que ſa main-d'œuvre faſſé augmenter le prix des productions, ne faut-il pas examiner encore au profit de qui revient cette augmentation ? Ne fent-on pas que ſi elle reſte en entier à ſon profit, ce ne ſont plus véritablement les productions qui ſe trouvent renché-ries ; que c'eſt ſeulement la main-d'œu-vre du manufacturier dont le prix ex-cede celui qu'elle devroit avoir dans la nation ? qu'un tel renchériſſement, bien loin d'être avantageux à la nation, au Souverain & aux autres co-propriétaires des produits nets, tourne au-contraire entiérement à leur préjudice, puiſqu'il les met dans le cas de vendre à bas prix & d'acheter cher ; de donner beaucoup de productions pour peu de main-d'œu-vre ?

JE ſuis convenu cependant que par l'entremiſe de l'induſtrie manufacturiere, il peut se faire que des productions parviennent à une valeur vénale dont elles resteroient éloignées sans ce secours. S'il falloit, par exemple, que nos chanvres & nos lins, au-lieu d'être convertis en toile, fussent exportés bruts, & tels qu'ils font cueillis dans nos champs, certainement nous n'en retirerions pas le même prix qu'en les vendant après les avoir fait préparer & manufacturer : ce prix diminueroit en raison de l'augmentation qui surviendroit dans les frais de transport. Il est beaucoup de vins qui ne peuvent être consommés qu'en eau-de-vie, & qui ne pourroient être transportés dans les lieux où l'eau-de-vie se consomme : sans l'industrie qui fabrique ces eaux-de-vie, ces mêmes vins resteroient sans débit, on cesseroit de les cultiver. On peut dire la même chose des grains qui sur-abondent dans un pays faute d'une consommation suffisante en nature : l'industrie rend un très-bon office, lorsqu'elle les convertit en liqueurs fortes ; puisque sans cela, ces mêmes grains dégénéreroient en superflu sans valeur.

MAIS de tels expédients fournis par

l'induſtrie pour procurer le débit des denrées qui devroient être conſommées en nature, doivent être regardés comme un *pis-aller :* ils ſont pour une nation ce qu'une voiture eſt pour un malade hors d'état de marcher; l'entretien de ſa voiture eſt pour lui un ſurcroît de dépenſe : les expédients que je viens de prendre pour exemple, & tous les autres de la même eſpece ont donc cet inconvénient ; ils ſont des moyens diſpendieux de provoquer les conſommations; & les frais qu'ils font, ſont toujours en déduction du produit net, ſeule richeſſe diſponible pour le Souverain & pour la nation. Auſſi la néceſſité de ces mêmes expédients ne vient-elle qu'à la ſuite d'un défaut de population, d'un manque de conſommateurs en état de payer leurs conſommations. Mais n'importe ; quand le corps politique eſt languiſſant, il eſt encore heureux pour lui que ſa langueur trouve dans l'induſtrie les ſecours dont il a beſoin.

Point de doute aſſurément que dans de telles circonſtances, l'induſtrie ne ſoit favorable à la reproduction, & à l'entretien de la richeſſe nationale; mais faites attention auffi que dans les exemples ci-deffus allégués & dans tous les cas femblables, *l'utilité de l'induftrie tient effentiellement à la liberté*, & que fans la liberté, non-feulement cette même utilité s'évanouïroit, mais encore dégénéreroit *en monopoles*, & feroit ainfi remplacée par des défordres dont la ruine de l'État feroit un effet *néceffaire*.

Si vous prétendez qu'un manufaᴄturier, qui achete à bas prix nos produᴄtions pour les revendre cher aux étrangers, enrichit la nation, il s'enfuit que, felon vous, les cultivateurs, le Souverain & les propriétaires fonciers ne forment point la nation ; qu'elle ne confifte au-contraire que dans les manufaᴄturiers. Allez plus loin encore : foutenez que ces manufaᴄturiers peuvent fe paffer des matieres premieres, de celles du-moins que la nation leur fournit; car il faut bien que vous le penfiez ainfi, pour que vous confentiez à regarder leurs intérêts comme étant d'un ordre fupérieur à ceux de la reproduᴄtion, quoiqu'elle foit la richeffe unique de l'Etat, la richeffe unique qui fourniffe à toutes les dépenfes de l'Etat.

LE commerce qu'une nation peut faire de ses productions avec les étrangers, par l'entremise du manufacturier, est un commerce *nécessaire* dans tous les cas où la consommation intérieure seroit insuffisante, & où les matieres premieres ne seroient pas susceptibles de transport, du-moins sans de grands frais. Ces matieres premieres étant manufacturées, vont jouir au marché général, de leur meilleur prix possible, que le manufacturier *ne fait pas*, puisque c'est la concurrence qui en ordonne. Ce commerce ne contribue à la richesse de cette nation, qu'en raison de la portion que les premiers vendeurs des productions prennent dans ce meilleur prix possible ; je veux dire, en raison du prix auquel ils les vendent au manufacturier.

CETTE vérité me paroît être de la même évidence que celle du jour en plein midi. La conséquence que nous devons en tirer, c'est que dans les cas dont nous parlons, il est de la plus grande importance de ne gêner en rien le manufacturage des matieres premieres ; de faire jouir d'une telle franchise, d'une telle liberté, la profession de manufac-

turier, que *perſonne de ceux qui pour-*
roient l'exercer, n'en ſoit exclus : il eſt
bien ſenſible que toute police qui reſſer-
reroit cette liberté, tendroit à diminuer
le nombre des manufacturiers, par-conſéquent la concurrence des acheteurs de
ces matieres ; qu'ainſi une telle police ne
pourroit être que très-préjudiciable,
puiſque ce n'eſt que par le moyen de
cette concurrence, que les premiers vendeurs de ces mêmes matieres peuvent
parvenir à prendre la plus grande part
poſſible dans le meilleur prix poſſible
de leurs productions.

DE la même vérité réſulte encore évidemment qu'il n'eſt point de pratique
plus contraire aux intérêts d'une nation,
que celle qui s'oppoſe au commerce de
ſes productions en nature avec les étrangers, quoiqu'elles ſoient ſuſceptibles
d'exportation. Le motif de cette politique eſt de nourrir & d'accroître dans la
nation la maſſe des travaux de main-
d'œuvre, *parce que,* prétend-on, *c'eſt*
faire augmenter la richeſſe nationale & la
population. On peut dire à ce ſujet que
l'intention eſt excellente, mais que les
moyens dont elle fait choix pour remplir

son objet, produifent un effet tout contraire à celui qu'elle fe propofe ; car *ils*
font diminuer la richeffe nationale & la
population, au-lieu de les faire *augmen-*
ter.

L'exclusion *factice* donnée aux
étrangers pour l'achat des matieres premieres dans une nation, *ne devient fen-*
fible qu'autant qu'elle eft préjudiciable,
qu'elle empêche les étrangers de faire
augmenter le prix de ces matieres au
profit de cette nation : tant que nos manufacturiers acheteront nos matieres premieres plus cher que l'étranger, l'autorité n'a pas befoin de lui donner l'exclu-
fion ; nos acheteurs feront naturellement
& néceffairement préférés ; or, ils les
acheteront plus cher que lui, tant qu'elles feront dans la nation à leur plus haut
prix poffible : fi l'étranger les payoit à
ce prix, il fe trouveroit grevé par les
frais de tranfport que nos manufacturiers
n'ont point à faire comme lui : ces frais
refteroient à fa charge, attendu que leur
concurrence dans le débit des ouvrages
l'empécheroit de les renchérir à proportion. Il ne peut donc fe préfenter pour
acheter nos matieres premieres concur-

remment avec nos manufacturiers,
qu'autant qu'elles ne font point parmi
nous à leur plus haut prix possible; qu'elles y font au-contraire vendues à meilleur marché qu'elles ne le feroient chez
les autres nations, indépendamment des
frais de transport que leur exportation
occasionneroit.

EN deux mots, il est évident que la
politique d'exclure par autorité les étrangers de l'achat des matieres premieres
dans une nation, suppose toujours & *nécessairement* qu'ils acheteront plus cher
que les autres acheteurs qu'on veut favoriser. Ces étrangers cependant, n'a-
chetent point au-dessus du prix courant
du marché général : ainsi, ou cette politique est sans objet, ou elle tend à empêcher les productions nationales, d'at-
teindre au prix qu'elles doivent *naturellement* avoir dans le commerce.

IMPOSSIBLE d'apprécier les contre-
coups de cet inconvénient : on sent bien
que d'abord la nation fait une premiere
perte, qui est de toute la différence
qu'on trouve entre le prix altéré par les
prohibitions, & celui qui résulteroit de
la liberté. Mais cette premiere perte en

occasionne une seconde : en raison de ce que la culture de ces productions donne moins de bénéfice, elle reçoit certainement moins d'avances, & devient moins productive ; la reproduction se trouvant donc fort au-dessous de ce qu'elle pourroit & devroit être : vous perdez ainsi sur la quantité de ces productions autant & plus que sur leur valeur.

Ces deux premieres pertes ainsi cumulées, d'autres encore viennent à leur suite : possédant moins de valeurs renaissantes, vous faites une moindre dépense annuelle ; vous avez moins d'hommes entretenus : les productions destinées à la consommation intérieure trouvent donc autour d'elles moins de consommateurs, & moins de moyens pour se procurer un bon prix. Il faut ainsi que par contre-coup, elles diminuent de valeur vénale, ou que vous ayez recours aux consommateurs étrangers : mais alors il vous en coûte des frais de transport, qui retombent à la charge des premiers vendeurs de ces productions, & préjudicie à leur culture.

Je sais qu'on répond à cela, que ces

frais peuvent être, du-moins en partie,
gagnés par la nation même; je fais que
bien des gens les regardent comme utiles à la population : mais fi cela eft vrai,
on a grand tort de ne pas les multiplier ;
de ne pas gréver de plus en plus les produits nets de la culture; car encore une
fois il faut être *conféquent*. En général,
il fuffit d'avoir des richeffes à dépenfer
pour trouver les moyens de les dépenfer : ces moyens fe multiplient naturellement & *néceffairement* parmi des hommes, dont les uns ont grand intérêt à partager dans ces richeffes, & les autres
grand intérêt à confentir à ce partage
pour augmenter leurs propres jouïffances. L'induftrie, fans ceffe aiguillonnée
par le défir de jouïr, ne demande de nous
que la liberté de jouïr; ne craignez point
que dans cette pofition, les moyens de
dépenfer manquent aux richeffes : ce feront plutôt les richeffes qui manqueront
aux moyens de dépenfer. Ce dernier inconvénient eft même d'une néceffité
phyfique par-tout où les dépenfes font
faites de maniere qu'elles portent préjudice à la reproduction des richeffes; &
c'eft le cas des frais dont on charge la

confommation des productions; car ces frais qui font toujours à la charge du premier propriétaire de ces productions, diminuent d'autant l'empreffement & les moyens de les faire renaître. L'ordre de la nature eft que pour augmenter les dépenfes on augmente les richeffes ; mais ici c'eft tout le contraire; on diminue les richeffes pour augmenter les dépenfes : autant vaudroit prendre les fondements d'un édifice pour les faire fervir à lui donner de l'élévation. (1)

PROCURER aux productions leur meilleur prix poffible, c'eft le moyen de s'affurer de leur plus grande abondance poffible : de ces deux avantages combinés réfulte la plus grande richeffe difponible que votre territoire puiffe comporter ; à l'aide de cette grande richeffe difponible, vous pouvez faire une grande dépenfe en travaux de main-d'œuvre; & dès-lors vous pouvez compter fur les plus grands efforts de la part de l'indu-

(1) *Nota.* On voit ici tout d'un coup les défordres que doit produire ce qu'on appelle luxe d'oftentation , & généralement tout ufage qui tend à rendre les confommations très-difpendieufes.

ftrie;

ftrie ; ils fe proportionneront toujours à la maffe des valeurs deftinées à mettre le prix à fes ouvrages. Telle eft la gradation par laquelle une nation peut parvenir à fon dernier degré de profpérité : elle ne doit l'attendre que du bon prix de fes productions ; mais auffi ce bon prix ne peut fe former que dans le fein de la liberté.

CHAPITRE XLIII.

*L'induſtrie n'eſt aucunement pro-
ductive : démonſtration particuliere de cette vérité.*

Qu'ON me permette maintenant de
revenir ſur quelques propoſitions ſom-
maires que je crains de n'avoir pas ſuffiſamment démontrées , & qui d'ailleurs
ſont celles dont les hommes paroiſſent
être les plus éloignés. J'ai dit qu'une
valeur de 20 millions en ouvrages de
l'induſtrie n'étoit que repréſentative
d'une valeur égale en productions conſommées ; & qu'une nation qui vendoit
ces ouvrages aux étrangers , n'en étoit
pas plus riche , que ſi elle leur eût vendu pour 20 millions de productions en
nature , parce que ces 20 millions en
ouvrage lui coûtent à elle-même 20 millions en productions. Il ne faut pas entendre par cette façon de parler , qu'a-
près ſon travail , l'induſtrie vous revend

pour le même prix , la même quantité de matieres premieres que vous lui avez vendues : elle vous revend bien *pour le même prix* , mais non pas *la même quantité* ; car elle a prélevé fur cette quantité , tout ce qui eſt néceſſaire aux conſommations de ſes ouvrages & de ſes ouvriers.

UN tiſſerand achete pour 150 francs de ſubſiſtances , de vêtements , & pour 50 francs de lin qu'il vous revend en toile 200 francs , ſomme égale à celle de ſa dépenſe. Cet ouvrier , dit-on , quadruple ainſi la valeur premiere du lin ; point du tout : il ne fait que joindre à cette valeur premiere , une valeur étrangere , qui eſt celle de toutes les choſes qu'il a conſommées *néceſſairement*. Ces deux valeurs ainſi cumulées forment alors , non la valeur du lin , car il n'exiſte plus ; mais ce que nous pouvons nommer *le prix néceſſaire* de la toile ; prix qui par ce moyen , repréſente 1°. la valeur de 50 francs en lin , 2°. celle de 150 francs en autres productions conſommées.

TELLE eſt dans toute ſa ſimplicité , la ſolution du problême de la multipli-

cation des valeurs par les travaux de l'induſtrie : elle ajoute à la premiere valeur
des matieres qu'elle a manufacturées,
& qui ſont à conſommer, une ſeconde
valeur, qui eſt celle des choſes dont ſes
travaux ont déja opéré, ou du-moins
occaſionné la conſommation. Cette façon d'imputer à une ſeule choſe, la valeur de pluſieurs autres, d'appliquer,
pour-ainſi-dire, *couche ſur couche*, pluſieurs valeurs ſur une ſeule, fait que celle-ci groſſit d'autant ; mais en cela vous
ne pouvez attribuer à l'induſtrie, aucune multiplication, aucune augmentation
de valeurs, ſi par ces termes vous enten-
dez une création de valeurs nouvelles
qui n'exiſtoient point avant ſes opérations.

L'Industrie n'eſt pas plus créatrice
de la valeur de ſes ouvrages, qu'elle eſt
créatrice de la hauteur & de la longueur
d'un mur : chaque pierre qu'elle emploie, a ſa hauteur & ſa longueur particuliere ; & de toutes ces pierres aſſem-
blées par l'induſtrie, réſulte naturellement la hauteur & la longueur du mur
qu'elle a conſtruit, & qui à cet égard
repréſente ſous une nouvelle forme,

toutes ces différentes hauteurs & longueurs particulieres, qui exiſtoient féparément avant ſa conſtruction.

L'INDUSTRIE eſt créatrice des formes, & ces formes ont leur utilité. C'eſt à raiſon de cette utilité, que celui qui veut jouïr de ces formes nouvelles que l'induſtrie donne aux matieres premieres, doit l'indemniſer de toutes ſes dépenſes, de toutes ſes conſommations, & en conſéquence conſent à cette *addition* de pluſieurs valeurs pour n'en plus compoſer qu'une ſeule, qui devient ainſi le prix néceſſaire de l'ouvrage qu'il veut acheter. Le terme *d'addition* peint très-bien la maniere dont ſe forme le prix des ouvrages de main-d'œuvre : ce prix n'eſt qu'un total de pluſieurs valeurs conſommées & *additionnées* enſemble ; or, *additionner* n'eſt pas *multiplier*.

UNE grande preuve que l'induſtrie n'eſt point créatrice de la valeur de ſes ouvrages, c'eſt que cette valeur ne lui rend rien par elle-même : les dépenſes faites à l'occaſion de ces mêmes ouvrages, ſont tellement perdues ſans retour pour l'induſtrie, qu'elle n'en peut être indemniſée, qu'autant qu'il exiſte d'autres valeurs & d'autres hommes qui veulent bien l'en aider.

Je vous loue un arpent de terre 10 francs; vous dépenſez 10 autres francs pour le cultiver, & il vous donne des productions qui valent 30 : cet arpent vous rend donc votre dépenſe de 10; plus, de quoi me payer, & en outre un profit. De cette opération réſulte très-réellement une augmentation de valeurs, une *multiplication* ; & pourquoi ? Parce qu'au-lieu de 10 vous avez 30, ſans avoir reçu 20 de qui que ce ſoit : c'eſt vous-même qui êtes créateur de ces 30, dont 20 ſont dans la ſociété un accroiſ-ſement de richeſſes diſponibles, car elles n'exiſtoient point avant votre travail. Il n'en eſt pas ainſi de l'induſtrie : l'indemnité de ſes dépenſes n'eſt point le fruit de ſon travail ; elles ne peuvent au-contraire lui être rembourſées, que par le produit du travail reproductif des autres hommes; tout ce qu'elle reçoit enfin, lui eſt fourni en valeurs *déja exiſtantes* ; de ſorte que ces valeurs qui lui ſont remiſes, ne ſont en cela que *changer de main*.

Dans l'opinion de ceux qui ſe perſua-

dent que l'induſtrie multiplie les valeurs
des matieres premieres, les fabricants
de dentelles doivent être des perſonna-
ges bien importants : par leur entremiſe
une valeur de 20 ſous en lin brut devient
une valeur de 1000 écus : quel accroiſſement prodigieux de valeur pour ce
lin , & de richeſſe pour ceux qui le ma-
nufacturent ainſi ! qu'une telle induſtrie
doit être précieuſe à l'humanité ! que
d'argent doit ſe trouver chez une nation
qui de 20 ſous fait 1000 écus.

MODÉREZ votre enthouſiaſme , aveu-
gles admirateurs des faux produits de
l'induſtrie : avant de crier miracle, ou-
vrez les yeux, & voyez combien ſont
pauvres , du-moins mal-aiſés , ces mêmes fabricants qui ont l'art de changer
20 ſous en une valeur de 1000 écus: au
profit de qui paſſe donc cette multiplication énorme de valeurs? Quoi, ceux
par les mains deſquels elle s'opere, ne
connoiſſent pas l'aiſance! ah, défiez-vous
de ce contraſte, comme on ſe défie de
ces gens qui ſous un mauvais habit , viennent offrir de vous vendre à bon compte le ſecret de faire de l'or.

POUR diſſiper le preſtige qui vous

fait illusion, décomposons ce qui cause votre admiration ; considérons-le succes- sivement dans ce qu'il paroît avoir de plus miraculeux, & de plus intéressant pour une nation. Pour 20 sous de lin une valeur de 1000 écus en dentelles, voilà le phénomene : d'où provient donc ce lin qui fait une si belle fortune ? Sans doute que son accroissement de valeur doit être au profit de la nation chez la- quelle ce lin est cueilli : sans cela l'indu- strie qui procure cet accroissement de va- leur, est un avantage absolument étran- ger à cette nation. Mais point du tout : le lin peut se cueillir dans un Pays, & la dentelle se fabriquer dans un autre : cette industrie n'appartient exclusivement à aucune nation en particulier ; elle peut habiter par tout où peut être transportée une très-médiocre quantité de ce lin. Au- cune nation ne peut donc regarder cet accroissement de valeur comme une ri- chesse qui lui soit propre & personnelle, puisqu'aucune nation ne peut en avoir la propriété exclusive.

Arretons-nous un moment sur trois vérités bien sensibles qui viennent de se manifester à nous : la premiere est que

1000 écus de dentelles n'appartiennent point *néceffairement* & excluſivement à la nation productive du lin ; la ſeconde eſt que ces 1000 écus ſont acquis à l'induſtrie qui fabrique la dentelle, quel que ſoit le lieu qu'elle habite ; la troiſieme eſt que les poſſeſſeurs de cette induſtrie ont ſouvent bien de la peine à ſubſiſter. Si vous rapprochez ces trois vérités, elles doivent naturellement vous conduire à douter de la réalité d'une augmentation de richeſſe par le moyen de cette même induſtrie.

Si le lin de 20 ſous parvient à valoir 1000 écus, comment l'accroiſſement de ſon prix ne ſe partage-t-il pas entre le producteur du lin & celui qui emploie cette matiere ? Il faut donc qu'il ne ſoit pas vrai que la valeur premiere du lin ait véritablement augmenté. Puiſque toutes les nations ne font pas de la dentelle, quoique toutes puiſſent ſe procurer du lin ; il faut donc encore que cette fabrique n'enrichiſſe pas une nation autant que vous vous l'imaginez. Enfin puiſque les agents d'une telle induſtrie, bien-loin d'être riches, ne connoiſſent point l'aiſance, il eſt évident que leurs profits ne font point réels ; car s'ils étoient réels, ces ouvriers posséderoient nécessairement de grandes richesses ou du moins feroient de grandes dépenses.

Les fabricants de dentelles font pour l'ordinaire des gens du commun & de tout âge. Cette forte d'ouvrage est abandonnée principalement aux personnes du sexe, vieilles, jeunes, enfants même, voilà les faiseufes de miracle, & les hommes rougiroient d'en faire leur occupation. Cependant ces mêmes hommes ne font point honteux de faire une autre besogne qui ne leur est payée que 20, 30, ou 40 fols par jour, quoique plus pénible : cette préférence vous montre bien clairement que les profits des fabricants de dentelles ne font point ce qu'ils paroissent être au premier coup d'œil.

Si ces profits apparents étoient en proportion du prix de la dentelle, il n'est personne qui ne voulût en être fabricant : bientôt ce commerce feroit nul ; car bientôt chacun ne pourroit plus en faire que pour fon ufage perfonnel. Si cette industrie, qui s'acquiert aifément, ne devenoit pas univerfelle, du-moins feroit-elle fi commune, qu'il y auroit une grande multitude de fabricants, dont la concurrence feroit *néceffairement* diminuer les profits ; & dès-lors la dentelle ne feroit plus de la cherté dont elle eft : cette cherté *foutenue* eft donc encore une nouvelle preuye que ces mêmes profits ne font point ce que nous les croyons.

ENFIN, quand nous voyons l'induftrie faire de 20 fous une valeur de 1000 écus, n'eft-il pas naturel que nous nous demandions, pourquoi cette valeur ne double pas ? La raifon qui l'empêche d'augmenter, doit piquer notre curiofité autant que la raifon qui l'empêche de diminuer.

IL faut convenir que voilà bien des myfteres à pénétrer, bien des contradictions à concilier : rien n'eft plus facile cependant : 1000 écus font le prix *néceffaire* de la dentelle ; prix *néceffaire* formé par le *montant* de toutes les dépenfes que les fabricants ont à faire pendant le temps qu'ils emploient à cet ouvrage ; par d'autres dépenfes encore de divers ouvriers qui concourent à la préparation des lins ; par celles auffi du marchand qui fait les avances de ces dépenfes ; par les intérêts qu'il doit retirer de ces mê-

mes avances ; par les rétributions dues
aux peines qu'il fe donne perfonnellement ; par la valeur des différents rifques auxquels fon commerce l'expofe.

L'ADDITION de tous ces divers objets réunis vous donne un total qui devient le prix *néceffaire* de la dentelle ; &
ce prix *néceffaire* vous apprend que la
cherté de cette marchandife n'eft qu'une
reftitution de dépenfes, de valeurs déja
confommées ; que cette cherté ne diminue point, parce que le marchand n'eft
pas marchand pour vendre à perte ;
qu'elle n'augmente point non plus, parce que ces dépenfes font à peu près les
mêmes dans tous les temps, & que la
concurrence des vendeurs de dentelle ne
leur permet pas de la renchérir arbitrairement, de la porter au-delà de fon prix
néceffaire ; par conféquent que les profits éblouïffants de cette fabrique font de
vains phantômes qu'on croit voir dans
l'obfcurité de la nuit, & qui fe diffipent
dès que la lumiere paroît ; que ces profits font de la même efpece & de la même
valeur, que ceux de toutes les autres
manufactures qui exigent les mêmes
avances & expofent aux mêmes rifques ;

que le prix de la dentelle ne fait que paſſer dans les mains du marchand pour aller payer toutes les valeurs que lui & les
ouvriers conſomment, ou ſont réputés
conſommer, parce qu'ils en ont *le droit* ;
qu'ainſi ce prix appartient à la nation
qui fournit ces valeurs, & qu'il n'eſt richeſſe pour elle, qu'autant qu'elle tire
de ſon propre fonds, les productions qui
entrent dans de telles conſommations.
Elle ne gagne donc pas plus à vendre ſes
dentelles, qu'elle gagneroit à vendre ces
mêmes productions en nature.

JE me ſuis appeſanti ſur les fabriques
de dentelles, parce que ce ſont celles
dont les faux produits doivent faire une
plus forte illuſion. Je me diſpenſerai
donc de parler des autres : ce que je
viens de dire de celles-ci me paroît ſuffi-
ſant pour détruire tous les arguments
qu'on emploie pour perſuader que l'induſtrie enrichit une nation en créant de
nouvelles valeurs, ou en augmentant
celle de ſes matieres premieres.

IL eſt pourtant une objection qu'il eſt
à propos de prévenir, parce qu'elle
tient à des dehors fort impoſants pour

ceux qui ne veulent rien approfondir. Eblouïs par les fortunes que font quelques agents du commerce & de l'industrie, nombre de personnes en concluent que ces agents s'enrichissent par des valeurs qu'ils multiplient ; ils se servent du-moins de ces exemples pour ne pas reconnoître l'existence d'un prix *nécessaire* en fait d'ouvrage de main-d'œuvre.

Tout homme qui ne dépense que le quart ou la moitié de son revenu, doit certainement augmenter sa fortune : quel que soit un agent de l'industrie, il ne peut s'enrichir que par cette voie, s'il ne vend ses ouvrages qu'à leur prix *nécessaire* ; car ce prix *nécessaire* n'est que la restitution des dépenses qu'il fait ou qu'il est censé faire. Son *profit* à cet égard consiste donc dans les dépenses qu'il pourroit faire & qu'il ne fait point. Cette maniere de grossir sa fortune préjudicieroit à la circulation de l'argent, à la consommation & à la reproduction, si, comme je l'ai dit précédemment, ce désordre n'étoit balancé par un désordre contraire : lorsque la reproduction ne souffre point de ce qu'il est des hommes qui vendent plus qu'ils n'achetent, c'est parce qu'il en est d'autres qui achetent aussi plus qu'ils ne vendent.

UNE seconde observation à faire, c'est que dans la formation du prix *nécessaire* d'un ouvrage, on fait entrer la valeur des risques, parce que ces risques occasionnent des pertes qu'il faut évaluer & répartir. Ces risques cependant ne se réalisent pas toujours également pour tous les marchands, & de la différence qui se trouve dans ces accidents, doit naître une différence dans leurs profits : aussi en voyons-nous qui se ruinent, tandis que nous en voyons d'autres qui s'enrichissent.

CES divers événements ne prouvent point que chaque ouvrage de l'industrie n'ait pas un prix *nécessaire*. Ce prix n'est *nécessaire* que pour le vendeur & non pour l'acheteur. Il est *nécessaire* pour le vendeur, parce qu'il seroit en perte s'il vendoit au-dessous, & dès-lors il abandonneroit sa profession. Mais ce même prix n'est pas ce qui empêche qu'il ne vende au-dessus; son desir à ce sujet ne

peut être contenu que par la concurrence ; & en cela nous retrouvons encore
la néceffité de la liberté du commerce.
La fuppreffion de cette liberté ne peut
jamais affujettir l'induftrie à vendre habituellement les ouvrages au-deffous de
leur prix *néceffaire*, tel qu'il réfulte du
prix des productions ; elle doit au-contraire lui donner des facilités pour les
vendre beaucoup plus cher, & détourner à fon profit une portion des richeffes qui, fans cela, feroient difponibles
pour le Souverain, les propriétaires fonciers, & les cultivateurs, mais qui ceffent de l'être, dès qu'elles ne font plus
employées qu'à payer à l'induftrie un tri-
but exagéré.

Aux formes près, l'induftrie ne crée
rien, ne multiplie rien ; elle confomme
par elle même, & provoque les confommations des autres, voilà le point fixe
dans lequel nous devons envifager fon
utilité ; elle eft très-grande affurément ;
mais il ne faut pas la dénaturer, regarder l'induftrie comme productive, tandis qu'elle n'eft que confommatrice, &
que la confommation eft l'unique ob-

jet de ſes travaux.

CETTE façon naturelle de conſidérer l'induſtrie, eſt même la ſeule qui puiſſe nous conduire à voir combien elle eſt avantageuſe aux nations agricoles : les productions n'ont jamais tant de valeur vénale que lorſqu'elles ſont voiſines du lieu de la conſommation ; d'un autre côté, les marchandiſes, quelles qu'elles ſoient, renchériſſent toujours pour les conſommateurs, en proportion de l'éloignement des lieux dont elles ſont tirées : il eſt donc doublement important pour une nation agricole & productive, que ſon induſtrie la diſpenſe de faire venir de loin une partie de ſes conſommations, & d'envoyer au loin, par conſéquent, une partie de ſes productions à l'effet d'y payer les marchandiſes étrangeres. Pour favoriſer la culture, il faut donc protéger l'induſtrie, & pour favoriſer l'induſtrie il faut donc protéger la culture : tout ſe tient ainſi dans l'ordre naturel des ſociétés.

MAIS pour nous ménager ce double avantage, il eſt d'une néceſſité phyſique de faire jouïr le commerce, tant intérieur qu'extérieur, de la plus grande liberté possible ; ce n'est que par le moyen de cette grande liberté, qu'on peut s'assurer d'une grande concurrence d'acheteurs des productions nationales, & de vendeurs des productions étrangeres ; ce n'est que par le secours de cette double concurrence qu'on peut faire jouïr une nation du meilleur prix possible, tant en vendant qu'en achetant ; ce n'est qu'à l'aide de ce meilleur prix possible, que cette nation peut se procurer la plus grande abondance possible, la plus grande richesse possible, la plus grande population possible, la plus grande puissance possible : tels sont les derniers résultats de la liberté.

On trouvera peut-être extraordinaire que dans l'énumération des bons effets de la liberté, je ne parle point de l'accroissement progressif de son commerce extérieur, & que je n'aye point présenté le plus grand commerce extérieur possible, comme étant inséparable de la plus grande prospérité possible d'une nation. Mais il ne faut pas s'imaginer que ce commerce & cette prospérité croissent dans la même proportion ; au-contraire, la suite naturelle d'une grande profpérité eft de diminuer le commerce extérieur & d'augmenter le commerce intérieur.

Impossible qu'une nation trouve dans la maffe de fes productions annuelles, une grande richeffe difponible, fans que fon induftrie & fa population n'augmentent en proportion de cette richeffe ; c'eft dans le fein de l'abondance que les hommes, les arts, les talents fe multiplient pour varier & mukiplier nos jouïffances. La profpérité d'une nation croiffant ainfi dans tous les genres, il eft fenfible que pour jouïr de fa richeffe, elle a moins befoin que jamais du fecours des étrangers : les premiers propriétaires des productions trouvent autour d'eux, pour ainfi dire, toutes les jouïffances qu'ils peuvent defirer ; ils ont en outre l'avantage d'économifer les frais de tranfport, inféparables du commerce avec les étrangers ; de fe ménager ainfi toute la valeur de leurs productions, qui, en pareil cas, doivent être toujours vendues à leur meilleur prix poffible.

Ce tableau du dernier degré de profpérité auquel une nation puisse parvenir à l'aide de la liberté, prouve bien
que le commerce extérieur n'est, ainsi
que je l'ai déja dit, qu'un *pis - aller*
qu'un *mal nécessaire* : son utilité peut
bien conduire une nation à son meilleur état possible, mais cette nation une
fois parvenue à ce meilleur état possible,
elle ne fait plus le même usage des secours dont elle avoit besoin pour y arriver : à mesure que ces productions se
multiplient, l'industrie croît chez elle,
& les consommateurs nationaux deviennent plus nombreux : son commerce extérieur diminue donc en raison inverse
de l'augmentation de son commerce intérieur. Cette révolution est conséquente
à la maniere dont le commerce enrichit
une nation : on a vu que cet accroissement de richesse n'est pas l'effet propre
du commerce, mais bien de la liberté
du commerce, parce que c'est elle qui
assure le bon prix, & conséquemment
l'abondance des productions.

Je n'ai pas besoin que l'étranger achè-
te mes productions, quand les consom-

mateurs nationaux m'en offrent le plus
haut prix poſſible : mais pour me procurer conſtamm... & *néceſſairement* ce
plus haut prix poſſible , il eſt indiſpenſa-
ble que je puiſſe librement préférer l'é-
tranger ; & que les conſommateurs nationaux , au-lieu de me faire la loi, la
reçoivent de la concurrence. Il en eſt
de même des ouvrages de l'induſtrie ,
qui entrent dans mes conſommations :
la concurrence des vendeurs étrangers
m'eſt utile , non pour acheter d'eux ,
mais pour aiguillonner l'induſtrie nationale qui doit ſervir à varier & multiplier
mes jouïſſances, & me mettre en même-
temps à l'abri d'un renchériſſement dé-
meſuré de la part des vendeurs qui ſont
de ma nation : or , ces divers avantages
que je trouve dans la liberté du commerce étant communs à tous les cultivateurs , & à tous les co propriétaires
du produit net , ils ſont tous aſſurés de
ſe procurer par ce moyen , leur meilleur
état poſſible. Nous pouvons donc nous
réſumer , & dire qu'un grand commerce extérieur ſans liberté doit *néceſſairement* ruiner une nation ; que pour en-

richir au-contraire , & le Souverain &
les fujets, pour les porter au plus haut
degré de profpérité & les y maintenir ,
le plus petit commerce extérieur peut
être fuffifant , pourvu qu'il jouïffe de
la plus grande liberté.

CHAPITRE XLIV.

Récapitulation & Conclusion de cet Ouvrage. La loi de la propriété, établie sur l'ordre physique, & dont la connoissance évidente est donnée par la nature à tous les hommes, renferme en son entier l'ordre essentiel des Sociétés. Cette loi unique & universelle est *la raison essentielle & primitive de toutes les autres loix. Ses rapports avec les mœurs. Combien les systémes publics d'un Gouvernement influent sur la formation de l'homme moral. Les vertus sociales ne peuvent être que passageres, dès qu'elles sont séparées de l'ordre essentiel des Sociétés.*

L'ÉTABLISSEMENT de l'ordre naturel

& effentiel des Sociétés ne demande point des hommes nouveaux, des hommes qui ne foient fufceptibles ni de l'appétit des plaifirs, ni de l'averfion de la douleur. Ne vous imaginez pas que pour parvenir à cet établiffement, il faille commencer par l'anéantiffement de nos paffions : il n'appartient pas à l'humanité de pouvoir les éteindre ; mais elle peut les modifier, les diriger : *Paffions, tho' felfish, lyes under the reafon* (1) ; quoiqu'elles ne foient jamais affectées que de leur intérêt perfonnel, elles nous font données cependant comme les moyens que la raifon doit employer pour nous foumettre à un ordre immuable inftitué par l'Auteur de la nature pour gouverner les hommes tels qu'ils font, pour faire fervir à leur bonheur temporel, ces deux mobiles auxquels nous avons donné le nom de paffions, ou du-moins, qui font le germe de toutes nos paffions.

Si vous en exceptez la néceffité des

(1) Quoique nos paffions rapportent tout à elles-mêmes, elles doivent cependant être protégées par la raifon. POPE, *Effais fur l'homme.*

ménagements

ménagements qu'il faut garder quand il s'agit de rendre aux corps politiques la santé qu'ils ont perdue, il est sensible qu'un tel établissement ne peut plus trouver d'obstacles que dans une espece de léthargie dont notre ignorance est le principe : effrayés de la distance prodigieuse qui se trouve entre l'ordre, & cette multitude de désordres qui dans tous les temps ont couvert la surface de la terre, & dégradé l'humanité, nous nous imaginons que leur réforme est un ouvrage au-dessus de nos forces ; nous nous persuadons que l'ordre propre à opérer cette réforme, est un ensemble très-compliqué ; qu'il demande de nous une étude & des connoissances profondes ; qu'il exige des génies supérieurs, des travaux pénibles & assidus, des efforts sur nous-mêmes, des combats dans lesquels nous n'osons nous engager.

C'EST ainsi qu'une masse énorme de difficultés imaginaires nous en impose au-point qu'elle ne nous permet pas de former le projet de les surmonter ; elle n'est cependant qu'une pure illusion, qu'une vaine chimere, dont l'idée factice agit sur nos esprits, comme celle des revenants ou des phantômes agit fur les enfants. Mais pour la diffiper, cette chimere, & nous faire fortir de notre abattement, ne fuffit-il pas de montrer aux hommes combien eft fimple, combien eft évident & fenfible ce même ordre à la connoiffance duquel ils défefperent de pouvoir jamais s'élever ; de les convaincre qu'il eft facile à comprendre, facile à mettre en pratique, plus facile encore à perpétuer ?

Qu'on me permette donc de rapprocher, de raffembler, pour-ainfi-dire, dans un même point de vue, les vérités contenues fucceffivement dans cet ouvrage ; de faire voir, par la néceffité de leur enchaînement, qu'il en eft une premiere dans laquelle toutes les autres font renfermées, & qui eft *fenfible* à toute intelligence : ce coup d'œil mettra mes lecteurs dans le cas, non de croire à la poffibilité de l'établiffement de l'ordre naturel des fociétés dans toute fa perfection, mais de ne pouvoir plus imaginer quelle efpece d'oppofitions un établiffement fi précieux, fi défirable pourroit rencontrer, lorfque ce même ordre fera connu dans toute fa fimplicité.

NOUS avons commencé par attacher nos regards fur le premier état de l'homme, avant qu'il fe réuniffe librement à quelque fociété particuliere : nous le voyons naître dans l'impoffibilité de fe paffer du fecours des autres ; mais auffi pour ménager ces fecours à fon impuiffance abfolue, nous trouvons dans fes pere & mere, des devoirs, dont l'obfervation eft affurée, tant par les plaifirs d'attrait dont la nature a rendu ces devoirs fufceptibles, que par la contemplation du befoin que les pere & mere auront un jour des fecours de leurs enfants.

SUR ces premiers devoirs des pere & mere envers ceux qui leur doivent le jour, vous voyez s'établir leurs premiers droits fur leurs enfants, & les premiers devoirs des enfants envers leurs pere & mere : cette réciprocité de devoirs & de droits forme entre eux une fociété naturelle. Mais à peine les enfants font-ils en état de rendre quelques fervices, que les liens de cette fociété fe refferrent encore, par les avantages *fenfibles* que tous ceux qui la compofent, trouvent à refter unis pour s'aider mutuellement.

NOUS avons paſſé rapidement ſur ces premieres époques de notre vie, pour conſidérer les hommes dans l'âge où le germe des paſſions s'eſt développé, dans l'âge où la force phyſique de leur individu les met en état de diſpoſer d'eux-mêmes, & ſert leurs volontés. Là, nous avons obſervé qu'une *ſenſibilité involontaire* au plaiſir & au mal phyſiques, les avertit perpétuellement qu'ils ont un devoir eſſentiel à remplir, celui de pourvoir à leur ſubſiſtance ; cette *ſenſibilité* les tient aſſujettis rigoureuſement à ce devoir, & à tous les travaux qu'il exige d'eux pour les conduire à des jouïſſances qui leur ſont précieuſes. Delà, le deſir naturel d'acquérir ces jouïſſances & de les conſerver ; deſir qui les diſpoſe naturellement à ſaiſir tous les moyens de s'aſſurer la poſſeſſion paiſible des fruits de leurs travaux ; par-conſéquent à vivre en ſociété.

VIVRE en ſociété, c'eſt *connoître & pratiquer les loix naturelles & fondamentales de la ſociété, pour ſe procurer les avantages attachés à leur obſervation.* Cette définition nous montre que la nature eſt le premier inſtituteur de l'hom-

me social parvenu à l'âge où ses passions
& ses forces doivent être dirigées par la
raison. Je dis qu'elle en est le premier
instituteur, parce que c'est elle qui a
voulu la réunion des hommes en société ; c'est elle qui a dicté les conditions
essentielles à cette réunion ; c'est elle
enfin qui leur rend *sensibles* la nécessité
de la société, & celle des conditions
auxquelles ils doivent se soumettre,
pour que la société puisse se former & se
perpétuer.

EN EFFET, le desir d'acquérir & de
conserver, nous presse naturellement
d'éviter tout ce qui pourroit mettre des
obstacles à l'accomplissement de ce desir:
nous *sentons* même en nous, une disposition naturelle à employer toutes nos
forces pour surmonter ces obstacles.
Cette disposition, conséquente à notre
premier desir, est donc une leçon très-
intelligible que la nature nous donne,
& par laquelle elle nous fait comprendre qu'il est de notre intérêt de ne pas
provoquer ces mêmes obstacles que nous
nous proposons d'écarter ; en un mot,
de ne rien faire qui puisse nous empêcher de jouir paisiblement & constam-

ment du *droit* d'acquérir & de conferver.

JE me fers ici du terme de *droit*, parce qu'il n'eft *aucun homme* qui, dans ce premier état, ne *fente* la néceffité abfolue dont il eft pour lui, de pouvoir librement fe procurer les chofes dont fa confervation a befoin ; *aucun homme* qui ne comprennè que la liberté de les acquérir feroit nulle en lui, fans la liberté de les conferver ; qu'à raifon de cette même néceffité abfolue, *qui fait fon titre,* on ne peut, fans injuftice, offenfer en rien fa liberté.

DE's ce moment je vois des hommes inftruits & formés pour vivre en fociété: la *fenfation* ou la connoiffance intuitive qu'ils ont de leurs premiers droits, leur donne auffi *néceffairement* la connoiffance intuitive de leurs premiers devoirs envers les autres hommes : ce qui fe paffe dans leur intérieur leur fait facilement comprendre que tous les hommes ont des droits de la même efpece; qu'aucun d'eux ne peut fe propofer de les violer dans les autres, qu'il n'éprouve de leur part la plus grande réfiftance poffible ; qu'il ne s'expofe *néceffairement* à toutes les violences qu'ils pourront, à leur tour, exercer à fon égard. Ainfi chacun, *éclairé par l'attention qu'il donne à fon intérêt perfonnel, à fes propres fenfations*, eft forcé de fe reconnoître fujet à des devoirs ; de s'impofer l'obligation de ne point troubler les autres hommes dans la jouïffance du droit d'acquérir & de conferver, afin de n'être point auffi troublé lui-même dans la jouïffance de ce droit.

Nous n'avons donc pas befoin d'un autre maître que la nature, pour parvenir à l'inftitution de la propriété perfonnelle & de la propriété mobiliaire ; car ces deux fortes de propriétés, qui au fonds n'en font qu'une feule, préfentée fous deux noms différents, ne font autre chofe que ce que je viens de nommer le droit d'acquérir & de conferver : elles fe trouvent naturellement inftituées par la feule force de la néceffité abfolue dont elles font à notre exiftence ; néceffité que le phyfique de notre conftitution nous rend *fenfible*, & d'après laquelle il ne nous eft pas poffible de méconnoître ni les premiers devoirs réciproques auxquels elle affujettit les hommes entre

eux, ni l'intérêt qu'ils ont tous à s'y conformer.

TEL eſt le premier état du genre humain ; tel eſt l'état de la ſociété primitive, de cette ſociété naturelle, tacite &
univerſelle qui a dû précéder l'inſtitution des ſociétés particulieres & conven-
tionnelles. C'eſt dans cette ſource que
j'ai puiſé les premieres notions du juſte
& de l'injuſte abſolus, des devoirs &
des droits réciproques dont la juſtice
eſt abſolue, parce qu'ils ſont d'une néceſſité abſolue dans des êtres créés pour
vivre en ſociété.

MAIS en quoi conſiſtent-ils, ce juſte
& cet injuſte abſolus ? Préſentent-ils,
dans leurs principes ou dans leurs conſéquences, des vérités compliquées, des
vérités à la connoiſſance deſquelles notre
intelligence ne puiſſe s'élever que par de
grands efforts ? Non, non, cette connoiſſance n'eſt point réſervée à quelques
hommes en particulier; il n'en eſt point à
qui la nature n'ait donné la faculté de
voir évidemment ces vérités à l'aide de la
lumiere qui éclaire en eux cette faculté.

LA lumiere & la faculté de voir ſont
deux choſes qu'il ne faut pas confondre;
car

car fans la lumiere , les yeux de nos corps ne nous font d'aucune utilité. La raifon , cet affemblage de facultés intellectuelles, eft ce que nous pouvons nommer les yeux de l'ame ; mais dans l'ordre des chofes humaines, les feules qui appartiennent à mon fujet , la raifon ne peut fervir à nous conduire , qu'autant qu'elle eft frappée d'une lumiere qui lui permet de diftinguer & de connoître les objets. Cette lumiere dont je veux parler , eft celle qui *luit dans les ténebres , qui éclaire tout homme venant dans ce monde , & qui eft la vie des hommes* (1) ; ce font nos fenfations phyfiques & involontaires qui forment en nous cette lumiere par l'attention que nous leur donnons : au moyen de cette attention naturelle & volontaire, nous *fentons*, comme je viens de le dire, nous voyons évidemment qu'il eft d'une néceffité , & par-conféquent d'une juftice abfolues , que nous ne foyons point *arbitrairement* troublés dans le droit d'acquérir & de conferver les chofes utiles à notre exiftence ; nous voyons évidemment que

_____

(1) S. Jean Evang. Ch. 1.

cette néceffité & cette juftice font *nécef-faircment* les mêmes dans tous les êtres de notre efpece ; qu'elles affujettiffent invariablement chacun d'eux en parti-culier *à ne point faire aux autres ce qu'il ne voudroit pas qui lui fût fait.*

NOUS voici donc, fans aucun effort, parvenus à la connoiffance fublime du jufte & de l'injufte abfolus ; nous poffé-dons le premier principe de tous les de-voirs réciproques qui nous font impofés par un ordre effentiel & immuable qui eft la *raifon univerfelle* (1) ; nous con-noiffons cette loi qui eft *écrite dans tous les cœurs , dans ceux-même qui font affez malheureux pour être privés du jour que répand le flambeau de la foi* (2) ; cette loi *qui nous eft enfeignée par la nature , & dont on ne peut s'écarter fans crime* (3); cette loi dont l'inftitution eft *l'ouvrage d'une Sageffe qui gouverne l'univers par des regles invariables* (4) ; cette loi qui *eft moins un préfent de la Divinité que la Divinité elle-même*, de maniere que pé-

(1) Malebr. Tr. de mor. ch. 2.
(2) S. Paul aux Rom. 2.
(3) R. Thomas 2. 2. q. 133. art. 1.
(4) Cic. de Leg. l. 2.

cher contre la loi c'est pécher contre la *Divinité*. (1) Il ne s'agit plus ainsi que d'en développer les conféquences, & de trouver dans ce développement l'ordre naturel & essentiel des fociétés ; esfayons donc de les former, mais fans autres fecours que celui de cette première connoiffance.

J'observe d'abord qu'il n'eft point queftion entre nous de décider fi chacun fera propriétaire de fa perfonne & des chofes acquifes par fes recherches ou fes travaux : ce premier *droit* eft la premiere loi du jufte abfolu, dont nous favons que notre intérêt perfonnel ne nous permet pas de nous écarter. Il ne s'agit pas non plus de favoir fi quelquesuns peuvent être autorifés à violer *arbitrairement* la propriété perfonnelle & mobiliaire des autres : nous ne nous réuniffons en fociété que pour prévenir & empécher ce défordre *évident;* ce défordre qui anéantiroit un droit dont la néceffité & la juftice abfolues nous font évidentes. Pour découvrir les devoirs que nous devons nous impofer récipro-

(1) Arift. de Cauf. Civil.

quement , prenons la voie la plus courte
& la plus simple ; examinons qui nous
sommes avant de nous réunir en société;
quels sont les droits dont nous jouissons,
& quel est l'objet que nous nous proposons par cette réunion.

CHACUN de nous est un être qui déja
connoît la justice par essence , mais qui
cependant peut à tout instant devenir in-
juste ; chacun de nous se présente avec
un droit de propriété pleinement indépendant , & dont il cherche à s'assurer
la jouissance ; chacun de nous sait que
ce droit est d'une justice absolue ; mais
chacun sait aussi qu'il peut être troublé
dans cette jouissance par les autres hommes , & qu'il lui importe beaucoup de
ne pas l'être : alors l'objet de notre réunion en société est *sensible* ; il consiste
à établir en faveur de chacun de nous ,
la sûreté qu'il desire de procurer à son
droit de propriété , & *dans toute l'étendue que ce droit a naturellement.* Mais dès
que l'évidence de cet objet réunit toutes
nos volontés , nous serons bientôt d'accord sur les moyens de le remplir.

IL ne nous annonce donc que des
vérités *sensibles* & évidentes , celui qui

parmi nous , éleve la voix & nous dit :
« Mes freres , l'ordre immuable de la
» nature eft que chacun foit pleinement
» propriétaire de fa perfonne & de ce
» qu'il acquiert par fes recherches ou
» fes travaux : ce double droit eft d'u-
» ne néceflité abfolue ; & dans cette né-
» ceflité nous découvrons tous les pre-
» miers principes d'une juftice par effen-
» ce , d'une juftice dans laquelle nous
» devons puifer toutes les conventions
» qu'il nous faut adopter pour notre fé-
» licité commune. Ce n'eft même qu'en
» prenant pour guide , la connoiffance
» évidente de cette juftice , qu'il nous
» fera poffible de remplir l'objet de no-
» tre réunion en fociété ; qu'il nous fera
» poffible de garantir le droit de pro-
» priété , de tous les troubles qu'il pour-
» roit éprouver dans un homme dont
» la force perfonnelle feroit toute la
» sûreté : il eft donc dans l'ordre de
» cette juftice , dans l'ordre de nos in-
» térêts communs , & de l'objet que
» nous nous propofons tous uniformé-
» ment qu'il fe faffe une réunion de tou-
» tes nos forces au foutien du droit de
» propriété ; par-conféquent qu'il y ait

» un signe sensible de ralliement, au
» moyen duquel elles puissent se rassem-
» bler dans un seul tout, pour ne plus
» former qu'une force unique & com-
» mune, qui par ce moyen, se trouve
» toujours en état de protéger efficace-
» ment le droit de propriété : ainsi que
» chacun de nous s'impose le devoir de
» rallier ses forces particulieres au cen-
» tre commun dont nous conviendrons;
» par ce nouveau devoir il acquerra le
» droit de jouïr de la force de tous, &
» sa foiblesse, fortifiée par ce secours,
» sera toujours une force irrésistible ; il
» n'aura jamais rien à craindre pour son
» droit de propriété ».

Ce plan de réunion adopté, car il est
impossible qu'il ne le soit pas, la rédac-
tion des conventions est la partie dont
notre société naissante va s'occuper ;
mais nulle difficulté sur cet article, dès
que nous ne perdrons pas de vue notre
objet.

Nous cherchons à consolider le droit
de propriété, & point du tout à l'éner-
ver : nos vues & nos intérêts communs
font de *garantir la jouïssance de ce droit
dans toute la plénitude, dans toute l'éten-*

due qu'il avoit avant de songer à nous ré-
unir en société particuliere ; or , avant
cette réunion il étoit de l'effence du
droit de propriété , que nous fuffions
tous *également libres d'en retirer la plus*
grande fomme poffible de jouiffances ; ce
droit , qui dans chaque homme , étoit
naturellement & *néceffairement* indépendant des volontés arbitraires des autres
hommes , ne pouvoit être borné dans
chacun de nous , que par la néceffité de ne point bleffer dans les autres ,
le même droit & fon indépendance.

TELLE eft l'étendue naturelle & primitive du droit de propriété que nous
venons tous mettre fous la protection de
la société , & qui doit nous être à tous
confervé dans tout fon entier : ainfi
pour n'être point en contradiction avec
nous-mêmes , nos conventions fociales ,
ou les loix que nous adopterons , ne
doivent rien retrancher de ce droit : fi
elles l'affujettiffent à des devoirs qui ne
lui étoient point impofés avant la réunion , il faut *néceffairement* qu'il en réfulte pour lui une nouvelle utilité ; que
chacun , par les nouveaux devoirs qu'il
contracte , acquiere de nouveaux droits :

O o iv

fans cela il feroit évident qu'on porte-
roit atteinte à cette néceffité & à cette
juftice abfolues qui caractérifent le droit
de propriété pris dans toute fon étendue
naturelle , & qui doivent fervir de bafe
à toutes nos conventions.

Remarquez ici comme la liberté fociale fe trouve naturellement renfermée
dans le droit de propriété. La propriété
n'eft autre chofe que le droit de jouïr ;
or il eft évidemment impoffible de concevoir le droit de jouïr féparément de
la liberté de jouïr : impoffible auffi que
cette liberté puiffe exifter fans ce droit ,
car elle n'auroit plus d'objet , attendu
qu'on n'a befoin d'elle que relativement
au droit qu'on veut exercer. Ainfi attaquer la propriété , c'eft attaquer la liberté ; ainfi altérer la liberté, c'eft altérer la propriété ; ainfi PROPRIÉTÉ ,
SURETÉ, LIBERTÉ , voilà ce que nous
cherchons, & ce que nous devons trouver évidemment dans les loix pofitives
que nous nous propofons d'inftituer;voi-
là ce que nous devons nommer LA RAI-
SON ESSENTIELLE ET PRIMITIVE de ces
mêmes loix : celles-ci ne doivent être
que le développement, que l'expreffion

de cette raison essentielle dans l'application qu'elles en font aux différents cas qu'elles veulent prévoir : ce n'est qu'à cette condition qu'elles pourront porter l'empreinte sacrée d'une nécessité absolue, d'une justice immuable dont l'évidence deviendra le lien indissoluble de notre société, parce que *nécessairement* cette évidence ne cessera de réunir nos volontés & nos forces pour maintenir & faire observer ces loix.

PROPRIÉTÉ, SURETÉ, LIBERTÉ, voilà donc l'ordre social, dans tout son entier ; c'est de-là, c'est du droit de propriété *maintenu dans toute son étendue naturelle & primitive* que vont résulter *nécessairement* toutes les institutions qui constituent la forme essentielle de la société : vous pouvez regarder ce droit de propriété comme un arbre dont toutes les institutions sociales font des branches qu'il pousse de lui-même, qu'il nourrit, & qui périroient dès qu'elles en seroient détachées.

LA premiere de ces institutions est la législation positive. Mais qu'est-ce que c'est que cette législation ? L'exposition, le tableau fidele de tous les devoirs &

de tous les droits réciproques que les
hommes ont naturellement & *néceſſaire-*
ment entre eux. Et qui ſont-ils ces devoirs & ces droits réciproques ? Ils conſi-
ſtent tous dans la liberté de retirer de ſes
droits de propriété, la plus grande ſomme poſſible de jouïſſances, ſans offen-
ſer les droits de propriété des autres
hommes ; car c'eſt ce devoir qui aſſure
le droit.

La propriété étant ainſi *néceſſairement*
dans chaque homme, la meſure de la liberté dont il doit jouïr, il eſt évident que
les loix poſitives ſont *toutes faites ;* qu'elles ne peuvent plus être que des actes dé-
claratifs des devoirs & des droits naturels & réciproques, qui ſont tous renfer-
més dans la propriété : tout ce qu'elles
peuvent y ajouter, c'eſt l'établiſſement
des peines, des réparations auxquelles il
eſt évidemment juſte d'aſſujettir le mépris de ſes devoirs & la violation des
droits d'autrui ; encore cet établiſſement
n'eſt-il qu'une conſéquence naturelle &
néceſſaire de la ſûreté qui doit être invariablement acquiſe à la propriété.

Nos loix positives ne peuvent
donc avoir rien d'arbitraire :

comme il n'est point pour elles de milieu entre être favorables ou préjudiciables à la liberté, elles sont ou *évidemment* justes ou *évidemment* injustes ; elles sont ou *évidemment* conformes ou *évidemment* contraires à l'objet que nous nous sommes proposé.

AINSI en partant de cet objet, de la nécessité de maintenir la propriété & la liberté *dans toute leur étendue naturelle & primitive*, rien de plus simple que les loix qui concerneront les différentes conventions que les hommes pourront faire librement entre eux, & généralement tout ce qu'on peut comprendre sous le nom de commerce : ces loix ne doivent tendre qu'à assurer l'exécution de ces mêmes conventions, & à prévenir tout ce qui pourroit altérer la liberté que chacun doit avoir de faire les marchés & les échanges qui lui conviennent ; de vendre & d'acheter au prix le plus avantageux qu'il puisse se procurer ; de ne prendre, en un mot, que son intérêt personnel pour guide, dans tout ce qui n'excede point la mesure naturelle & nécessaire de cette liberté dont il doit jouir en vertu de les droits de propriété.

ON a vu qu'il est de l'essence de l'ordre que l'intérêt particulier d'un seul ne puisse jamais être séparé de l'intérêt commun de tous; nous en trouvons une preuve bien convaincante dans les effets que produit naturellement & *nécessairement* la plénitude de la liberté qui doit régner dans le commerce, pour ne point blesser la propriété. L'intérêt personnel, encouragé par cette grande liberté, presse vivement & perpétuellement chaque homme en particulier, de perfectionner, de multiplier les choses dont il est vendeur; de grossir ainsi la masse des jouissances qu'il peut procurer aux autres hommes, afin de grossir, par ce moyen, la masse des jouissances que les autres hommes peuvent lui procurer en échange. *Le monde* alors *va de lui-même;* le desir de jouïr & la liberté de jouïr ne cessant de provoquer la multiplication des productions & l'accroissement de l'industrie, ils impriment à toute la société, un mouvement qui devient une tendance perpétuelle vers son meilleur état possible.

COMME il est dans l'ordre physique

que les hommes ainſi réunis en ſociété
ſe multiplient promptement ; par une
ſuite naturelle & néceſſaire de cette multiplication ils vont être réduits à manquer de ſubſiſtances, s'ils ne les multiplient en même-temps par la culture.
Ainſi du devoir & du droit qu'ils ont
tous de pourvoir à leur conſervation,
naiſſent le devoir & le droit de cultiver.
Mais avant de cultiver il faut défricher,
faire diverſes dépenſes pour préparer les
terres à recevoir la culture. Ces premieres dépenſes une fois faites, on ne
peut plus enlever aux terres défrichées,
les richeſſes qu'on a conſommées en les
employant à ces opérations : il faut donc
que la propriété de ces terres reſte à ceux
qui ont fait ces dépenſes : ſans cela leur
propriété mobiliaire ſeroit léſée. Ainſi
de même que la propriété perſonnelle
devient une propriété mobiliaire par
rapport aux effets mobiliers que nous
acquérons par nos recherches & nos travaux, de même auſſi elle doit *néceſſai-*
rement devenir une propriété fonciere
par rapport aux terres dans le défrichement deſquelles nous avons employé

les richeſſes mobiliaires que nous poſſé-
dions.

On voit ici que la propriété fonciere
n'eſt point une inſtitution factice & arbitraire ; qu'elle n'eſt que le développement de la propriété perſonnelle, le dernier degré d'extenſion dont celle-ci ſoit
ſuſceptible ; on voit qu'il n'exiſte qu'un
ſeul & unique droit de propriété, celui
de la propriété perſonnelle ; mais qui
change de nom ſelon la nature des objets auxquels on en fait l'application.

Une autre obſervation, c'eſt que déja
il ne nous eſt plus poſſible de ne pas reconnoître le droit de propriété pour être
une inſtitution divine ; pour être le
moyen par lequel nous ſommes deſti-
nés, comme cauſes ſecondes, à perpétuer le grand œuvre de la création, & à
coopérer aux vues de ſon Auteur. Il a
voulu que la terre ne produiſît preſque
rien d'elle-même ; mais il a permis qu'elle
renfermât dans ſon ſein un principe de
fécondité, qui n'attend que nos ſecours
pour la couvrir de productions. Il eſt
évident que ces ſecours ne ſeront point
adminiſtrés à la terre, ſi le droit de pro-

priété n'eſt ſolidement établi ; par conſéquent que ce droit eſt une branche eſſentielle de l'ordre phyſique même ; qu'il eſt une condition eſſentielle à la multiplication des êtres de notre eſpece ; multiplication que nous voyons manifeſtement être dans les intentions du Créateur.

IL ſeroit ſuperflu de dire que la propriété des terres renferme néceſſairement la propriété de leurs productions : la propriété c'eſt le droit de jouïr ; or, la jouïſſance d'une terre eſt préciſément la jouïſſance des productions qu'on peut en retirer.

CEPENDANT comme il ne ſuffit pas d'avoir fait les premieres dépenſes préparatoires à la culture pour que les productions renaiſſent annuellement , & qu'il peut ſe faire que les propriétaires de ces premieres dépenſes manquent des facultés néceſſaires pour ſubvenir à tous les frais que la culture exige encore chaque année, *il eſt dans l'ordre de la propriété* que quiconque ſe chargera de ces frais, partage dans les productions avec ceux par qui les premieres dépenſes ont été faites.

QUELLE sera donc la disposition de nos loix à ce sujet? Que statueront-elles sur ce partage, sur les proportions qu'on sera tenu de garder, afin que la reproduction ne puisse jamais manquer des avances annuelles dont elle a besoin? Ma réponse est simple : les loix ne statueront rien ; comme il n'est pont de liberté sans la sureté, elles ne s'occuperont que des moyens d'assurer l'exécution des conventions, parce que cette sureté est nécessaire pour faire régner dans cette partie, comme dans toutes les autres, la plus grande liberté possible : du sein de cette liberté on verra naître une grande concurrence d'hommes qui se présenteront à l'envi avec des richesses mobiliaires, & les offriront *au rabais* pour servir d'avances à la culture : au moyen de cette concurrence, les propriétaires fonciers se procureront ces richesses au meilleur marché possible, & se réserveront ainsi toujours la plus grande part possible dans les productions, qui par l'entremise de ces richesses, croîtront annuellement dans l'étendue de leurs domaines.

LA liberté des conventions à faire entre

tre les propriétaires fonciers & les cultivateurs ou entrepreneurs de culture, n'est point une liberté *stérile*; car d'après ces traités, & en suppofant que toute fureté foit acquife, comme elle doit l'etre, à la propriété perfonnelle & mobiliaire dans les cultivateurs, ils n'ont pas de plus grand intérêt que de multiplier leurs avances pour multiplier les productions, puifque leurs profits doivent s'accroître en raifon de cette multiplication. Ainfi à cet égard la liberté eft encore le germe de l'abondance & de tous les avantages que celle-ci procure à la fociété; germe d'autant plus fécond, que *l'abondance eft naturellement progreffive*; les profits faits par les cultivateurs, devenant dans leurs mains, des moyens pour provoquer de plus en plus l'abondance.

CONSIDÉRONS maintenant une troifieme claffe d'hommes, ceux qui ne font ni propriétaires fonciers, ni cultivateurs : l'inftitution de la propriété fonciere paroît préjudicier à leur droit de propriété; les voilà privés de la liberté de profiter des productions fpontanées qui croîtroient fur les terres que vous cultivez : on leur impofe, au-contraire, le devoir de refpecter celles qui naîtront annuellement à votre profit. Mais faites attention que vous ne pouvez jouïr de toutes vos productions que par l'entre-mife des autres hommes ; que pour con-vertir en jouïffances la majeure partie de ces productions, vous avez befoin de l'induftrie & des travaux de cette troi-fieme claffe ; qu'ainfi vos propres be-foins, foit naturels, foit factices, lui af-furent le droit de partager dans vos ré-coltes.

Si la propriété des productions n'é-toit point acquife à ceux qui les font re-naître, il n'y auroit ni culture ni récol-tes ; les productions feroient par-confé-quent infuffifantes ; & d'ailleurs chacun feroit obligé d'aller les chercher, au rif-que de ne pas les trouver. Le devoir de refpecter les récoltes eft donc avanta-geux à cette claffe induftrieufe ; non-feu-lement elle ne craint plus de manquer des productions dont elle a befoin ; mais elle eft fure encore que les productions viendront la trouver, dès qu'elle voudra les appeller à elle par fes travaux : ainfi dans cette claffe le droit de propriété,

bien-loin de perdre, a beaucoup gagné.

UN partage à faire chaque année entre les premiers propriétaires des productions renaiſſantes & les autres hommes,
eſt encore un article qui n'a rien d'em-
barraſſant pour notre légiſlation : le
maintien de la propriété & de la liberté
*dans toute leur étendue naturelle & primi-
tive*, va faire régner à cet égard l'ordre
le plus parfait, ſans le ſecours d'aucune
autre loi.

QUOIQUE moi, agent de la claſſe induſtrieuſe, je ne ſois propriétaire que
de ma perſonne, de mon induſtrie, de
ma main-d'œuvre ; il eſt de l'eſſence de
mon droit de propriété qu'il me ſoit permis d'en retirer la plus grande ſomme
poſſible de jouïſſances : je dois donc
être pleinement libre d'échanger mes
travaux contre la plus grande ſomme
poſſible de productions ; par-conſéquent
de préférer entre tous ceux qui les font
renaître, celui qui rendra cet échange
plus avantageux pour moi. Par la même
raiſon, vous, premier propriétaire des
récoltes, vous devez avoir auſſi une
pleine & entiere liberté de préférer par-

mi tous les hommes de mon efpece, celui qui dans l'échange de vos productions
contre fes travaux, vous offrira les conditions qui vous conviendront le mieux :
ainfi, fans offenfer aucunement ni votre
liberté, ni la mienne, cette double concurrence devient *naturellement & néceffairement* l'arbitraire fouverain de nos
prétentions refpectives : par ce moyen
vous & moi nous retirons pareillement
de nos droits de propriété, la plus grande fomme poffible de jouiffances ; &
pour nous procurer cet avantage, nous
n'avons befoin que de la liberté qui préfide à nos conventions, & de la fureté de
leur exécution.

La confommation, & par-conféquent
la reproduction, voilà les deux objets
capitaux qui intéreffent l'humanité : c'eft
à ces deux objets que fe rapportent directement ou indirectement tous les devoirs & tous les droits réciproques que
les hommes contractent entre eux ; auffi
eft ce à l'occafion de ces deux objets,
que fe forment les divers états qui compofent une fociété : les uns difpofent les
terres à recevoir la culture ; d'autres les
cultivent ; d'autres encore préparent les

productions qu'elles donnent, en augmentent l'utilité par leur induftrie ;
d'autres auffi font chargés du foin de
maintenir l'ordre des devoirs & des
droits réciproques que ces différentes
claffes ont entre elles pour raifon du befoin qu'elles ont mutuellement les unes
des autres.

LE befoin mutuel dont je parle, eft
naturel & non factice : la confommation
eft la mefure de la reproduction ; il faut
qu'il y ait des hommes qui ne s'occupent
qu'à faciliter les confommations, comme il faut qu'il y en ait qui ne s'occupent
qu'à faire renaître & à multiplier les productions. Cependant cette diftribution
des travaux & des occupations de la fociété, n'eft poffible, qu'autant que la fureté des droits réciproques eft fuffifamment établie. Cette fureté eft le lien
commun de toute la fociété ; c'eft elle
qui permet que la mefure des devoirs &
des droits foit dans tous les cas *naturellement & néceffairement* déterminée par
une concurrence qui eft le fruit *naturel
& néceffaire* de la liberté.

LE réfultat de cet enfemble n'eft pas
moins important que facile à faifir : cha-

cun conserve sa liberté, & par-conséquent ses droits de propriété *dans toute leur étendue naturelle & primitive* ; chacun, sans autre intérêt que celui de varier, de multiplier ses jouïssances, se trouve être un moyen dont l'ordre se sert pour augmenter la somme des jouïssances au profit commun de toute la société : de-là nous voyons naître la plus grande abondance possible de productions ; tandis que sur cette base, l'industrie s'éleve à son plus haut degré possible, & que par le concours de ces deux avantages, le meilleur état possible est acquis à la plus grande population possible. Tels sont les biens dont nous sommes redevables à la liberté ; mais point de liberté sans la sureté : il n'y a donc plus que ce dernier objet qui doive maintenant fixer notre attention ; ainsi reste à examiner comment les institutions qui lui sont relatives, se trouvent toutes renfermées dans la loi de la propriété.

FAUT-IL une intelligence supérieure pour comprendre que des devoirs & des droits sont absolument incompatibles avec l'arbitraire ? Les premieres connoissances que nous venons de découvrir

dans les hommes ne font-elles pas fuffifantes pour leur faire fentir que l'arbitraire & le droit de propriété font deux
chofes contradictoires? N'eft-ce pas même pour mettre ce droit à l'abri de l'arbitraire, qu'ils viennent de fe réunir en
fociété? En un mot, leur objet eft de
maintenir le droit de propriété & la liberté *dans toute leur étendue naturelle* ;
ils en ont reconnu la juftice & la néceffité ; voilà la bafe de toutes leurs conventions fociales ; voilà *la raifon primitive & effentielle* de toutes leurs loix pofitives.

Il eft fenfible que parmi des hommes
pénétrés de ce principe, il ne peut s'é-
lever des conteftations que relativement
aux faits, parce qu'il n'y a que les rapports des faits avec le principe qui peuvent ne pas fe trouver évidents. Il eft
fenfible auffi que la loi de la propriété ne
permet point que dans aucun cas, un
homme ait le privilege d'affervir à fon
opinion particuliere un autre homme ;
car ce feroit tomber dans l'arbitraire,
& anéantir la propriété. Il eft donc
d'une néceffité & d'une juftice abfolues, d'une néceffité & d'une juftice

conféquentes à celles du droit de propriété, que chaque fois qu'à raifon des
faits, il fe formera des prétentions contraires les unes aux autres, aucune des
parties intéreffées ne puiffe en décider
elle-même; par conféquent qu'il y ait
des hommes prépofés pour les juger fouverainement & à la pluralité des voix;
des Magiftrats inftitués pour faire l'application de la loi aux faits particuliers
fur lefquels font fondés les prétentions;
pour être enfin les organes de la loi, &
en annoncer les décifions, après avoir
vérifié, par un examen *fuffifant*, les rapports de ces faits avec la loi.

Ce que je dis ici fur la néceffité de la
pluralité des Magiftrats pour rendre un
même jugement, n'eft qu'une conféquence évidente de l'obligation naturelle & abfolue où l'on eft de maintenir
la propriété *dans toute fon étendue primi-*
tive. Par la raifon que les Magiftrats ne
peuvent avoir à juger que des conjectures, des faits dont les circonftances équivoques jettent dans l'incertitude, & prêtent à ce qu'on nomme opinion, cette
incertitude ne peut être fixée que par le
plus grand nombre des opinions; ce plus
grand

grand nombre étant la seule ressource que nous puissions employer pour nous guider au défaut de l'évidence. Il est donc sensible que la propriété seroit compromise, si les jugements n'étoient pas invariablement rendus à la pluralité des suffrages.

AINSI la nécessité de maintenir la propriété & la liberté *dans toute leur étendue naturelle & primitive*, nous conduit à la nécessité de proscrire l'arbitraire; de-là, à la nécessité d'instituer un corps de Magistrats; de-là, à la nécessité que leurs jugements soient irréformables; de-là, à la nécessité de les assujettir eux-mêmes à des formes qui ne leur permettent de juger, qu'après avoir éclairé, autant qu'il est possible, l'obscurité des faits sur lesquels ils ont à faire parler la loi.

LES rapports de ces formes avec le maintien de la propriété sont encore évidents: impossible de rendre la justice sans examen, quand elle n'est pas évidente par elle-même. Les formes sont les procédés qui conduisent à rendre l'examen suffisant ; & voilà pourquoi la violation de ces formes seroit une injustice évidente; or, en cela qu'elle seroit éviden-

te, elle n'eſt plus à craindre : quand les
Magiſtrats oſeroient s'y porter, cette
injuſtice auroit le ſort de toutes les autres de la même eſpece, contre leſquelles nous allons trouver un remede aſſuré.

Dans tous les cas équivoques, & qui
paroiſſent prêter à ce qu'on appelle opinion, l'arbitraire étant une fois enchaîné
par l'inſtitution des Magiſtrats, le droit
de propriété n'a plus à redouter que la
violence & les voies de fait, qui pourroient réſulter d'une mauvaiſe volonté
dont l'évidence ſeroit manifeſte. Mais
nous avons vu que c'eſt préciſément pour
prévenir ce déſordre évident, que les
hommes ont inſtitué leur ſociété ; qu'ils
ſont convenus de réunir toutes leurs forces particulieres, de n'en plus former
qu'une ſeule force commune pour l'employer au maintien de la propriété : ainſi
pour garantie contre les voies de fait,
contre les injuſtices évidentes, vous avez
une autorité tutélaire armée de toutes
les forces phyſiques de la ſociété : voyez
s'il eſt poſſible d'imaginer une ſureté
plus entiere, plus ſolide, plus abſolue.

En cela même que les hommes ont

reconnu la nécessité de cette force commune, ils ont aussi reconnu la nécessité d'un Souverain, & d'un Souverain unique ; il est aisé de le prouver. Observez d'abord qu'au moyen de la réunion de toutes nos forces particulieres, vous ne voyez qu'une seule force publique. Observez ensuite que la force n'est point active par elle-même : elle a bien tout ce qu'il faut pour agir ; elle est toujours prête à agir ; mais tout cela ne suffit pas : il lui faut encore une volonté qui la fasse agir. Il est donc évident qu'il devient d'une nécessité absolue d'instituer un chef à la voix duquel la force publique se mette en action ; un chef dont la volonté prescrive à cette force, les mouvements qu'elle doit faire pour la sureté commune de nos droits de propriété ; il est donc évident aussi que ce Chef doit être unique ; car s'il y avoit deux Chefs, il pourroit se trouver deux volontés qui se contrediroient : à laquelle des deux alors faudroit-il que la force commune obéît ? Si c'est à l'une des deux par préférence, je ne vois plus qu'un Souverain unique ; si ce n'est ni à l'une ni à l'autre, il n'existe plus de Souverain, tant que ces

deux volontés ne font pas d'accord pour
n'en plus former qu'une feule ; dans ce
cas , la force publique devient *nulle*,
parce qu'elle ne peut plus être mife en
action ; & le droit de propriété , qu'elle
doit protéger, fe trouve fans appui, fans
fureté.

Deux autorités *égales* préfentent une
contradiction évidente : elles font toutes
deux nulles , prifes féparément. Deux
autorités *inégales* préfentent une contradiction dans un autre genre , mais de la
même évidence : celle des deux qui
eft fupérieure eft tout , & l'autre n'eft
rien.

Qui dit autorité , dit *le droit de commander joint au pouvoir phyfique de fe
faire obéir*, ce qui fuppofe toujours &
néceffairement la fupériorité de la force
phyfique. Mais qui eft-ce qui a naturellement le droit de commander aux hommes , fi ce n'eft l'évidence ? Qui eft-ce
qui peut affurer au commandement la
fupériorité de la force phyfique pour fe
faire obéir , fi ce n'eft la force intuitive
& déterminante de l'évidence , qui rallie à elle toutes nos forces, parce qu'elle
rallie à elle toutes nos volontés ? L'évir

dence n'est-elle pas *une*, n'est-elle pas immuable ? Ainsi par-tout où elle est le principe de la réunion des forces, il ne peut se trouver qu'une seule force publique ; impossible de diviser celle-ci, à moins de la séparer de son principe, & c'est l'anéantir ; impossible par conséquent qu'elle puisse être placée dans plusieurs mains à la fois.

QUAND les hommes sont malheureusement privés de l'évidence, l'opinion proprement dite est le principe de toutes forces morales : nous ne pouvons plus alors ni connoître aucune force, ni compter sur elle. Dans cet état de désordre nécessaire, l'idée d'établir des contre-forces pour prévenir les abus arbitraires de l'autorité souveraine, est évidemment une chimere : l'opposé de l'arbitraire, c'est l'évidence ; & ce n'est que la force irrésistible de l'évidence qui puisse servir de contre-force à celle de l'arbitraire & de l'opinion.

POUR calmer toute inquiétude sur les abus de l'autorité de la part d'un chef unique, il suffit de faire attention à la nécessité manifeste dont il est pour un Souverain, de protéger le droit de pro-

priété : il n'eft Souverain que parce qu'il
tient dans fa main toutes les forces phyfiques de la fociété ; mais qu'eft-ce qui
réunit ainfi dans la perfonne du chef rou-
tes ces forces particulieres ? L'évidence
de la néceffité & de la juftice abfolues
qui caractérifent le droit de propriété ,
& qui nous impofent le devoir abfolu de
le maintenir dans toute fon étendue naturelle & primitive. Ne féparez donc
point l'effet & la caufe qui le produit :
l'évidence eft ici l'intermédiaire par le
moyen duquel toutes les forces de la fociété fe rallient au Souverain : fi vous
anéantiffez la caufe, qu'eft-ce qui la fup-
pléera pour en perpétuer les effets! Faites attention maintenant, qu'il n'eft rien
de plus évident que l'étendue naturelle
& primitive dont la propriété, & par-
conféquent la liberté doivent jouir ;
qu'ainfi il eft impoffible de leur porter
atteinte, fans qu'un tel abus de l'autorité
foit publiquement évident; d'après cette
feule obfervation voyez fi des abus de
cette efpece font à craindre ; voyez fi la
force naturelle & irréfiftible d'une évidence publique, n'eft pas fuffifante pour
vous en garantir ; voyez auffi combien

se sont égarés ceux qui ont cherché à opposer à l'autorité du Souverain, d'autres contre-forces que celles de cette évidence, qui doit être le principe même de l'autorité, parce qu'elle est celui de la réunion des volontés.

Les spéculations d'après lesquelles on a imaginé le système des contre-forces, sont d'autant plus chimériques, que l'intention d'abuser de son autorité, au préjudice de la propriété & de la liberté, est une chose qu'on ne peut jamais supposer dans un Souverain, à moins que la loi fondamentale de la propriété, & les avantages qui en résultent *nécessairement*, ne soient totalement oubliés & du Souverain même & de toute la société : sans cela il sera toujours & *nécessairement* le plus puissant protecteur de cette loi, parce qu'il trouvera toujours & *nécessairement* dans le maintien de cette loi, tous les intérêts personnels qui peuvent être l'objet de son ambition, & qui doivent par-conséquent influer sur ses volontés : les détails suivants nous conduiront naturellement à reconnoître cette vérité.

La sureté civile & politique que le

Souverain eft tenu de procurer au droit de propriété ne peut s'établir que par des dépenfes ; car il faut que tous ceux qui contribuent à cette fureté foient payés : cherchons donc les moyens de pourvoir à ces dépenfes communes ou publiques fans offenfer le droit de propriété ; car c'eft là l'objet dont nous ne devons jamais nous écarter.

Puisque nous avons dans la fociété des dépenfes publiques, il faut y pourvoir par l'inftitution d'un revenu public, dont le Souverain puiffe avoir l'adminiftration: au moyen de ce revenu public, les dépenfes publiques ne coûtant rien aux revenus particuliers, les propriétés particulieres & la liberté d'en jouir feront confervées en leur entier.

Par la raifon, que ce revenu public, deftiné à une confommation annuelle, ne peut être entretenu que par une reproduction annuelle, & qu'il n'y a que les terres dont on puiffe attendre cette reproduction, il eft évident que ce revenu public ne peut être autre chofe qu'une portion des valeurs ou des productions que les terres donnent annuellement. Voici donc que d'un feul trait

nous rayons de deſſus la liſte des contribuables au revenu public, tous ceux qui
partagent dans ces productions à tout
autre titre que celui de propriétaires
fonciers ; & cela parce que la multitude
d'hommes , de quelue eſpece qu'ils
ſoient, ne ſont que des ſalariés par le
produit des terres , & ne prennent dans
ce produit, qu'une portion que la concurrence fixe au taux le plus bas poſſible. La propriété perſonnelle & mobiliaire de ces mêmes hommes eſt donc
maintenue *dans toute ſon étendue natu-*
relle & primitive ; dès-lors plus de doubles emplois dans la contribution au revenu public ; plus d'impôts arbitraires
ni ſur les entrepreneurs des cultures, ni
ſur les hommes qu'ils entretiennent au
ſervice de cette profeſſion ; impôts qui
frappant ſur les avances , & diminuant
ainſi la maſſe des richeſſes productives,
cauſent à la reproduction un préjudice
énorme , ruinent ſouvent les cultivateurs , & deviennent progreſſivement
deſtructifs des richeſſes de la nation,
de celles du Souverain & de la population.

PAR la même raiſon, plus d'impôts

arbitraires ni fur les falaires ou la perfonne des agents de la claffe induftriel-
le, ni fur les chofes commerçables ; impôts qui enrayent les travaux & arrêtent
les progrès de l'induftrie ; impôts qui
font diminuer les confommations, le
débit & la valeur vénale des productions ; impôts dont les contre-coups
grevent auffi les entrepreneurs des cultures & éteignent la reproduction ; impôts qui retombent à grands frais fur les
propriétaires fonciers & fur le Souverain même; impôts qui commencent par
coûter a ces propriétaires 4 & 5 fois plus
que la fomme qui en revient au revenu
public ; impôts qui trompent toutes les
fpéculations ; qui ne permettent plus de
compter fur aucuns produits : qui bientôt appauvriffent le Souverain au-lieu
de l'enrichir, & par une progreffion ra-
pide, conduifent à la deftruction totale
des richeffes, des hommes, de tout ce
qui concourt à former la puiffance politique de l'Etat. Voilà les maux que nous
évitons naturellement & *néceffairement*,
tant que la propriété perfonnelle & mobiliaire eft refpectée parmi nous comme
elle doit l'être ; tant qu'elle n'eft point

bleſſée par la maniere de procéder à la formation d'un revenu public.

A l'égard de la propriété fonciere, la néceſſité de la faire jouïr du même avantage, nous montre évidemment que le produit des terres doit ſe partager entre elle & le revenu public ou le Souverain : il ne s'agit donc plus que de ſavoir quelles ſont les conditions eſſentielles de ce partage.

LA premiere de ces conditions & la plus importante eſt que la proportion du partage n'ait rien d'arbitraire : elle ne peut l'être de la part des propriétaires fonciers ; car le revenu public n'auroit rien d'aſſuré ; ils pourroient à leur gré retenir à leur profit particulier, une portion de ce revenu public, qui eſt fait pour être une richeſſe commune, ſervant à l'utilité commune de toute la ſociété.

CETTE même proportion ne peut non plus être arbi   e de la part du Souverain ; car par ce moyen la propriété des terres ſe trouveroit ſéparée de celle de leurs produits ; à ce prix perſonne ne voudroit être propriétaire foncier, & les terres incultes ne donneroient ni revenu public, ni revenu particulier; alors il n'y auroit plus de Souverain, parce que faute de fubfiftances fuffifantes, il n'y auroit plus de fociété.

CETTE premiere condition effentielle du partage nous indique naturellement la feconde: les propriétés foncieres ne fe forment & ne s'entretiennent que par des dépenfes; mais ces dépenfes ne feront pas faites, fi, toutes proportions gardées, le fruit qu'on efpere en retirer n'eft pas *au-moins* égal à celui que donneroient les mêmes dépenfes dans d'autres emplois. Cette parité, & je ne dis point affez, eft donc effentiellement néceffaire pour que les hommes fe portent à faire & entretenir toutes les dépenfes qui doivent précéder celles de la culture, & que les terres ne ceffent jamais de pouvoir être mifes en valeur.

D'APRÈS les deux conditions effentielles du partage, la proportion fuivant laquelle il doit être fait entre le Souverain & les propriétaires fonciers, étant ainfi réglée pour toujours, il eft évident que les propriétaires fonciers fe trouvent, comme tous les autres hommes, exempts de la contribution au revenu public ; que la terre fournit elle-même au Souverain , ce revenu annuel à l'acquit & au profit commun de toute la société ; que ce revenu par-conséquent , au-lieu d'être une charge commune, devient une richesse commune , par le moyen de laquelle la Souveraineté se trouve naturellement & *nécessairement* en communauté d'intérêts avec les sujets ; car alors il lui importe personnellement que les produits des terres se multiplient pour eux , afin que la part proportionnelle qu'elle y prend , soit pour elle une plus grande richesse.

De cette communauté d'intérêts entre l'Etat gouvernant & l'Etat gouverné , nous voyons naître la derniere règle concernant l'établissement du Souverain. Cette derniere regle est l'institution du droit de succéder à la Souveraineté. Non-seulement cette institution met à l'abri de tous les inconvéniens ; de tous les orages qui précedent, accompagnent & suivent ordinairement l'élection d'un Souverain ; mais il en résulte encore un bien plus grand avantage : le Souverain & la Souveraineté se confon-

dent & ne font plus qu'un ; les intéréts
de la Souveraineté deviennent ceux du
Souverain méme ; c'eft lui perfonnellement qui fe trouve co-propriétaire du
produit net des terres de la domination ;
c'eft lui perfonnellement qui fe trouve
en communauté d'intéréts avec fes fujets : comment fuppofer alors qu'il voulût porter atteinte au droit de propriété ?
Il voit évidemment que le maintien de
ce droit & de la liberté *dans toute leur
étendue naturelle & primitive*, eft le germe de la profpérité progreffive de fes
fujets ; il voit que cet accroiffement progreffif eft l'unique voie par laquelle il
puiffe parvenir au dernier degré poffible
de richeffe, de puiffance & de gloire ; il
voit que cette loi facrée de la propriété
eft inftituée pour lui, & non contre lui ;
que par le moyen de cette loi, qui lie
tous les intéréts du corps politique ; qui
néceffairement ramene à l'unité la multitude des membres qui le compofent.
c'eft la Divinité elle-méme qui gouverne, & qu'elle femble avoir tout difpofé
pour embellir la Souveraineté, pour que
ceux qui font fur la terre *les Miniftres*,

les images *vivantes du Très-haut*, ne connoissent plus que le bonheur de jouïr & d'être adorés.

Il faut donc regarder l'institution de la Souveraineté héréditaire, comme étant ce qui met le comble à la sureté que nous nous proposons de procurer au droit de propriété. Ce droit dans aucun cas n'a plus rien à craindre : tout ce qui pourroit lui porter la plus légere atteinte seroit *nécessairement* un désordre évident, qui ne peut jamais être dans les intentions d'un chef dont les intérêts sont inséparables de ceux de la souveraineté. La publicité de cette évidence est une contre-force naturelle sur laquelle le Souverain peut compter dans tous les cas où l'on seroit parvenu à le tromper, à lui surprendre, par des détours criminels, des ordres ou des loix contraires à ses véritables intérêts. Je ne dis point encore assez : il faut regarder cette évidence *comme étant la Divinité elle-même*, qui veille sans cesse, & d'une maniere sensible, à la sureté commune des intérêts communs du Souverain & des sujets, & qui ne permet pas que les

minorités des Rois foient fufceptibles,
des plus légers inconvénients , parçe
qu'elle ne permet pas que des loix dont
la juftice & la néceffité font publique-,
ment évidentes, puiffent perdre de leur
vigueur dans aucun temps.

Si je parle ici des loix , c'eft qu'il eft
évident que le pouvoir légiflatif ne peut
réfider que dans le Souverain tel que
nous venons de l'inftituer, Au moyen
de ce que nous avons acquis une connoiffance évidente *de la raifon effentielle
& primitive de toutes les loix* , il eft fenfible que dans la main des hommes, le
pouvoir légiflatif n'eft point le pouvoir
de *faire* des loix nouvelles; qu'il fe réduit
à publier celles qui font déja faites par
Dieu même, & à les fceller du fceau de
l'autorité coërcitive dont le Souverain
eft dépofitaire unique. Ainfi du droit de
propriété réfulte encore que le Souverain eft naturellement & *néceffairement*
Légiflateur, & qu'il n'eft de fa part aucun abus à craindre dans cette partie;
car il eft de fon intérêt perfonnel que les
loix qu'il fait promulguer, n'ayent rien
de contraire *à leur raifon effentielle &*
primitive,

primitive ; & s'il tomboit dans quelques
méprises à ce sujet, il seroit d'une impossibilité morale que leur évidence
échappât à la nation & principalement
aux Magistrats.

ADMIREZ présentement comme chacun jouït, tant en commun qu'en particulier, de son meilleur état possible ;
j'entends, du meilleur état qu'il lui soit
physiquement & socialement possible de
se procurer réellement. En effet, en quoi
consiste cet avantage ? Il consiste dans
la plus grande liberté possible de jouïr
de ses droits de propriété ; afin d'en retirer la plus grande somme possible de
jouïssances : or il est évident que la liberté ne peut être plus entiere, plus
complette que celle qui vient de nous
être garantie pour toujours - chacun de
nous est parfaitement libre d'employer
ses biens-fonds, ses richesses mobiliaires,
sa personne, son industrie, ses talents
de la maniere qui convient le mieux à
son intérêt personnel ; chacun de nous
est assuré que les fruits de ses travaux ne
lui seront point ravis; qu'il en retirera
la plus grande somme de jouïssances qu'il

puiſſe ſe promettre ; & qu'en cette partie il ne connoît de loix que celles de la concurrence qui réſulte naturellement & néceſſairement d'une liberté ſemblable dans les autres hommes ; chacun de nous, à la faveur de cette pleine & entiere liberté, & aiguillonné par le déſir de jouir, s'occupe, ſelon ſon état, à varier, multiplier, perfectionner les objets de jouiſſances qui doivent ſe partager entre nous, & augmente ainſi la ſomme du bonheur commun en augmentant celui qui lui eſt perſonnel.

REMARQUEZ ici quel eſt le prix ineſtimable de l'ordre ſimple & naturel qui vient de s'établir : chaque homme ſe trouve être l'inſtrument du bonheur des autres hommes ; & le bonheur d'un ſeul, ſemble ſe communiquer comme le mouvement. Prenez à la lettre cette façon de parler : de quelque nature que ſoient les efforts que vous faites pour accroître la ſomme de vos jouiſſances ; ſoit que les réſultats de ces effors donnent une plus grande abondance de productions, ſoit qu'ils rendent d'autres ſervices à la ſociété, toujours eſt-il vrai qu'ils ne vous

feront payés qu'en raison de leur utilité ;
que la concurrence ne vous permettra
pas de mettre qui que ce foit à contribution ; que la balance en main, elle ré-
glera les valeurs vénales de toutes les
chofes & de toutes les actions qui entrent
dans le commerce, qu'au moyen de cette
police rigoureufe, à l'autorité de laquelle
perfonne ne peut fe fouftraire, l'équilibre fera conftamment gardé dans les
échanges ; perfonne ne pourra jouir, ne
pourra s'enrichir aux dépens des autres ;
alors plus de ces fortunes démefurées
dans lefquelles on voit une multitude
d'autres fortunes venir s'engloutir ; plus
de ces amas fomptueux de richeffes fu-
perflues, qui détournées de la circulation, laiffent une partie des membres
du corps focial fe deffécher & périr faute
de fubftance ; chacun ainfi dans la fomme totale du bonheur commun, prendra
la fomme particuliere qui doit lui appartenir. Je ne fais fi dans cet état nous ap-
percevons des malheureux ; mais s'il en
eft, ils font en bien petit nombre ; &
celui des heureux eft fi grand, que nous
ne devons plus être inquiets fur les fe-

cours dont ceux-là peuvent avoir besoin.

Un des grands avantages de l'ordre
qui vient, pour ainsi dire, de s'établir
de lui-même, est que le luxe, ce cruel
ennemi du genre humain, ce monstre,
dont le venin est si subtil, si actif, qu'on
ne peut jetter les yeux sur lui sans en
ressentir les atteintes mortelles; ce tyran
perfide, qui sous le voile trompeur de
la prospérité publique, cache les cada-
vres des malheureux qu'il immole journellement; le luxe, dis-je, ne peut pénétrer dans une société que nous voyons
naître sous les auspices du droit de propriété.

C'est la nature & non la somme des
dépenses, qui constitue le luxe; aussi
prend-il sa source moins dans les richesses
acquises, que dans la façon de les acquérir; je veux dire, dans des pratiques spo-
liatrices qui accumulent dans quelques
mains seulement une masse considérable
de richesses, dont la consommation ne
peut plus se faire d'une maniere utile à
la reproduction.

Par le moyen de la circulation, toutes les valeurs qui partent de la claffe productive, doivent y revenir pour fervir encore de germe à la reproduction qui doit les rendre perpétuellement à la circulation. Le luxe, qui change toute la marche naturelle des confommations, eft précifément le défordre oppofé à l'ordre qui doit *néceffairement* régner dans les dépenfes, pour que cette circulation ne puiffe jamais être interrompue: or, il eft impoffible que ce défordre s'introduife parmi nous, tant que refpectant la propriété & la liberté, nous ne nous prêterons à rien qui puiffe fournir à quelques hommes, un titre & des facilités pour en ruiner d'autres, & s'enrichir de leurs dépouilles. Qu'on me permette de ne pas infifter fur cette obfervation; je ne pourrois le faire fans m'écarter de mon fujet. D'ailleurs il me femble qu'on n'ignore plus aujourd'hui que c'eft au luxe que nous devons attribuer le mauvais emploi des hommes & des richeffes; que ce mal moral eft enté fur un autre mal qu'il aggrave encore, & qui n'eft autre chofe que la violation habituelle du droit de propriété; que l'autorifation des abus, qui donnent des moyens pour mettre à contribution la fociéré, pour en dénaturer les richeffes, changer en richeffes ftériles, celles qui font deftinées à être productives, épuifer ainfi le principe de la reproduction & du bonheur public.

TANDIS que dans l'intérieur de notre fociété, la loi de la propriété fait régner l'ordre, la juftice, la paix & la liberté ; tandis que le corps focial s'organife de maniere que depuis le chef jufqu'au dernier des membres, chacun jouït évidemment de fon meilleur état poffible, examinons ce qui peut nous intéreffer à l'extérieur ; quels font nos rapports politiques avec les autres fociétés.

J'OBSERVE d'abord que la paix eft l'état naturel dans lequel les nations doivent être refpectivement entre elles ; car la guerre entre deux nations eft un état violent, dangereux, fâcheux pour l'une & pour l'autre, comme elle peut l'être entre deux particuliers : elles ont donc toutes deux également & naturellement intérêt de l'éviter.

PUISQUE l'état de paix eft l'état na-

turel des nations, il doit avoir ses conditions essentielles ; ainsi on peut, en général, s'assurer cet heureux état, en rem-
plissant ces mêmes conditions. Mais déja
je les vois former la base de notre systé-
me politique ; nous les trouvons toutes
renfermées dans la loi de la propriété :
sitôt que nous l'avons reconnue pour
être *la raison essentielle & primitive* de
toutes les autres loix, il nous est impossible de regarder cette loi divine comme
une institution qui nous soit particuliere ;
il nous est impossible de ne pas voir que
toutes les nations ne forment entre elles
qu'une seule & même société ; & que la
loi de la propriété est une loi commune
à toutes les différentes classes de cette
société générale : il nous est donc évident que nous ne pouvons, sans injustice, troubler les droits de propriété & la
liberté des autres nations ; il nous est
évident aussi que le droit de propriété &
la liberté seroient blessés dans chacun
des membres de notre société, si l'on
disposoit *arbitrairement* de leurs personnes & de leurs richesses pour faire violence aux autres nations ; il nous est évi-

dent enfin que les fujets de guerre ne
peuvent naître entre elles & nous, qu'à
l'occafion des entreprifes qu'elles voudroient faire ouvertement au préjudice
de la fureté & de la liberté qui doivent
être acquifes à nos droits de propriété.

POUR que les fujets de guerre ne puiffent être arbitraires, il fuffit donc de ne
pas perdre de vue le droit de propriété;
de le confidérer tel qu'il eft, & tel qu'il
doit être effentiellement foit dans chacun
des membres de notre fociété particuliere, foit dans les membres des autres
fociétés; car il eft de la même juftice &
de la même néceffité dans tous les hommes. Cela pofé les rapports politiques
que les nations ont naturellement entre
elles, ne font plus que de deux efpeces;
les uns font relatifs à la fureté, & les autres à la liberté de jouïr.

Il eft fenfible qu'une nation qui veut
en opprimer une autre & s'agrandir par
des conquêtes, menace, de proche en
proche, toutes les autres nations : il eft
donc dans l'ordre du droit de propriété
& de la fureté dont ce droit a effentiellement befoin, que cette nation foit re-
gardée

gardée comme un ennemi commun par
toutes les autres nations : de-là naît naturellement un intérêt commun , qui
constitue toutes les autres nations dans
la nécessité de se réunir pour faire une
force commune, capable de garantir à
chacune d'elles ses droits de propriété.
Sous ce point de vue les rapports politiques d'une nation avec les autres nations sont déterminés par ce même intérêt commun ; leur sureté commune exige
qu'elles se regardent comme ne formant
qu'une seule & unique société, distribuée
en différentes classes , lesquelles, malgré
cette distribution , sont toutes personnellement & fortement intéressées à se
garantir mutuellement leurs droits de
propriété.

QUANT aux rapports politiques qui
sont relatifs à la liberté de jouïr , c'est
encore dans le droit de propriété qu'il
faut les chercher. Ces mêmes rapports
ont pour objet le commerce extérieur ;
ou les différents échanges que les nations
peuvent faire entre elles pour leur utilité
commune. Mais nous avons déja vu que
la loi de la propriété veut que notre société jouïsse à cet égard d'une pleine &

entiere liberté; que chacun de nous puisse
librement vendre aux acheteurs qui lui
offrent un meilleur prix , & acheter des
vendeurs dont les conditions lui conviennent le mieux. Ainsi sur cet article
nulle querelle , nul sujet de guerre entre
nous & les étrangers. Quelque chose de
plus : je les suppose dans des systêmes
absolument contraires à cet ordre naturel. Je veux bien qu'ils gênent chez eux
la liberté du commerce : & que nous
importe ! En cela ils ne nous font aucun
tort ; c'est à eux-mêmes , c'est à leur
liberté qu'ils portent préjudice & non
pas à la nôtre : cet avantage précieux
dont ils devroient jouïr , n'est-il pas leur
bien propre ? Ne sont-ils pas les maîtres
d'en user ou de n'en pas user ? Ils ne font
que ce que tout homme est libre de faire
vis-à-vis d'un autre homme : ils inter-
disent à nos marchandises l'entrée de
leurs Pays ; mais ils en ont le pouvoir ,
parce que nous n'avons chez eux aucun
droit , & que le commerce est une affaire
de convenance réciproque : cette politique
factice ne nous ôte point la liberté de
recevoir chez nous leurs marchandises ;
de traiter avec tous ceux à qui nos échan-

ges conviennent ; en un mot , notre liberté est toujours la même & dans tout son entier.

MAIS , dira-t-on , il faut que nous usions de représaille, & que nous fermions nos ports à ceux qui nous ferment les leurs : pour décider cette question, c'est à la loi de la propriété qu'il faut recourir. Or , si nous la consultons , comme nous le devons , nous y trouverons que cette prétendue représaille blesseroit notre liberté & par-conséquent nos droits de propriété : ce procédé bisarre , ou plutôt ce désordre évident feroit diminuer la concurrence des vendeurs de qui nous achetons , & celle des acheteurs à qui nous vendons ; de-là il résulteroit pour nous une diminution de consommateurs , de débit & de valeur vénale pour nos productions : en conservant au-contraire cette concurrence dans toute sa force , nous nous ménageons évidemment la plus grande somme possible d'échanges & aux meilleures conditions possibles ; nous assurons ainsi à notre société , la renaissance annuelle de la plus grande abondance possible de ses productions , & conséquemment le plus

grand revenu poſſible à la nation en gé‐
néral, & au Souverain en particulier.

Ainsi ſans autre loi que celle de la
propriété, ſans autres connoiſſances que
celle *de la raiſon eſſentielle & primitive*
de toutes les loix, ſans autre philoſo‐
phie que celle qui eſt enſeignée par la na‐
ture à tous les hommes, nous voyons
qu'il vient de ſe former une ſociété qui
jouït au-dehors de la plus grande con‐
ſiſtence politique, & au-dedans de la
plus grande proſpérité ; nous voyons
qu'il vient de s'établir parmi nous, une
réciprocité de devoirs & de droits, une
fraternité qui nous intéreſſe tous à la con‐
ſervation les uns des autres, & dont les
liens ſacrés embraſſent & tiennent unis
avec nous tous les Peuples étrangers.

Ne ſoyez point en peine maintenant
ni de notre morale ni de nos mœurs ;
il eſt ſocialement impoſſible qu'elles ne
ſoient pas conformes à leurs principes ;
il eſt ſocialement impoſſible que des
hommes qui vivent ſous des loix ſi ſim‐
ples, qui parvenus à la connoiſſance du
juſte abſolu, ſe ſont ſoumis à un ordre
dont la juſtice par eſſence eſt la baſe, &
dont les avantages ſans bornes leur ſont

évidents, ne foient pas, humainement
parlant, les hommes les plus vertueux.
Pour que de tels hommes puiffent fe cor-
rompre, il faut qu'ils commencent par
tomber dans une ignorance qu'on ne
peut fuppofer, parce qu'il eft contre nature de paffer de l'évidence publique à
l'erreur ; parce que chacun eft attaché
par fon intérêt perfonnel, à la confervation de cette évidence ; parce qu'enfin il
eft facile, & même conforme à l'ordre,
de perpétuer cette même évidence par
l'inftruction, en prenant les mefures néceffaires pour que tous les membres du
corps focial puiffent y participer.

AINSI lorfqu'il s'élevera parmi nous
des Sages qui publieront *qu'on eft homi-*
cide quand on n'empêche pas de périr celui
qu'on peut fauver (1) *; que c'eft aimer*
Dieu, que c'eft l'imiter, que de ne nuire à
perfonne & de faire du bien à tous fes fem-
blables (2) *; que la Divinité, en nous per-*
mettant de vivre, nous fait un préfent
moins précieux, qu'en nous donnant les
connoiffances qui nous apprennent à bien

(1) Senec. in Proverb. L. II.
(2) Id. de forma Vitæ.

vivre (1) ; que ceux qui violent la loi naturelle & universelle, devenue pour eux évidente par le moyen de ces mêmes connoissances, *sont au-dessous des brutes* (2) ; *qu'on ne doit regarder comme un mal, que les choses honteuses, & comme un bien, que les choses honnêtes* (3), nous écouterons attentivement ces Philosophes ; nous ne les admirerons peut être pas avec étonnement ; mais nous ferons mieux : nous les croirons, & nous pratiquerons leurs leçons, parce qu'ils ne nous enseigneront rien alors qui soit nouveau pour nous, & qui ne puisse être facilement saisi par notre intelligence ; rien qui déja ne nous soit *sensible*, & ne se trouve écrit au fond de nos cœurs ; rien qui ne soit conséquent à notre intérêt personnel évident, à la nécessité & à la justice absolues de la réciprocité de nos devoirs & de nos droits, de la garantie mutuelle que nous nous sommes promise, & que nous nous devons tous pour le maintien,

(1) Aristot. Ep. 72. & de Mor.
(2) Aristot. de Vera Relig.
(3) Id. Ep. 9. — Tacit. Hist. L. IV.

du droit de propriété & de la liberté *dans toute leur étendue naturelle & primitive.*

Nous pouvons dire avec vérité que dans l'ordre des choses humaines , le véritable instituteur de l'homme moral, c'est le système public du gouvernement. *Regis ad exemplum totus componitur orbis :* tel est *l'esprit* de l'État gouvernant , & tel est aussi *l'esprit* de l'État gouverné. Ce n'est pas seulement sur la seule force de l'exemple que cette grande vérité se trouve établie , c'est encore sur les premiers principes qui décident de notre caractere moral & de nos volontés. Quelles que soient dans une nation les voies qui conduisent aux dignités , aux honneurs, à la considération publique, soyez certain que le désir de jouïr nous portera toujours à les embrasser. Par-tout où les richesses seront la mesure de cette considération publique ; par-tout où l'or sera publiquement encensé comme une Divinité & plus honoré que la vertu ; par-tout enfin où il deviendra le germe des jouïssances les plus piquantes, les plus propres à mettre nos mobiles en action , il faut *nécessairement* que les

hommes foient avides de l'or , qu'ils fa-
crifient tout à l'or , qu'ils fe vendent
eux-mêmes pour de l'or. L'amour des
jouïffances & l'averfion de la douleur ,
voilà les deux grands refforts de l'humanité ; voilà ce qui met en mouvement,
non-feulement l'homme phyfique , mais
encore l'homme focial ; c'eft même dans
ce dernier que la force de ces deux mobiles fe montre plus active & plus abfolue : confidérez de quelle chaleur , de
quel enthoufiafme nos affections , nos
paffions fociales font fufceptibles , &
vous reconnoîtrez facilement que c'eft
au Gouvernement à les diriger ; que c'eft
à lui , à fon fyftême public conftamment
& invariablement foutenu , qu'il eft ré-
fervé de greffer les vertus fociales fur les
mobiles qui font en nous : le propre du
défir de jouïr eft de faifir les moyens de
jouïr : c'eft au Gouvernement qu'il appartient de faire pour nous le choix de
ces moyens.

Nous favons tous par notre propre
expérience , combien nos opinions particulieres influent fur notre caractere
moral. Nous favons tous auffi combien
nos opinions particulieres tiennent à l'o-

pinion publique, au syftême public du
Gouvernement. En général, chaque nation a un genre de fanatifme qui lui eft
propre, & qui fe communique plus ou
moins à tous ceux qui la compofent;
les défordres privés qui naiffent d'un
déréglement dans les opinions particulieres, ne font ainfi que des contre-
coups naturels & infaillibles d'un premier déréglement dans les opinions publiques, dans les fyftêmes admis par le
fanatifme de la nation; & voilà pourquoi on a donné le nom de *vertus du
fiecle* à toutes celles qui, après avoir
régné pendant quelque temps avec éclat,
ont totalement difparu.

QUOIQU'UNE fimple opinion puiffe
produire en nous tous les effets de l'é-
vidence & opérer les mêmes miracles,
ne comptez pas cependant qu'ils puiffent
être de la même durée. Par la feule force de l'opinion les vertus fociales peuvent s'établir paffagérement dans une
nation; mais elles ne peuvent s'y perpétuer, dès qu'elles n'ont pour principe que l'opinion; car il n'eft rien qui foit
plus inconftant, plus orageux; auffi eft-
il impoffible de la fixer fans le fecours

de l'évidence qui l'aſſujettit en l'éclairant & la dénaturant. Ces vertus d'ailleurs ſont alors *néceſſairement* ſéparées de l'ordre eſſentiel des ſociétés ; vu que l'inſtitution de cet ordre ne peut être que le fruit de la connoiſſance évidente que les hommes en auront acquiſe.

ENTRE les vertus ſociales & l'ordre eſſentiel des ſociétés, il eſt cette différence, que les vertus peuvent exiſter paſſagérement ſans l'ordre, au-lieu que l'ordre ne peut jamais exiſter ſans les vertus. En effet, cet ordre n'eſt autre choſe que la pratique de ces mêmes vertus, mais inſtituée d'après l'évidence de leur néceſſité abſolue, de leur juſtice immuable, de l'intérêt que le corps ſocial & chacun de ſes membres en particulier ont à ne jamais s'en ſéparer : chacun alors voit évidemment que ſon meilleur état poſſible eſt inſéparablement attaché à la pratique de ces vertus ; chacun eſt donc, pour ainſi dire, dans une impoſſibilité morale & ſociale de n'être pas vertueux.

VOUS voyez ici pourquoi de grandes vertus ſociales ont brillé pendant quelques ſiecles dans Rome, dans Sparte, dans Athènes, dans Carthage, chez les Perfes, chez les Egyptiens ; vous voyez auffi pourquoi elles ont dû s'éclipfer : n'étant point nourries par l'évidence de l'ordre effentiel des fociétés, elles ne devoient leur exiftence qu'à l'opinion, & ne pouvoient avoir plus de folidité que leur principe. Non-feulement ce fait eft évident par rapport aux Républiques que je viens de citer, puifque cet ordre qui n'admet qu'un chef unique, eft incompatible avec le gouvernement de plufieurs ; mais il eft encore de la même évidence par rapport au gouvernement des Perfes, à celui des Egyptiens, & de tous les gouvernements monarchiques de l'antiquité. Le defpotifme n'y étoit que perfonnel & non légal : c'étoit la volonté perfonnelle & arbitraire d'un feul qui gouvernoit, & non la juftice & la néceffité d'un ordre effentiel dont l'évidence doit *néceffairement* réunir toutes les volontés. Quand ces defpotes étoient fages & vertueux, la fageffe de leur gouvernement faifoit fleurir leur Empire; mais à la mort de ces Princes cette profpérité étoit enfevelie avec leurs vertus; d'autres opinions montoient fur le trône; l'arbi-

traire déployoit toutes fes fureurs ; les
defpotes alors & les peuples devenoient
tour-à-tour fes victimes ; arrivoit le
moment où ces prétendus corps politiques fe trouvoient accablés fous le poids
de leurs défordres ; il falloit bien qu'ils
périffent enfin , puifqu'ils n'avoient aucune confiftence intérieure , & qu'ils
nourriffoient en eux-mêmes le principe
certain de leur diffolution.

UNE feule réflexion fuffiroit pour
prouver qu'aucun gouvernement de l'antiquité n'a conçu la premiere idée de
l'ordre effentiel des fociétés : il n'y en a
pas un qui n'ait été conquérant ou qui
n'ait voulu l'être : ils ne connoiffoient
donc pas la loi de la propriété , puifqu'ils
étoient dans le fyftême de ramener tout
à la force par rapport aux nations étrangeres. Comment fe pourroit-il que cet
efprit d'injuftice , quand il forme le fyftême public d'un gouvernement , ne
pafsât pas dans les fujets , & ne parvînt
pas à égarer leurs opinions fur l'ufage
qu'on peut faire de fes forces dans les cas
particuliers ? Les loix alors ne peuvent
plus être obfervées *par religion de for intérieur ;* elles doivent être violées cha-

que fois qu'on croit voir un grand intérêt à les violer.

UN gouvernement ne devient conquérant, qu'autant que ses sujets, en général, sont pénétrés de ces sentiments
véhéments & audacieux qu'une grande
ambition inspire. La violence de cette
passion ne connoît point le repos ; c'est
un feu dévorant qui ne peut exister sans
consumer ; il faut tôt ou tard qu'il dé-
truise ses propres foyers. Voyez ce qu'il
en a coûté à la République Romaine
pour avoir établi chez elle le systême de
se croire permis tout ce que la force lui
permettoit par rapport aux nations étrangeres : ses sujets ont appris de leur gouvernement à ne reconnoître de droits
que ceux de la force ; de loix qu'une
volonté arbitraire & despotique : de telles opinions, dès quelles ne servoient
plus à l'accroissement de la grandeur
publique, ne pouvoient manquer de
se proposer l'accroissement de la grandeur particuliere des hommes chez lesquels elles fermentoient, & dont elles
avoient formé le caractere : c'est ainsi
que Rome, faute d'avoir acquis l'évidence de l'ordre essentiel des sociétés, a

elle-même ourdi la trame de fes mal-
heurs ; a elle-même produit & armé les
tyrans par les mains defquels elle s'eft
vue déchirée.

Je parcours rapidement ces exemples,
parce qu'ils pourroient m'être oppofés
fans être approfondis ; on pourroit s'en
fervir pour effayer de perfuader que les
hommes feront toujours vicieux ; que
les fociétés feront toujours déréglées ;
que les vertus fociales ne feront que paffageres parmi nous ; qu'on ne peut fe
flatter, en un mot, de voir jamais régner
l'ordre effentiel des fociétés. Il eft temps
enfin de reconnoître que les maux qui
ont affligé l'humanité , ne paroiffent
naturels, que parce qu'ils réfultent naturellement & *néceffairement* des écarts
dans lefquels notre ignorance nous a
fait tomber ; que les caufes qui ont produit ces maux, font factices ; qu'elles
n'exiftent par aucune néceffité dont nous
ne puiffions nous affranchir ; que ces
caufes au-contraire doivent difparoître
d'elles-mêmes, fi-tôt que nous aurons
acquis une connoiffance évidente de l'ordre qui conftitue naturellement & *nécef-*
fairement le meilleur état poffible d'un

Souverain, celui de chacun de ses sujets,
& du corps entier de la société.

VOUS venez de voir combien cet ordre est simple, combien son évidence est
sensible : tout ce qu'il exige de nous ,
c'est le maintien de la propriété , & conféquemment de la liberté , *dans toute
leur étendue naturelle & primitive.* Qu'elle
se répande donc, cette évidence salutaire,
puisqu'elle est susceptible d'être apperçue,
d'être saisie par toute intelligence; qu'elle
se répande assez pour que l'erreur , les
préjugés & la mauvaise foi ayent épuisé
leurs contradictions ; qu'elle se répande,
qu'elle s'établisse , & qu'on me dise pourquoi nous ne devons pas tout attendre de
sa publicité; pourquoi les Rois & leurs sujets n'embrasseroient pas un ordre si simple qui leur assure leur meilleur état possible évident ; pourquoi l'évidence cesseroit d'être pour nous ce qu'elle a toujours été , d'agir sur nous comme elle a
toujours agi , & comme il est dans la
nature qu'elle agisse toujours : sa force
irrésistible est faite pour enchaîner toutes
nos opinions ; pour établir un despotisme légal & personnel , qui n'est autre
chose que celui de cette même évidence,

par le moyen de laquelle tous nos intérêts, toutes nos volontés viennent se réunir à l'intérêt & à la volonté du Souverain, & former ainsi, pour notre bonheur commun, une harmonie, un ensemble qu'on peut regarder comme l'ouvrage d'une Divinité, & d'une Divinité
bienfaisante, qui veut que la terre soit
couverte d'hommes heureux.

F I N.

TABLE

TABLE
DES CHAPITRES
ET DES MATIERES

contenus dans le second Volume.

CHAPITRE XXVI.

D es rapports qui se trouvent entre la nation & le Souverain : réciprocité du besoin qu'ils ont l'un de l'autre ; rapport & conformité de leurs intérêts. Notions générales dont le développement démontrera que cette branche de gouvernement n'est point susceptible d'arbitraire, page 20.

CHAPITRE XXVII.

F o r m a t i o n du revenu public ; ses cau-

CHAPITRE XXVIII.

SUITE du Chapitre précédent. Ce qui est à faire avant que la co-propriété du Souverain puisse partager dans les produits des terres. Ce que c'est qu'un produit brut ; ce que c'est qu'un produit net. Ce dernier est le seul qui soit à partager entre le Souverain & les propriétaires fonciers. Reprises privilégiées du cultivateur, sur le produit brut. Dans une société conforme à l'ordre, ces reprises sont toujours & naturellement fixées à leur taux le plus bas possible par la seule autorité de la concurrence : dans cet état, le produit net est toujours aussi la plus grande ri-

CHAPITRE

CHAPITRE XXIX.

*SECONDE suite du Chapitre XXVII.
Comment le produit net doit se partager entre le Souverain & les propriétaires fonciers. L'état du propriétaire
foncier doit être le meilleur état possible. Sans cela les produits doivent s'a-
néantir. Une partie du produit net n'est
point disponible ; elle est affectée nécessairement aux charges de la propriété fonciere. Le despotisme personnel &
légal, est le seul qui puisse empêcher l'impôt de devenir préjudiciable aux produits. Loix physiques concernant l'emploi du produit net : d'après ces loix,
le partage est toujours fait naturellement entre le Souverain & les propriétaires fonciers ; & la portion du Souverain est toujours la plus grande portion physiquement possible. L'impôt est
assujetti par la nature même, à une
forme essentielle, pag. 68.*

CHAPITRE XXX.

DE la forme essentielle de l'Impôt. Dans quel cas il est direct, & dans quel cas il est indirect. Il est deux sortes d'Impôts indirects, celui sur les personnes, & celui sur les choses commerçables : tous deux sont nécessairement arbitraires. Pourquoi on leur donne le nom d'Impôt indirect, pag. 91.

CHAPITRE XXXI.

nom de salaires, 126, 127.

CHAPITRE XXXII.

détruit la population, *ibid.*

Les ¾ de cet impôt commencent par être en pure perte pour le Souverain, par la diminution que l'extinction de la reproduction coûte au produit net, 147.

Les frais de régie compris, en les supposant au plus bas, le Souverain ne peut prendre 100 par cette voie qu'il n'en coûte 500 aux propriétaires fonciers, 148.

L'évidence publique de cette vérité rend cet impôt doublement impraticable; pourquoi doublement, 149.

Un tel impôt qui seroit imprévu, ruineroit les cultivateurs qu'on obligeroit d'exécuter leurs baux à ferme, 151.

Nécessité de la progression de ce désordre; il ruineroit le Souverain & les propriétaires fonciers, 152.

Classe d'hommes salariés par les cultivateurs pour le service direct ou indirect de la culture, *ibid. & suiv.*

Un impôt sur cette classe d'hommes fait renchérir leurs salaires; il devient ainsi un impôt indirect & anticipé sur les cultivateurs; par conséquent il produit les mêmes effets, 153.

Si les salaires de cette classe d'hommes ne renchérissent point, leur consommation doit diminuer, & cette classe doit s'éteindre par la misere, 155.

Les contre-coups de ces deux inconvénients retombent à la charge du produit net, attendu qu'ils font diminuer le débit & le prix des productions, 156.

Si ces contre-coups sont imprévus pour les cultivateurs, ils sont ruinés, & leur ruine

CHAPITRE XXXIII.

LES doubles emplois formés par les Impôts indirects retombent tous sur les propriétaires fonciers. Cette vérité démontrée par l'analyse des contre coups d'un impôt sur les rentes & sur les loyers des maisons. Le Souverain paye lui-même une grande partie d'un tel impôt, page 168.

CHAPITRE XXXIV.

DOUBLES emplois réfultans des impôts fur les falaires de l'induftrie , ou fur la vente des chofes commerçables ; ils retombent tous à la charge du propriétaire foncier & du Souverain , en raifon de la portion que chacun d'eux

Chapitre XXXV.

CHAPITRE XXXVI.

*Du commerce. Premieres notions qui
conduifent à reconnoître la néceffité de
fa liberté. Tout acheteur eft vendeur , &
tout vendeur doit être acheteur. Les fommes de ces deux opérations doivent être
égales entre elles. Les ventes , même*

en argent , ne font que des échanges de valeurs égales. Erreurs & préjugés contraires à ces premieres notions, page 249.

CHAPITRE XXXVII.

Y y ij

CHAPITRE XL.

Du meilleur état possible d'une nation; en quoi il consiste; besoin qu'il a de

Y y iij

CHAPITRE XLI.

CHAPITRE XLII.

CHAPITRE XLIII.

CHAPITRE XLIV.

RÉCAPITULATION & *Conclusion de*

Fin de la Table des Chapitres & des Matieres contenus dans le second Volume

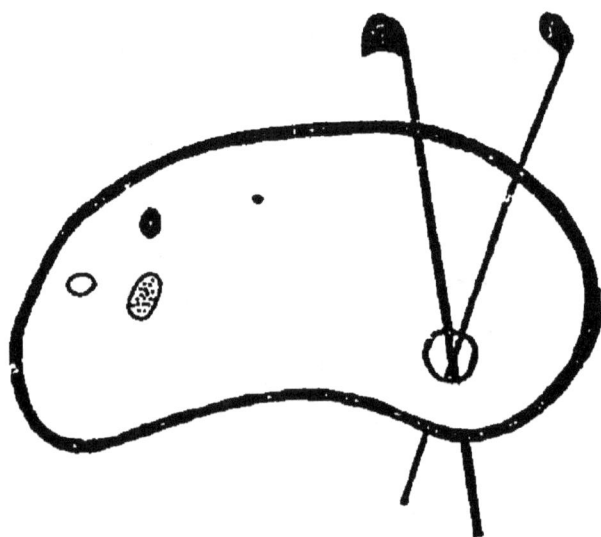

FIN D'UNE SERIE DE DOCUMENTS
EN COULEUR

www.ingramcontent.com/pod-product-compliance
Lightning Source LLC
Chambersburg PA
CBHW070621270326
41926CB00011B/1768